I0876268

Kohlhammer

Ulrich Dahmen

Die Loblieder (Hodayot) aus Qumran

Hebräisch mit masoretischer Punktation und deutscher Übersetzung, Einführung und Anmerkungen

Verlag W. Kohlhammer

Gedruckt mit finanzieller Unterstützung des Erzbistums Freiburg.

1. Auflage 2019

Gesamtherstellung: W. Kohlhammer GmbH, Stuttgart

Print:
ISBN 978-3-17-035473-9

E-Book-Format:
pdf: ISBN 978-3-17-035474-6

Inhalt

Vorwort

> *„Zum Nutzen und Gebrauch der Lehrbegierigen ... Jugend, als auch derer in diesem studio schon habil seyenden besonderem Zeitvertreib auffgesetzet und verfertiget ...“*
>
> (Johann Sebastian Bach, Eigentitel auf dem Autograph des Titelblatts des Wohltemperierten Claviers, Teil 1, 1722)

Wer sich mit den Lobliedern (Hodayot) aus Höhle 1 von Qumran beschäftigt, sieht sich mit manchen Problemen konfrontiert: eine in Teilen zerstörte bzw. heftig beschädigte Schriftrolle, deren Text an einigen Stellen allerdings durch parallelen Textbestand aus Hodayot-Manuskripten aus Höhle 4 ergänzt bzw. wiederhergestellt werden kann; die schwierige bis manchmal unmögliche Identifizierung von Schriftzeichen an den Bruchrändern und an verfaulten Stellen, was inzwischen durch den Einsatz modernster Technik vereinfacht bzw. überhaupt erst ermöglicht wurde; die Analyse der Syntax und die Identifizierung von Satzeinheiten vor allem in den Bereichen mit Textlücken. Zugleich führt der Text in die faszinierende theologische Gedankenwelt und Frömmigkeit einer frühjüdischen Gruppierung des 2. und 1. Jh. v.Chr. hinein, so dass es sich lohnt, den Schwierigkeiten zu trotzen und diesen literarischen und theologischen Schatz in seiner annähernd ursprünglichen Form neu zu heben.

Die vorliegende hebräisch-deutsche Studienausgabe der Loblieder (Hodayot) aus Höhle 1 von Qumran ist eine vollständige Neuausgabe des hebräischen Textes und seiner Übersetzung ins Deutsche im Stile der im deutschen Sprachraum wohl meistverbreiteten und zu Recht hochgeschätzten Publikation der Hodayot in dem von Eduard LOHSE erarbeiteten und herausgegebenen Sammelband (Die Texte von Qumran. Mit masoretischer Punktation, Übersetzung, Einführung und Anmerkungen, München 1964, seitdem mehrmals neu aufgelegt, zuletzt [4]1986). Diese Publikation leidet aber im Bereich der Hodayot – wie alle folgenden Textausgaben und Übersetzungen – am Defizit der bereits in der Erstausgabe von Eleazar L. SUKENIK (The Dead Sea Scrolls of the Hebrew University, Jerusalem 1955) erfolgten verhängnisvollen Vertauschung von Lederbögen und damit der falschen Reihenfolge der Kolumnen sowie der falschen oder ganz fehlenden Einordnung von insgesamt 66 Einzelfragmenten, was zu einem nicht ursprünglichen und also nicht stimmigen Textverlauf führte. Dies wurde in der – auf älteren Vorarbeiten von J. CARMIGNAC, H. STEGEMANN und É. PUECH beruhenden – offiziellen Textausgabe in DJD XL (Oxford

2009; vgl. bes. 1-11.13-53) korrigiert und der Textbestand sowohl durch rund 50 der losen, teils recht großen, teils sehr kleinen Fragmente 1-66 als auch durch den parallelen Text aus den nur noch fragmentarisch erhaltenen Hodayot-Manuskripten aus Höhle 4 ($4QH^{a-f}$) ergänzt. Auf dieser kritischen Edition des unvokalisierten Konsonantentexts beruhen im Wesentlichen (abgesehen von einigen eigenen, kleinen Änderungen in 1QH 4 und 1QH 20,1-3) der vorliegende, mit masoretischer Punktation versehene hebräische Text und die eigene deutsche Übersetzung. Damit liegt die erste vollständige und auf den neuesten Stand der Forschung gebrachte Textausgabe der Hodayot für den deutschen Sprachraum vor.

Da es sich um eine Studienausgabe handelt, bei der der Text und die Übersetzung im Mittelpunkt stehen sollen, beschränkt sich die Einführung auf einen knappen Überblick sowie eine kurze Darstellung von Eigenart und Charakteristik der Schriftrolle. Die Anmerkungen sind hingegen im Vergleich zu älteren Textausgaben um ein Vielfaches vermehrt worden, um sowohl die innere Anlage der Komposition als auch ihre Verwurzelung in biblischer Literatur erschließen zu können.

Mein ganz besonderer Dank gilt dem langjährigen Sprachenlektor der Theologischen Fakultät der Universität Freiburg, AOR i.R. Norbert Kilwing, der mit seinem immensen Wissen um die hebräische Sprach- und Lautlehre den nach masoretischen Regeln vokalisierten Text gegengelesen und viele wertvolle Hinweise und Korrekturen eingebracht hat.

Mein weiterer Dank gilt den Mitarbeitern am Lehrstuhl: Fabian Retschke, der den hebräischen Text, sowie Antonia Lelle, die den deutschen Text Korrektur gelesen hat. Ungenauigkeiten und Fehler sind allerdings weiterhin ganz allein mir anzulasten.

Schließlich gilt mein Dank Marie und Sven Euteneuer für die schon bewährte Hilfe bei der Erstellung der Druckvorlage sowie dem Kohlhammer Verlag und seinem Lektor, Herrn Florian Specker, für ihre Geduld und die sorgfältige Betreuung der Drucklegung.

Freiburg, Ostern 2019 *Ulrich Dahmen*

Einführung

1. Überblick

Die Hodayot – wie viel Phantasie und wie viel Zauber liegen in diesem Wort! Eine antike Schriftrolle mit bis dahin unbekannten Lobliedern, die zu den ersten um 1947 von Beduinen im Umfeld des Toten Meers, in der Nähe von Chirbet Qumran gefundenen Rollen gehört. Ihre Benennung als Hodayot „Lob-/ Danklieder" geht auf die weithin stereotype Einleitungsformel אוֹדְכָה אֲדוֹנָי „ich lobe dich, Herr" zurück, die vor allem die sogenannten „Lehrerlieder" im Zentrum der Rolle 1QH (Kol. 9–17)[1] prägt. Im November und Dezember 1947 konnte Eleazar Lipa SUKENIK, Professor für jüdische Archäologie und hebräische Epigraphik an der Hebräischen Universität Jerusalem, diese Rolle mit zwei weiteren von einem arabischen Händler aus Betlehem erwerben. Die Hodayot gehören zu den umfangreichsten und – weil annähernd vollständig erhalten – wichtigsten Textfunden vom Toten Meer, neben Gemeinschaftsregel (1QS), Kriegsrolle (1QM), Habakuk-Kommentar (1QpHab), großer Jesaja-Rolle (1QJes[a]) und später (1956 bzw. 1967) aus Höhle 11 Psalmen-Rolle (11QPs[a]) und Tempelrolle (11QT).

Inhaltliche Kriterien sprechen für eine Entstehungszeit der Hodayot zwischen 150 und 100 v.Chr. Eine solche Datierung vor allem für die „Lehrerlieder" legt sich nahe wegen des in diesen Liedern artikulierten Selbstbewusstseins und Führungsanspruchs einer charismatischen Beter-Persönlichkeit, die sich aufgrund spezifischer Gebetsinhalte wohl näher bestimmen lässt als der „Lehrer der Gerechtigkeit", der gern mit der Gründungsgestalt der Qumrangemeinschaft identifiziert wird. Die die „Lehrerlieder" mit einem interpretierenden Rahmen im ersten und letzten Drittel der Rolle 1QH umgebenden sogenannten „Gemeindelieder" mögen unwesentlich jünger sein; sie können nach Ausweis des älteren Manuskripts 4QH[a] auch eine ursprünglich eigenständige Sammlung gewesen sein. 1QH als seinerseits sehr bewusst und gezielt zusammengestellte anthologische Sammlung stellt jedenfalls das jüngste aller Hodayot-Manuskripte dar (letztes Drittel des 1. Jh. v.Chr.); seine Anordnung und

[1] Der Einfachheit halber wird hier und im Folgenden von 1QH gesprochen, wenn es sich um die große und eigentliche Schriftrolle 1QH[a] handelt. Die zweite Hodayot-Rolle aus Höhle 1 (1QH[b]) mit ihren wenigen fragmentarischen Wortresten ist so irrelevant, dass eine Verwechslung oder Verunsicherung ausgeschlossen ist.

Abfolge der Lieder wird jedoch bereits von dem älteren (100-75 v.Chr.) Manuskript 4QH^{b} bestätigt.

Die bereits in der Frühzeit der Forschung an den Hodayot vorgenommene Binnendifferenzierung zwischen „Lehrerliedern“, in denen sich eine Einzelgestalt ausspricht, die von Gegnern außerhalb und sogar innerhalb der Gemeinschaft angefeindet und verfolgt wird, die aber dennoch in einem tiefen Vertrauen auf Gott und im Selbstbewusstsein der exklusiven göttlichen Erwählung und Offenbarung lebt, und „Gemeindeliedern“, die den Menschen grundsätzlicher von seiner Geschöpflichkeit und Niedrigkeit und von seiner Bestimmung, Gott zu loben und zu preisen, her denken, die zwischenzeitlich angezweifelt oder sogar bestritten worden war, lässt sich nun eindrucksvoll bestätigen: inhaltlich-stilistisch und gattungskritisch nach individuellen Lob-/Dankliedern („Lehrerlieder“) und kollektiven Bekenntnisliedern („Gemeindelieder“); formal anhand der Auftaktformulierungen אוֹדְכָה אֲדוֹנָי „ich lobe dich, Herr“ und בָּרוּךְ אַתָּה „gepriesen seist du“; theologisch und von ihrer inneren Anlage her, nach der die „Lehrerlieder“ sehr stark die Gedankenwelt der biblischen Psalmen zitieren und einspielen, die „Gemeindelieder“ hingegen in immer neuen Anläufen die Geschöpflichkeit und Niedrigkeit des Menschen wiederholt thematisieren.

2. Textüberlieferung

Die Hodayot sind in insgesamt acht Manuskripten aus Qumran belegt: zwei aus Höhle 1 (1QH$^{a.b}$) und sechs aus Höhle 4 (4QH^{a-f}). Der Textbestand ist dort, wo er materialiter vorhanden und lesbar ist, recht sorgfältig bewahrt geblieben und vor allem dort, wo überlappender Text einen Vergleich erlaubt, weithin einheitlich belegt – die wenigen Ausnahmen lassen sich leicht mit klassischer textkritischer Argumentation erklären. So lässt sich – anders als z.B. bei den Manuskripten der Gemeinschaftsregel 1/4QS – aus dem vorhandenen Textbestand weder textgeschichtlich noch redaktionsgeschichtlich eine Entstehungsgeschichte der einzelnen Lieder und der Gesamtkomposition rekonstruieren (s. aber u. 3. zum Aufbau der Sammlung).

Die Hodayot-Rolle aus Höhle 1 (1QH) ist mit einem großen Textblock/Seitenspiegel und breiten Seitenrändern geschrieben worden und gehört damit zu den Prachtexemplaren aus der Bibliothek von Qumran. Sie wurde von mindestens zwei Schreibern geschrieben; der Schreiberwechsel liegt in 1QH 19,25-29 vor. Wahrscheinlich gab es noch einen weiteren Schreiber, der für wenige Zeilen zwischen Kol. 19,25 und 19,29 sowie für verschiedene Korrekturen in der gesamten Rolle verantwortlich zeichnet. Mit dem Schreiberwechsel erhöht sich auch die Zeilenanzahl von 41 auf 42 pro Kolumne.

Nähte zwischen den einzelnen Lederbögen sind eindeutig erkennbar zwischen Kol. 4 und 5, Kol. 8 und 9, Kol. 12 und 13, Kol. 16 und 17, Kol. 20 und 21 sowie Kol. 24 und 25, so dass sich eine sehr gleichmäßige Verteilung von ursprünglich wohl 28 Kolumnen auf sieben Lederbögen ergibt.

Die ersten drei sowie die vermutlich letzten beiden Kolumnen von 1QH sind so gut wie vollständig zerstört und verloren; bis einschließlich Kol. 8 auch jeweils die ersten 11 Zeilen jeder Kolumne.

Durch die Vertauschung von Lederbögen und die damit falsche Reihenfolge der Kolumnen in der Erstausgabe von Eleazar L. SUKENIK (1954/55) und deren erst finale Korrektur in der offiziellen, kritischen Textausgabe in DJD XL (2009) ergab sich bereits seit den 1990er Jahren eine ungute Uneindeutigkeit bei der Zitation der Hodayot. Zum besseren Verständnis soll daher hier für die wichtigsten deutschen Textausgaben eine Synopse der Hodayot-Zählung geboten werden:

Kol. (DJD XL)	***entspricht* MAIER, *Texte I***	***entspricht* LOHSE, *Texte*[2]**
2,25-32	Fragm. 16,1-8	---
3,23-32	Fragm. 11,1-10	---
4,13-40	4,1-28	17,1-28
5,18-38	5,1-21	13,1-21
6,12-39	6,1-28	14,1-28
7,14-39	7,1-26	15,1-26
8,19-37	8,1-19	16,1-19
9,5-41	9,3-39	1,3-39
10,3-41	10,1-39	2,1-39
11,2-40	11,1-39	3,1-39
12,2-41	12,1-40	4,1-40
13,3-41	13,1-39	5,1-39
14,5-39	14,2-36	6,2-36
15,4-39	15,1-36	7,1-36
16,3-41	16,2-40	8,2-40
17,1-36	17,1-36	9,1-36
17,38-41	17,38-41	9,37-40
18,3-38	18,1-36	10,1-36
19,4-41	19,1-38	11,1-38
20,4-39	20,1-36	12,1-36
21,2-19	21,16-33	18,16-33
21,22-38	Fragm. 3,2-18	---
22,5-16	Fragm. 1 i 1-12	---
22,20-39	Fragm. 4,1-20	---

[2] Vgl. J. MAIER, Die Qumran-Essener: Die Texte vom Toten Meer. Band I: Die Texte der Höhlen 1–3 und 5–11 (UTB 1862), München-Basel 1995; E. LOHSE, Die Texte aus Qumran. Hebräisch und Deutsch. Mit masoretischer Punktation, Übersetzung, Einführung und Anmerkungen, München ^{4}1986. Die Zählung bei LOHSE, Texte entspricht der ursprünglichen Zählung in der Erstedition von E.L. SUKENIK. Irritierende Differenzen ergeben sich bei den Angaben in DJD XL, deren Mitteilung der Zeilenzählung (z.B. in Kol. 4 [≙ Sukenik Kol. 17] und in Kol. 8 [≙ Sukenik Kol. 16]) nicht der Transkription in der Erstedition von E.L. SUKENIK entspricht.

Kol. (DJD XL)	***entspricht Maier, Texte I***	***entspricht Lohse, Texte***
23,2-17	23,1-16	18,1-16
23,21-38	Fragm. 2 i 1-18	---
24,6-17	Fragm. 9,1-12	---
24,21-27	Fragm. 45,1-7	---
24,24-37	Fragm. 6,1-14	---
25,3-16	Fragm. 5,1-14	---
25,25-35	Fragm. 8,1-11	---
26,6-19	Fragm. 55 + 4QH^{a} 7 i 4-21	---
26,21-42	26,1*-21*	---

Aufgrund der in Höhle 4 gefundenen Parallel-Manuskripte (4QH^{a-f}) konnten weitere Textteile der Rolle 1QH rekonstruiert werden. Größere Rekonstruktionen von in 1QH materialiter nicht mehr belegtem Textmaterial liegen vor in:

Kol. 10: Die Rekonstruktionen in Z. 5-8 stammen aus dem überlappenden Paralleltext in 4QH^{f} 3,1-5.

Kol. 11: Die Rekonstruktionen in Z. 40f. stammen aus dem überlappenden Paralleltext in 4QH^{f} 7,1f.

Kol. 12: Die Rekonstruktionen in Z. 1f. stammen aus den überlappenden Paralleltexten in 4QH^{b} 6,1f. und 4QH^{f} 7,3f.

Kol. 15: Die Rekonstruktionen in Z. 39-41 stammen aus den überlappenden Paralleltexten in 1QH^{b} 1,10-12 und 4QH^{b} 10,3-6.

Kol. 16: Die Rekonstruktionen in Z. 1-4 stammen aus dem überlappenden Paralleltext in 4QH^{b} 10,7-10.

Kol. 20: Die Rekonstruktionen in Z. 1-3 stammen aus dem überlappenden Paralleltext in 4QH^{a} 2,1-4.

Kol. 21: Die Rekonstruktionen in Z. 15f. stammen aus dem überlappenden Paralleltext in 4QH^{a} 10,4f.
Die Rekonstruktionen in Z. 19-23 stammen aus dem überlappenden Paralleltext in 4QH^{b} 13,2-6.
Die Rekonstruktionen in Z. 24-26 stammen aus dem überlappenden Paralleltext in 4QH^{a} 11,2-4.

Kol. 25: Die Rekonstruktionen in Z. 22-26 stammen aus dem überlappenden Paralleltext in 4QH^{b} 19,1-7.
Die Rekonstruktionen in Z. 30-33 stammen aus dem überlappenden Paralleltext in 4QH^{b} 20,1-4.

Kol. 26: Die Rekonstruktionen in Z. 3-19 stammen aus dem überlappenden Paralleltext in 4QH^{a} 7 i 6-23, ergänzt um 4QH^{e} 1,1-9 (in Z. 2-9).
Die Rekonstruktionen in Z. 21-42 stammen aus dem überlappenden Paralleltext in 4QH^{a} 7 ii 3-23, ergänzt um 4QH^{e} 2,1-9 (in Z. 20-29) und 4QH^{b} 21,1-5 (in Z. 38-42).

In einem Anhang werden die Überreste eines weiteren, bis dahin unbekannten und nur 18 Zeilen umfassenden „Gemeindelieds“ aus 4QH^{a} 8 i 13–ii 9 präsentiert, das in dieser Rolle 4QH^{a} zwischen dem Gemeindelied, das in 1QH 7,20 endet, und dem Gemeindelied, das in 1QH 20,7 beginnt, zu stehen gekommen war. Es dürfte mit Sicherheit auch in der Rolle 1QH enthalten gewesen sein und wäre in den weitgehend verlorenen Kol. 1–3 oder 27–28 zu suchen.

3. Aufbau der Sammlung

1QH erweist sich als eine sehr bewusst und gezielt zusammengestellte anthologische Sammlung, in der die 14 „Lehrerlieder“ im Zentrum der Komposition (Kol. 9–17,36) stehen und von vermutlich jeweils 6-8 wesentlich umfangreicheren „Gemeindeliedern“ gerahmt werden (Kol. 1–8; 17,38–28,?). Dabei kann die Abfolge der Lieder im Vergleich zu den Einzelsammlungen in den Parallel-Manuskripten (s.u.) variieren.

Für die Abfolge der Hodayot in 1QH ist besonders die Rolle 4QH^a interessant, da sie nur „Gemeindelieder“ enthält, darunter aber auch sehr fragmentarische Reste eines bis dahin völlig unbekannten, relativ kurzen (18 Zeilen) Loblieds. Diese Rolle ordnet die Gemeindelieder aber in anderer Abfolge als in 1QH an und enthält Lieder sowohl aus dem vorderen Teil (1QH 1-8) als auch aus dem hinteren Teil (1QH 17,38–28,?) von 1QH:

4QH^a	Fragm. 1–3,3	1QH 19,6–20,6
	Fragm. 3,4–Fragm. 7 ii 23	1QH 25,34–27,3
	Fragm. 8 i 6-12	1QH 7,12-20
	Fragm. 8 i 13–ii 9	unbekanntes Lied
	Fragm. 8 ii 10–Fragm. 12	1QH 20,7–22,42

Mit dieser differierenden Anordnung kann der Umfang einzelner Gemeindelieder in 1QH jetzt eindeutig verifiziert werden: nämlich dass in 1QH 7,20 ein Gemeindelied endet, und dass in 1QH 20,7 und 25,34 jeweils ein neues Gemeindelied beginnt. Insgesamt zeigt sich, dass die „Gemeindelieder“ ursprünglich wohl eine eigenständige Sammlung waren, deren Lieder überdies auch in einer ganz anderen Reihenfolge zusammengestellt werden konnten. Hingegen wird die Sammlung und Anordnung der Lieder in 1QH von einem weiteren, älteren Manuskript aus Höhle 4 (4QH^b) bestätigt. 4QH^c, 4QH^d und 4QH^f schließlich bieten nur Reste einzelner „Lehrerlieder“. Die materiale Rekonstruktion lässt – als plausible Arbeitshypothese – hier vermuten, dass zumindest 4QH^c und 4QH^f Sammlungen von ausschließlich „Lehrerliedern“ waren.[3]

[3] Vgl. E. Schuller, in: Qumran Cave 4 XX: Poetical and Liturgical Texts, Part 2 (DJD XXIX), Oxford 1999, 180f.212.

4. Bezüge

Das in 1QH 25,34 beginnende „Gemeindelied“ bietet in seinem ersten Teil (1QH 26,2-9 par. 4QH^{e} 1,1-9 *olim* 4Q471b) die Version oder den Unterabschnitt eines Liedes (auch bekannt als „Self Glorification Hymn“), das in einer Frühform oder sehr differenten Rezension auch in der Kriegsrolle 4QM^{a} 11 i 8-23 belegt ist. Zumindest sind Thema, Motive, Phraseologie und Formulierungen so nah beieinander wie zu keinem anderen bekannten Qumrantext, so dass die entscheidenden Zeilen von 4QM^{a} 11 i 12-21 hier in Übersetzung geboten werden sollen (kursiv gesetzt die terminologischen und motivlichen Übereinstimmungen mit 1QH 26,2-9):

> **12** [ ] ... ein starker Thron *in der Gemeinde der himmlischen Wesen.* Nicht sollen auf ihm sitzen jegliche Könige der Vorzeit, und ihre Vornehmen nicht [*nicht*] *sind sie ähnlich* **13** [ ] *meiner Ehre ist niemand ähnlich*[4]. Und niemand wird erhöht außer mir, *und niemand kommt* zu mir, denn ich, ich sitze auf/in [ ] im Himmel, und kein **14** [ ] Ich, zu den himmlischen Wesen werde ich gerechnet, und meine Stätte ist *in der* heiligen *Gemeinde.* Nicht wie des Fleisches ist mein Begehren, alles mir Kostbare ist in der Ehre **15** des *heiligen Ortes.* Wer könnte mich *für verachtet* halten, und *wer ist mir in meiner Ehre ähnlich*? Wer ist derjenige, der – wie die Seefahrer – zurückkehrt und verkündet **16** [ ] Wer [ ] Schmerzen wie ich, und wer [bei/in] all dem Übel ist mir ähnlich? Niemand. Ich wurde unterwiesen, und *keine Lehre ist ähnlich* **17** [*meinem Lehren.*] Und wer sollte mich attackieren, wenn ich meinen Mund öffne; und *die Äußerung meiner Lippen, wer kann sie erfassen*? Und *wer ist mir gleichgestellt* und ist (mir) ähnlich in meinem Urteil? **18** [ ] *Denn ich, bei den himmlischen Wesen ist mein Standort*[5], und *meine Ehre* bei den Söhnen *des Königs* sind *weder Feingold noch Ophirgold.* **19** *leer* **20** [ ] die Gerechten unter den Göttern des/von [ ] *an heiligem Ort. Lobsingt* ihm [ ] **21** [ ] *Lasst erschallen* mit *Jubellaut* [ ] *in ewiger Freude.*

Eine besondere inhaltliche und theologische Nähe der Hodayot lässt sich zum Schlusspsalm der Gemeinschaftsregel in 1QS 10–11 feststellen in Bezug auf das Selbstbewusstsein des Beters sowie die Heilserwartung und Anthropologie.

Ebenso ist die wahrscheinlich vor-qumranische sog. „Zwei-Geister-Lehre“ (1QS 3,13–4,26) mit ihrem streng deterministischen Dualismus und der sich daraus ergebenden doppelten Prädestination als eine überlieferte Tradition erkennbar, auf die in den Hodayot immer wieder zurückgegriffen wird. Beides ist über den Anmerkungsapparat leicht zu erschließen.

---

[4] Die (in deutscher Übersetzung) letzten drei Worte sind im hebräischen Text durch Tilgungspunkte markiert worden. Möglicherweise liegt hier Dittographie vor und eine ursprüngliche syntaktische Verbindung zur letzten Satzeinheit in Z. 12.

[5] Vgl. dazu die Anmerkung in DJD XL 302 zu 1QH 26,7.

5. Hinweise zu dieser Studienausgabe

Eine wissenschaftlich kritische Edition wurde nicht angestrebt – diese liegt vor in DJD XL –, sondern eine hebräisch-deutsche Textausgabe zum Lesen, Genießen und leichten Zugriff beim wissenschaftlichen Arbeiten; daher sind im hebräischen Text sowohl die nur relativ sicher als auch die ganz unsicher entzifferten Buchstaben nicht eigens gekennzeichnet, eine solche diakritische Markierung wäre überdies mit der masoretischen Punktation kollidiert. Auf die Setzung weiterer masoretischer Zeichen über die Vokalisation hinaus wurde verzichtet; allein das Meteg als wichtige Lesehilfe und zur Markierung der Pausalformen am Ende der – soweit recht sicher zu identifizieren – durch einen senkrechten Oberstrich abgetrennten Satzeinheiten fand noch Verwendung. Die Lücken im Text sind nicht maßstabgerecht wiedergegeben. Radierungen der Schreiber und Streichungsmarkierungen bei einzelnen Buchstaben i.S.v. Korrekturen wurden ignoriert und nur der korrigierte Text abgedruckt; einige größere Streichungen wurden der Anschaulichkeit wegen beibehalten.

In der deutschen Übersetzung wurde um der Lesbarkeit willen weitgehend darauf verzichtet, eckige Klammern innerhalb von im hebräischen Text teilrekonstruierten Worten zu setzen. Bruchstückhafte und unleserliche Buchstaben sind nicht eigens ausgewiesen; nur die Zeilen mit ausschließlich solchen Resten werden der Anschaulichkeit wegen dargestellt. Der Beginn eines neuen Liedes wird durch eine zusätzliche Leerzeile abgesetzt, Unterabschnitte in einem Lied durch eingerückten Zeilenanfang. In der Übersetzung wurde schließlich angestrebt, wichtige Zentralbegriffe und auch viele andere Wörter weitgehend konkordant zu übersetzen.

In die Anmerkungen wurden nur Verweisstellen mit ausreichend auswertbarem Kontext sowie jeweils nur die Hauptbelegstelle aufgenommen, d.h. gleiche Stellen aus Parallel-Manuskripten wurden nicht mehr gelistet.

6. Literaturhinweise

Die Literatur zu den Hodayot ist inzwischen – vor allem im angelsächsischen Sprachraum – uferlos und fast unüberschaubar. Die ältere Literatur ist in Auswahl bei LOHSE, Texte verzeichnet. Hier soll nur exemplarisch auf solche Werke hingewiesen werden, die mir (Stand: 2019) für eine Hinführung zu den Hodayot sowie für Text und Übersetzung relevant erscheinen. Darüber hinaus sei verwiesen auf die Forschungsberichte/Bibliographien unter d) und auf die wöchentlich aktualisierte Bibliographie des Orion Center for the Study of the Dead Sea Scrolls and Associated Literature (http://orion.mscc.huji.ac.il/resources/bib/current.shtml; mit ausführlichen Suchfunktionen: http://orion.mscc.huji.ac.il/resources/bib/orionBibliography.shtml).

a) Textausgaben

Eleazar L. SUKENIK, The Dead Sea Scrolls of the Hebrew University, Jerusalem 1955.

Florentino GARCÍA MARTÍNEZ/Eibert J. C. TIGCHELAAR (Hg.), The Dead Sea Scrolls Study Edition, Volume One: 1Q1–4Q273, Leiden 1997 (^{2}2000).

Donald W. PARRY/Emanuel TOV, The Dead Sea Scrolls Reader, Vol. 5: Poetic and Liturgical Texts, Leiden 2005 (^{2}2014).

Hartmut STEGEMANN/Eileen SCHULLER/Carol NEWSOM, 1QHodayot^a (DJD XL), Oxford 2009.

Elisha QIMRON, Megilot Midbar Yehudah. The Hebrew Writings. Edited with Reconstructions, Introductions, Notes and Indexes, Vol. 1, Jerusalem 2010 (hebr.).

Eileen M. SCHULLER/Carol NEWSOM, The Hodayot (Thanksgiving Psalms): A Study Edition of 1QH^a (SBL Early Judaism and Its Literature 36), Atlanta 2012.

b) Deutsche Übersetzungen (z.T. in Auswahl)

Eduard LOHSE, Die Texte aus Qumran. Hebräisch und Deutsch. Mit masoretischer Punktation, Übersetzung, Einführung und Anmerkungen, München 1964 (^{4}1986).

Heinz-Wolfgang KUHN, Enderwartung und gegenwärtiges Heil. Untersuchungen zu den Gemeindeliedern von Qumran (SUNT 4), Göttingen 1966.

Johann MAIER/Kurt SCHUBERT, Die Qumran-Essener. Texte der Schriftrollen und Lebensbild der Gemeinde (UTB 224), München-Basel 1973 (Neudruck 1982).

Norbert LOHFINK, Lobgesänge der Armen. Studien zum Magnifikat, den Hodajot von Qumran und einigen späten Psalmen (SBS 143), Stuttgart 1990.

Georg MOLIN, Das Geheimnis von Qumran. Wiederentdeckte Lieder und Gebete (Neu herausgegeben und erweitert von Otto Betz und Rainer Riesener), Freiburg 1994.

Johann MAIER, Die Qumran-Essener: Die Texte vom Toten Meer. Band I: Die Texte der Höhlen 1–3 und 5–11 (UTB 1862), München-Basel 1995.

c) Englischsprachige Literatur

Svend HOLM-NIELSEN, Hodayot. Psalms from Qumran (Acta Theologica Danica 2), Aarhus 1960.

Bonnie Pedrotti KITTEL, The Hymns of Qumran: Translation and Commentary (SBL Dissertaion Series 50), Atlanta 1981.

Hartmut STEGEMANN, The Material Reconstruction of 1QHodayot, in: Lawrence H. Schiffman/Emanuel Tov/James C. VanderKam (Hg.), The Dead Sea Scrolls: Fifty Years after their Discovery. Proceedings of the Jerusalem Congress, July 20-25, 1997, Jerusalem 2000, 272-284.

Hartmut STEGEMANN, The Number of Psalms in *1 QHodayot*[a] and Some of their Sections, in: Esther G. Chazon/Ruth Clements/Avital Pinnick (Hg.), Liturgical Perspectives: Prayer and Poetry in Light of the Dead Sea Scrolls (STDJ 48), Leiden 2000, 191-234.

Julie A. HUGHES, Scriptural Allusions and Exegesis in the Hodayot (STDJ 59), Leiden 2006.

Angela Kim HARKINS, Thanksgiving Hymns (Hodayot), in: Louis H. Feldman/James L. Kugel/Lawrence H. Schiffman (Hg.), Outside the Bible: Ancient Jewish Writings Related to Scripture, Vol. 2, Lincoln 2013, 2018-2094.

Trine B. HASSELBALCH, Meaning and Context in the Thanksgiving Hymns (SBL Early Judaism and Its Literature 42), Atlanta 2015.

d) Forschungsberichte / Bibliographien

Ulrich DAHMEN, Hodajot-Bibliographie 1948-1989, in: Norbert Lohfink, Lobgesänge der Armen. Studien zum Magnifikat, den Hodajot von Qumran und einigen späten Psalmen (SBS 143), Stuttgart 1990, 126-136.

Eileen M. SCHULLER/Lorenzo DITOMMASO, A Bibliography of the Hodayot, 1948-1996, in: DSD 4, 1997, 55-101.

Eileen M. SCHULLER, Recent Scholarship on the *Hodayot* 1993-2010, in: Currents in Biblical Research 10, 2011, 119-162.

1QH – Text und Übersetzung

Kol. II

[1-11]
12 נִפְלְ]וֹאתֶיכָ[ה אֵי]ן פֶּה
13 וַ]תּוֹצֵא לְעוֹלְמֵי
14 [עַד ' יַשְׁמִי]עוּ בַהֲמוֹן רִנָּה
15 אֲרַ]נְּנָה∘∘ [ ]לֿ[ ]
16]∘∘[[
[17-23]
24]∘[[
25]מרות[ ]∘[ ]
26 עֲ]שׁוּקִים ' וּמִי
27]רַחֲמָיו עַל אֶבְיוֹנֵי
28]ה ' וּמִי מְתַכֵּן
29] ' וּמִי מְתַכֵּן גְּבוּרָה
30 עַ]ד עוֹלָם ' מִי חוֹשֵׁב
31] עֲרוּמִים ' וּמִי
32 גְּב]וּרָתְכָה ∘∘[ ]∘[ ]
[33-41]

Kol. 2

[1-11]
12] deine Wundertaten, kein Mund
13] brachtest du heraus für alle Ewig-
14 [keiten.] sie sollen erschallen lassen mit lautem Jubel
15] ich will jubeln [ ]
16]○○[ ]
[17-23]
24]○[ ]
25]*mrwt*[ ]○[ ]
26] die Unterdrückten. Und wer
27] sein Erbarmen über die Armen der/des
28] Und wer bemisst
29] Und wer bemisst die Macht
30] auf ewig. Wer denkt
31] die Klugen. Und wer
32] deine Macht.
[33-41]

Kol. III

[1-14]

15]ם ◦◦◦[

16]◦כה וְתַעֲזוֹר נְדִיבֵ[י

17 כִּ]י אַתָּה מְנַחֵם אָבֵל [

18] נֶגַע וּבְבִרְכוֹת ◦◦[

19]כה אֵלִי◦◦◦◦◦ל◦◦[

[20-22]

23]◦ מֵעָפָר ◦◦[

24]עֲמְדָה לְכוֹל שְׁנֵי עוֹלָם[

25]כְּלִבְּךָ כוֹל חַיָּתָם ◦◦◦◦◦שם ומ◦[

26]ם כְּרוּחָם ◦◦ו אִישׁ לְפִי שִׂכְלוֹ ו◦◦[

27]◦פל מַלְכוּתוֹ ' מִי עָשָׂה כוֹל אֵלֶּה ◦[

28]◦◦תם אֵלֶיךָ תָּמִיד וּבְצֶדֶק תְּשִׂימֵנִי ל◦[

29] לְפָנֶיךָ ◦◦◦◦ם תֹּהוּ וְיֵצֶר חֹמֶ[ר

30]לה ' וְאַתָּה נִכְבַּדְתָּה מִכּוֹל אֵלִ[ים

31] קוֹדְשְׁךָ וְכַאֲשֶׁר ב◦◦◦◦◦ ◦[

32 וּלְהַלֵּ]ל שִׁמְךָ תְּבִיאֵ[נִי]בַעֲדַת קְד[וֹשִׁים

33]לְ[ ]◦[

[34-41]

Kol. IV

[1-11]

12 [ ]◦[ ]◦◦◦ ◦◦◦◦[ ]

13 [ ]◦ וּמִשְׁפְּלַת מִדָּה מ◦◦[ ]◦◦◦[ ]

14 [ ]מְגוּלָּה בְלוֹא מִשְׁפָּט מֵרוּחַ

15 [ ]◦בים אוֹכֶלֶת בְּשַׂר שֹׂנְאֶיהָ בְלוֹא

16 [ ]ת בִּיבֵישָׁה וּמַכְשֶׁ[לֶת בְּ]לוֹא מִשְׁפָּט

Kol. 3

[1-14]
15]*m* ○○○[
16] und du hilfst den Willigen der/des [
17] Denn du bist ein Tröster des Trauernden[1] [
18] Plage, und mit Segnungen [
19] mein Gott [
[20-22]
23] vom/aus Staub [
24] es steht für alle Jahre der Ewigkeit [
25] nach deinem Herzen für ihr ganzes Leben [
26] nach ihrem Geist [ ] ein Mann entsprechend seiner Einsicht und [
27] sein(es) Königtum(s). Wer hat gemacht all dies [
28] will ich beständig gehen, und in Gerechtigkeit hast du mich gesetzt [
29] vor dir Leere, und ein Gebilde von Lehm [
30] Aber du, du bist geehrter als alle himmlischen Wesen [
31] deine(r) Heiligkeit, und so wie ... [
32] und um zu lobpreisen deinen Namen, bringst du mich in die Gemeinde der Heiligen [33]*l*[ ]○[
[34-41]

Kol. 4

[1-11]
12 [ ]○[ ]○○○ ○○○[ ]
13 [ ] und erniedrigend nach Maß [ ]
14 [ ] geoffenbart grundlos vom Geist
15 [ ] verzehrend das Fleisch ihrer Hasser ohne
16 [ ] auf trockenem Land, und grundlos zum Straucheln bringend

17 [ ] פּוֹגְעוֹת פֶּתַע פִּתְאוֹ[ם בְּל]וֹא בְּרִית
18 [בְּלוֹ]א מִשְׁפָּט מֵרוּחַ דּוֹרֶשֶׁת[ ]◦וֹת שׁ◦◦◦◦
19 [ ]מִתְרַמֶּה ב◦[בְּ]ל[וֹא] מִצְוָה ' מֵרוּחַ כו[ ] מ◦◦◦
20 [ ]ע בִּנְגִיעֵי בָ[שָׂר] *vacat*
21 [בָּרוּךְ אַתָּה אֵל הַדֵּעוֹת]מִנִּסְתָּרוֹת אֲשֶׁ[ר]◦◦שׁר לֹא הִשִּׂיגוּם
בְּמַצְ[רֵף]◦◦ף 22 [ ] וּמִמִּשְׁפַּט קִצֵּי[מַחְ]שְׁבוֹת
רִשְׁעָה פְּעָמִים [רַבּוֹת]◦◦◦ 23 [עָ]וֹן וּמִמִּשְׁפַּט אח◦◦◦◦◦
[ ]◦ עַבְדְּךָ מִכּוֹל פְּשָׁעָיו בַּ[הֲמוֹן]רַחֲמֶיךָ 24 [כַּאֲשֶׁר
ד]בַּרְתָּה בְּיַד מוֹשֶׁה עַבְדְּ[ךָ לָשֵׂא]ת עָווֹן וְחַטָּאָה וּלְכַפֵּר בְּעַד[פֶּשַׁ]ע וּמַעַל
25 [ ]מוֹסְדֵי הָרִים ' וְאֵשׁ [בֵּ]קְעָה בִּשְׁאוֹל תַּחְתִּיָּה וְאֵת הנו[ ]
בְּמִשְׁפָּטֶיךָ 26 [ ]תה לְעֹבְדֶיךָ בֶּאֱמוּנָה [לִ]הְיוֹת זַרְעָם לְפָנֶיךָ כּוֹל
הַיָּמִים ' וּשְׁמ[וֹתֵיהֶם] הֲקִימוֹתָה 27 [ ]פֶּשַׁע וּלְהַשְׁלִיךְ כּוֹל עֲוֹנוֹתָם
וּלְהַנְחִילָם בְּכוֹל כְּבוֹד אָדָם לְרוֹב יָמִים 28 [ ] *vacat*
29 [בָּרוּךְ אַתָּה אֵל הָרַחֲמִי]ם מֵרוּחוֹת אֲשֶׁר נָתַתָּה בִּי ' וְאֶ[מְ]צְאָה מַעֲנֵה
לָשׁוֹן לְסַפֵּר צִדְקוֹתֶיךָ וַאֲרוֹךְ אַפַּיִם 30 [ ]ד וּמַעֲשֵׂי יְמִין עוּזְּךָ
וּלְהוֹדוֹת עַל פִּשְׁעֵי רִאשׁוֹנִים וּלְהִ[תְנַפֵּ]ל וּלְהִתְחַנֵּן עַל 31 [ ]◦◦
מַעֲשַׂי וְנַעֲוַיַת לְבָבִי כִּי בְנִדָּה הִתְגּוֹלַלְתִּי וּמִסּוֹד רִמָּ[ה יָ]צָאתִי וְלֹא נִלְוֵיתִי
32 [ ]◦◦◦' כִּי לְךָ אַתָּה הַצְּדָקָה וּלְשִׁמְךָ הַבְּרָכָה לְעוֹלָ[ם]
כְּצִדְקָתְךָ וּפְדֵה 33 [יִ]תַּמּוּ רְשָׁעִים ' וַאֲנִי הוֹבִינוֹתִי כִּי אֵת
אֲשֶׁר בָּחַרְתָּה הֲ[כִינוֹתָה] דַּרְכּוֹ וּבְשֵׂכֶל 34 [תַּ]חְשְׂכֵהוּ מֵחֲטוֹא
לְךָ ול◦◦ב לוֹ עַנְוָתוֹ בְּיִסּוּרֶיךָ וּבְנִסּ[וּיֶיךָ חִזַּקְתָּ]ה לִבּוֹ 35 [ ] עַבְדְּךָ
מֵחֲטוֹא לְךָ וּמִכְּשׁוֹל בְּכוֹל דִּבְרֵי רְצוֹנֶךָ ' חַזֵּק מָתְנָ[יו לַעֲמוֹ]ד עַל רוּחוֹת
36 [וּלְהִ]תְהַלֵּךְ בְּכוֹל אֲשֶׁר אָהַבְתָּה וְלִמְאוֹס בְּכוֹל אֲשֶׁר שָׂנֵאתָה
[וְלַעֲשׂוֹת] הַטּוֹב בְּעֵינֶיךָ ' 37 [מִמְשַׁ]לְתָּם בְּתִכְּמוֹ כִּי רוּחַ בָּשָׂר
עַבְדֶּךָ [ ] *vacat* [ ] *vacat*
38 [בָּרוּךְ אַתָּה אֵל עֶלְיוֹן אֲשֶׁר]הֲנִיפוֹתָה רוּחַ קוֹדְשְׁ[ךָ] עַל עַבְדְּךָ[וּתְ]טַהֵר
מ◦[ ]ת לִבּוֹ 39 [אֱנוֹ]שׁ וְאֶל כּוֹל בְּרִית אָדָם אַבִּיט
[ ]◦◦◦[ ]ה יִמְצָאוּהָ 40 [ו]ב מַשִּׂיגֶיהָ וְאוֹהֲבֶיהָ
◦◦◦◦◦[ ]◦יד]לְעוֹלְמֵי עַד ' 41 [ ] *vacat* [ ] *vacat*

17 [ ] zuschlagend plötzlich, ganz plötzlich ohne Bund
18 [ ] grundlos von einem Geist, der sucht [ ]
19 [ ] betrügerisch handelnd in [ ] ohne Gesetz. Von einem Geist des [ ]
20 [ ] mit Plagen des Fleisches. [ ] *leer*

21 [Gepriesen seist du, Gott der Erkenntnis[2],] wegen der verborgenen Dinge, die [ ] die sie nicht erreichten im Schmelztiegel [ ] **22** [ ] wegen des Gerichts der Zeiten [der/des] Pläne des Frevels [viele] Male **23** [ ] Schuld, und wegen des Gerichts der [ ] deinen Knecht von all seinen Verfehlungen in der Fülle deines Erbarmens **24** [wie] du gesprochen hast durch Mose, deinen Knecht: zu vergeben Schuld und Sünde[3] und zu entsühnen Verfehlung und Treulosigkeit **25** [ ] Fundamente der Berge. Und Feuer bricht durch bis in die tiefste Unterwelt[4] und [ ] durch deine Urteile **26** [ ] für die, die dir in Treue dienen, auf dass ihre Nachkommenschaft vor dir sei alle Tage[5]. Und ihre Namen hast du aufgerichtet **27** [ ] Verfehlung, und um wegzuwerfen all ihre Schuldtaten und um ihnen ein Erbteil zu geben in aller Herrlichkeit des Menschen[6] für viele Tage **28** [ ] *leer*

29 [Gepriesen seist du, Gott des] Erbarmens[7], wegen der Geister, die du in mich gegeben hast. Und ich will finden eine angemessene Antwort[8], um zu verkünden deine gerechten Taten und deine Langmut **30** [ ] und die Taten deiner starken Rechten, und um zu bekennen die Verfehlungen von früher[9], und um mich niederzuwerfen und um Gnade zu flehen wegen **31** [ ] meiner Taten und der Verkehrtheit meines Herzens, denn in Unreinheit habe ich mich gewälzt, aber aus dem Kreis des Gewürms bin ich fortgegangen, und nicht habe ich mich angeschlossen **32** [ ] Denn bei dir ist, ja du bist die Gerechtigkeit, und deinem Namen gebührt Preisung auf ewig [ ] gemäß deiner Gerechtigkeit, und löse aus **33** [ ] die Frevler vergehen. Ich aber, ich habe verstanden, dass du dem, den du erwählt hast, seinen Weg bestimmt hast und mit Einsicht **34** [und] ihn davor bewahrt hast, gegen dich zu sündigen[10] und um ... ihm seine Demut durch deine Zurechtweisungen, und durch deine Prüfungen hast du gestärkt sein Herz **35** [ ] deinen Knecht davor, gegen dich zu sündigen und davor, zu straucheln in allen Worten deines Willens. Stärke seine Lenden, um bestehen zu können gegen die Geister der/des **36** [ ] und um zu wandeln in allem, was du liebst, und um zu verwerfen alles, was du hasst, [und um zu tun,] was gut ist in deinen Augen. **37** [ ] ihre Herrschaft in seinem Inneren, denn ein Geist von Fleisch ist dein Knecht. *leer*

38 [Gepriesen seist du, höchster Gott[11], der] du ausgegossen hast deinen heiligen Geist über deinen Knecht und gereinigt hast [ ] sein Herz **39** [ ] Menschheit, und auf den ganzen Menschheitsbund will ich schauen [ ] sie werden es/ihn finden **40** [ ] die es/ihn erreichen und die es/ihn lieben [ ] für alle Ewigkeiten. **41** [ ] *leer* [ ] *leer*

Kol. V

[1-11]

12 [מִזְמוֹר לְמַ]שְׂכִּיל לְהִתְנַפֵּל לִפְנֵ[י אֵל]מַעֲשֵׂי אֵל
13 [ ]וּלְהָבִין פּוֹתָאִים [ ]∘∘[ ]∘∘[ ]∘י עוֹלָם
14 [ ]∘ת וּלְהָבִין אֱנוֹשׁ ב[ ] בָּשָׂר וְסוֹד רוּחֵי [ ]∘ הִתְהַלָּכוּ '
15 [בָּרוּךְ] אַתָּה אֲדוֹנָי ∘∘[ ]∘∘ר רוּחַ בָּשָׂר בב∘[ ]בְּכוֹחַ גְּבוּרָתְךָ
16 [וַהֲמוֹן חַ]סְדְּךָ עִם רוֹב טוּבְךָ[וְכוֹס]חֲמָתְךָ וְקִנְאַת מִשְׁפָּ[טֶיךָ לְאֵין]
חֵקֶר ' כּוֹל 17 [ ]∘ת כּוֹל בִּינָה וּמ[וּסָר] וְרָזֵי מַחֲשֶׁבֶת וְרֵאשִׁית
[הֲ]כִינוֹתָה 18 [ ]∘∘ קוֹדֶשׁ מִקֶּדֶם עוֹ[לָם וּ]לְעוֹלְמֵי עַד ' אַתָּה
הוֹאַלְ[תָּה]קְדוֹשִׁים 19 [ ]∘∘ וּבְרָזֵי פִּלְאֲךָ הוֹדַעְ[תַּנִי בַּעֲ]בוּר
כְּבוֹדְךָ וּבְעוֹמֶק ∘∘[מַעְיַן]בִּינָתְךָ לֹא 20 [ ]אַתָּה גִלִּיתָה דַּרְכֵּי אֱמֶת
וּמַעֲשֵׂי רַע חוֹכְמָה וְאִוֶּלֶת [ ] צֶדֶק 21 [ ] מַעֲשֵׂיהֶם אֱמֶת [ ]
∘[ ]ה וְאִוֶּלֶת ' כּוֹל הִתְהַלְּכ[וּ] 22 [ ]ם וְחַסְדֵי עוֹלָם לְכוֹל
קִצֵּ[י]הֶם לְשָׁלוֹם וְשַׁחַת ' כּוֹל ∘[ ] 23 [מִשְׁ]פְּטֵיהֶם כְּבוֹד
עוֹלָם וְחֶמְדָּה וְשִׂמְחַת עַד לְמַעֲשֵׂה[ ]∘שִׁים ל∘[ ] 24 [ ]ע *vacat*
וְאֵלֶּה אֲשֶׁר הֲכִ[ינוֹתָה מִקֶּדֶם]עוֹלָם לִשְׁפּוֹט בָּם 25 אֵת כּוֹל מַעֲשֶׂיךָ בְּטֶרֶם
בְּרָאתָם עִם צְבָא רוּחֶיךָ וַעֲדַת [אֵלִים עִ]ם רְקִיעַ קוֹדְשְׁךָ וְכוֹל 26 צְבָאוֹתָיו
עִם הָאָרֶץ וְכוֹל צֶאֱצָאֶיהָ בַּיַּמִּים וּבַתְּהוֹמוֹת [כְּ]כוֹל מַחְשְׁבוֹתָם לְכוֹל קִצֵּי
עוֹלָם 27 וּפְקוּדַּת עַד ' כִּי אַתָּה הֲכִינוֹתָמָה מִקֶּדֶם עוֹלָם וּמַעֲשֵׂה [ ]∘∘∘
בָּם בַּעֲבוּר 28 יְסַפְּרוּ כְבוֹדְךָ בְּכוֹל מֶמְשַׁלְתֶּךָ ' כִּי הִרְאִיתָם אֵת אֲשֶׁר לֹא
ר[ ]אֲשֶׁר קֶדֶם וְלִבְרוֹא 29 חֲדָשׁוֹת לְהָפֵר קַיָּמֵי קֶדֶם וּלְ[הָקִ]ים נִהְיוֹת
עוֹלָם ' כִּי אַתָּה הֲ[כִינוֹתָ]מָה וְאַתָּה תִהְיֶה 30 לְעוֹלְמֵי עַד ' וּבְרָזֵי שִׂכְלְכָה
פִּלַּגְ[תָּה] כּוֹל אֵלֶּה לְהוֹדִיעַ כְּבוֹדֶךָ ' [כִּי מַה הִ]יא רוּחַ בָּשָׂר לְהָבִין
31 בְּכוֹל אֵלֶּה וּלְהַשְׂכִּיל בס∘[ ] גָּדוֹל ' וּמַה יְלוּד אִשָּׁה בְּכוֹל [גְּ]ד[וֹ]לֶ[י]ךָ
הַנּוֹרָאִים ' וְהוּא 32 מִבְנֵה עָפָר וּמִגְבַּל מַיִם אַ[שְׁמָה וְחַטָּ]אָה סוֹדוֹ עֶרְוַת
קָלוֹן וּמְ[קוֹר הַנִּ]דָּה וְרוּחַ נַעֲוָה מָשְׁלָה 33 בוֹ וְאִם יִרְשַׁע יִהְיֶה[לְאוֹת
עַד]עוֹלָם וּמוֹפֵת דּוֹרוֹת רְחוֹקִ[י]ם לְבָשָׂר ' רַק בְּטוּבְךָ 34 יִצְדַּק אִישׁ
וּבְרוֹב רַחֲ[מֶיךָ] בַּהֲדָרְךָ תְּפָאֲרֶנּוּ וְתַמְשִׁילֶנּ[וּ בְּ]רוֹב עֲדָנִים עִם שָׁלוֹם

Kol. 5

[1-11]
12 [Ein Psalm für den] Maśkil[12], um niederzufallen vor [Gott] die
Taten/Werke Gottes **13** [ ] und um zu belehren die Einfältigen [ ]
Ewigkeit **14** [ ] und um zu belehren die Menschheit in [ ] Fleisch und
der Kreis der Geister der/des [ ] wandeln sie. **15** [Gepriesen seist] du,
Herr[13], [ ] ein Geist von Fleisch [ ] in deiner machtvollen Kraft **16** [und
in der Fülle] deiner Gnade zusammen mit deiner reichen Güte und deinem
Zornesbecher[14] und der Leidenschaft deiner Urteile [ ] unergründlich. Alle
17 [ ] alle Einsicht und Unterweisung und die Geheimnisse des Plans und den
Beginn [ ] hast du bestimmt **18** [ ] Heiligkeit von ewiger Urzeit her und
für alle Ewigkeiten. Du, du hast beschlossen [ ] Heiligen **19** [ ] und deine
wunderbaren Geheimnisse hast du mir kundgetan[15] um deiner Herrlichkeit
willen, und in die Tiefe [Quelle] deiner Einsicht[16] nicht **20** [ ] Du, du hast
geoffenbart die Wege der Wahrheit[17] und die Werke des Bösen, Weisheit und
Torheit [ ] Gerechtigkeit **21** [ ] ihre Werke, Wahrheit [ ] und Torheit.
Alle wandeln **22** [ ] und ewige Gnadenerweise für all ihre Zeiten zum Frieden
oder Verderben. Alle [ ] **23** ihre Urteile, ewige Herrlichkeit und Lieblichkeit
und immerwährende Freude über das Werk der/des [ ] **24** [ ] *leer* Und
diese sind es, die du gegründet hast von ewiger [Urzeit] her, um durch sie zu
richten **25** all deine Geschöpfe/Werke, bevor du sie erschaffen hast, zusammen
mit dem Heer deiner Geister und der Gemeinde der [himmlischen Wesen[18]],
zusammen mit deinem heiligen Firmament und all **26** seinen Heerscharen,
zusammen mit der Erde und allem, was aus ihr sprießt[19], in den Meeren und in
den Urfluten, gemäß den Plänen für sie und für alle ewigen Zeiten[20] **27** und
immerwährende Heimsuchung. Denn du, du hast sie gegründet von ewiger
Urzeit her, und das Werk der/des [ ] bei ihnen, damit **28** sie verkünden deine
Herrlichkeit in all deiner Herrschaft. Denn du hast sie sehen lassen, was nicht
[ ] was[21] Urzeit, und um zu erschaffen **29** Neues[22], um zu zerstören das
von Urzeit an Bestehende und um aufzurichten ewig Seiendes[23]. Denn du, du
hast sie gegründet, und du, du bleibst **30** in alle Ewigkeiten. Und in den
Geheimnissen deiner Einsicht hast du all diese eingeteilt, um kundzutun deine
Herrlichkeit. [Denn was] ist dieser Geist von Fleisch[24], um zu verstehen **31** all
dies und um Einsicht zu gewinnen in [ ] Größe? Und was ist der von einer
Frau Geborene[25] unter all deinen ehrfurchtgebietenden großen Werken? Er,
32 er ist ein Gebäude von Staub und mit Wasser Geknetetes[26], Schuld und Sünde
sind sein Fundament, schmachvolle Schande und eine Quelle der Unreinheit[27],
und ein verkehrter Geist[28] herrscht **33** in ihm. Und wenn er schuldig ist, wird
er sein [ein Zeichen für] die Ewigkeit und ein Wahrzeichen für die entferntesten
Generationen des Fleisches[29]. Nur durch deine Güte **34** ist der Mensch gerecht[30],
und durch dein reiches Erbarmen [ ] Mit deiner Pracht schmückst du ihn,
und du lässt ihn herrschen über reiche Wonnen mit ewigem **35** Frieden und

35 עוֹלָם וְאוֹרֶךְ יָמִים כִּי [וּ]דְבָרְךָ לֹא יָשׁוּב אָחוֹר ' וַאֲנִי עַבְדְּךָ
יָדַעְתִּי 36 בָּרוּחַ אֲשֶׁר נָתַתָּה בִי [ ]וָצֶדֶק כּוֹל מַעֲשֶׂיךָ וּדְבָרְךָ לֹא
יָשׁוּב אָחוֹר וְכוֹל 37 קִצֶּיךָ מוֹעֲד[ים] לְ[סְ]דוּרִים לְחֶפְצֵיהֶם ' וָאֵדְעָה
[כִּי]לְ[ ] 38 וָרֶשַׁע שׁ◦[ ]◦ק לְהִתְבּוֹנֵן [ ]
39 [ ]◦◦ רוּחֶיךָ וּלְ[ ]
40 [ ]◦הַלְ[ ]
[41]

Kol. VI

[1-11]
12 [ ]תְּעוּדוֹתָם[ ] בְּעַמְּךָ וְהָיָה ◦◦[ ]◦◦◦
13 וְאַ[תָּה גָּלִיתָה]אוֹזְנֵנוּ לְ[רָזֵי פֶלֶא]אַנְשֵׁי אֱמֶת וּבְחִירֵי
צֶ[דֶק דּוֹרְשֵׁ]י 14 שֶׂכֶל וּמְבַקְשֵׁי בִינָה ב◦◦[אוֹ]הֲבֵי רַחֲמִים
וְעַנְוֵי רוּחַ מְזוּקָקֵי 15 עוֹנִי וּבְרוּרֵי מַצְרֵף ◦◦◦[מִ]תְאַפְּקִים
עַד לְעֵת מִשְׁפָּטֶיכָה 16 וְצוֹפִים לִישׁוּעָתֶךָ ' וְאַתָּה[ ]
וְחִזַּקְתָּה חוּקֶּיךָ בְּיָדָם לַעֲשׂוֹת 17 מִשְׁפַּט תֵּבֵל וְלִנְחוֹל בְּכוֹל צִ[דְקוֹתֶיךָ
וְלִהְיוֹת בְּסֹ]וֹד קוֹדֶשׁ לְדוֹרוֹת עוֹלָם ' וְכוֹל 18 ◦◦◦שֵׁי מַעֲשֵׂיהֶם עִם תַּעֲנוּ[ג
] אַנְשֵׁי חֲזוֹנֶכָה *vacat*
19 [ ] [ ] *vacat* [בָּרוּךְ אַתָּה]אֲדוֹנָי הַנּוֹתֵן בְּלֵב עַבְ[דְּךָ]
בִינָה 20 לְהַשְׂכִּיל בְּכוֹל אֵלֶּה וּלְהִתְ[בּוֹנֵן ב]◦ וּלְהִתְאַפֵּק עַל
עֲלִילוֹת רֶשַׁע וּלְבָרֵךְ 21 בְּצֶדֶק כּוֹל בּוֹחֲרֵי רְצוֹנְךָ[לִבְחוֹר בְּכוֹל אֲ]שֶׁר
אָהַבְתָּה וּלְתַעֵב אֵת כּוֹל אֲשֶׁר 22 [שָׂנֵאתָה '] וַתַּשְׂכֵּל עַבְדְּךָ[ב
גּוֹרָ]לוֹת אֱנוֹשׁ כִּי לְפִי רוּחוֹת תַּפִּילֵם בֵּין 23 טוֹב לְ[רָשָׁע [וַ]תְּכֵן [ ]
◦◦תם פְּעוּלָּתָם ' וַאֲנִי יָדַעְתִּי מִבִּינָתְךָ 24 כִּי בִרְצוֹנְכָה בְּאִ[י]שׁ הִרְבִּ[יתָה
נַחֲלָתוֹ]בְּרוּחַ קוּדְשְׁךָ וְכֵן תַּגִּישֵׁנוּ לְבִינָתֶךָ ' וּלְפִי 25 קוּרְבוֹ קִנְאָתוֹ עַל כּוֹל
פּוֹעֲלֵי רֶשַׁע וְאַנְשֵׁי רְמִיָּה ' כִּי כוֹל קְרוֹבֶיךָ לֹא יַמְרוּ פִיךָ 26 וְכוֹל יוֹדְעֶיךָ לֹא
יְשַׁנּוּ דְבָרֶיךָ ' כִּי אַתָּה צַדִּיק וֶאֱמֶת כּוֹל בְּחִירֶיךָ ' וְכוֹל עַוְלָה 27 וָרֶשַׁע
תַּשְׁמִיד לָעַד וְנִגְלְתָה צִדְקָתְךָ לְעֵינֵי כוֹל מַעֲשֶׂיךָ *vacat*

langem Leben[31], denn [ ] und dein Wort kehrt nicht zurück[32]. Aber ich, dein Knecht, ich habe erkannt **36** durch den Geist, den du in mich gegeben hast[33], [dass] und gerecht all deine Taten/Werke sind und dein Wort nicht zurückkehrt, und all **37** deine Zeiten festgelegt sind [ ] angeordnet nach ihren Belangen. Und ich erkannte, dass [ ] **38** und frevlerisch [ ] um zu verstehen [ ] **39** [ ] deine Geister und [ ] 40 [ ]○*hl*[ ]
[41]

Kol. 6

[1-11]
12 [ ] ihre festgesetzten Ordnungen [ ] in deinem Volk, und es wird sein [ ] **13** Aber du, [du hast geöffnet] unsere Ohren für [wunderbare] Geheimnisse[34] [ ] die Männer der Wahrheit[35] und die Erwählten der Gerechtigkeit[36], die Weisheit **14** Suchenden und Einsicht Anstrebenden [ ] die Erbarmen Liebenden und die demütigen Geistes[37], die durch Unterdrückung **15** Geläuterten und die im Schmelzofen Gereinigten[38] [ ] die Ausharrenden bis zur Zeit deiner Gerichte **16** und die nach deiner Hilfe Ausschauenden. Und du [ ] du machtest stark deine Gebote in ihrer Hand, um das Gericht zu vollziehen **17** auf dem Erdkreis und ein Erbteil zu erhalten durch all deine gerechten [Taten und um zu sein im] heiligen Kreis[39] für Generationen auf ewig. Und alle **18** [ ] ihrer Taten mit Wonne [ ] die Männer deiner Schauung.

19 *leer* [Gepriesen seist du,] Herr[40], der Einsicht gibt in das Herz deines Knechtes, **20** um Einsicht zu gewinnen in all dies und um zu verstehen[41] [ ] und um sich stark zu machen gegen die Machenschaften des Frevels und um zu preisen in **21** Gerechtigkeit alle, die Gefallen finden an dem, was dir gefällt, [um zu erwählen alles,] was du liebst und zu verabscheuen alles, was **22** [du hasst[42].] Und du gabst deinem Knecht Einsicht [in] Lose der Menschheit, denn entsprechend den (ihren) Geistern wirfst du es ihnen[43] zwischen **23** Gut und Böse, und bestimmt hast du [ ] ihr(es) Tun(s). Aber ich, ich habe erkannt aufgrund deiner Einsicht[44], **24** dass du durch dein Wohlgefallen an einem Menschen [sein Erbteil] an deinem heiligen Geist vervielfachst[45] und ihn so deiner Einsicht nahebringst[46]. Und entsprechend **25** seiner Nähe ist seine Leidenschaft[47] gegen alle Freveltäter und Männer des Trugs[48]. Denn alle, die dir nahe sind, lehnen sich nicht auf gegen dich[49], **26** und alle, die dich kennen, verdrehen nicht deine Worte[50]. Denn du, du bist gerecht, und Wahrheit sind all deine Erwählten[51]. Und alles Unrecht **27** und Frevel wirst du vernichten für immer[52], und deine Gerechtigkeit wird offenbar werden vor den Augen all deiner Geschöpfe/Werke[53]. *leer*

28 וַאֲנִי יָדַעְתִּי בְּרוֹב טוּבְךָ וּבִשְׁבוּעָה הֲקִימוֹתִי עַל נַפְשִׁי לְבִלְתִּי חֲטוֹא לְךָ
29 [ו]לְבִלְתִּי עֲשׂוֹת מִכּוֹל הָרַע בְּעֵינֶיךָ ' וְכֵן הוּגַשְׁתִּי בְּיַחַד כּוֹל אַנְשֵׁי סוֹדִי '
לְפִי **30** שִׂכְלוֹ אַגִּישֶׁנּוּ וּכְרוֹב נַחֲלָתוֹ אֹהֲבֶנּוּ ' וְלֹא אֶשָּׂא פְּנֵי רַע וְשׁ[וֹחַ]ד
רְ[שְׁ]עָה לֹא אַכִּיר ' **31** [וְלֹא] אָמִיר בְּהוֹן אֲמִתְּךָ וּבְשׁוֹחַד כּוֹל מִשְׁפָּטֶיךָ '
כִּי אִם לְפִי ◦◦[אִי]שׁ **32** [אֹהֲ]בֶנּוּ וּכְרַחֶקְךָ אוֹתוֹ כֵּן אֲתַעֲבֶנּוּ ' וְלֹא
אָבִיא בְסוֹד אֲ[מִתְּךָ כוֹל]שָׁבֵי **33** [מִבְּ]רִיתֶךָ ' *vacat*
34 [אוֹדְ]ךָ אֲדוֹנָי כִּגְדוֹל כּוֹחֲךָ וְרוֹב נִפְלְאוֹתֶיךָ מֵעוֹלָם וְעַד עוֹלָ[ם רַב
הָרַחֲמִי]ם וּגְדוֹל **35** [הַחֲסָ]דִים הַסּוֹלֵחַ לְשָׁבֵי פֶשַׁע וּפוֹקֵד עֲוֹן רְשָׁעִים
◦◦◦◦◦[ ]◦ בְּנִדְבַת **36** [לְבָבָ]ם ' וְתִשְׂנָא עַוְלָה לָעַד ' וַאֲנִי עַבְדְּךָ חַנּוֹתַנִי
בְּרוּחַ דֵּעָה לְ[בְחוֹר בֶּאֱ]מֶת **37** [וְצֶדֶ]ק וּלְתַעֵב כּוֹל דֶּרֶךְ עַוְלָה ' וְאֹהַבְכָה
נְדָבָה וּבְכוֹל לְבִּ[י]◦ד **38** [ ]◦ וּבְמִשְׁפָּטְךָ כִּי מִיֶּדְךָ הָיְתָה זֹאת
וּבְלוֹא רְצ[וֹנְ]ךָ ל[וֹא יֵעָשֶׂה כ]וֹל **39** [ ]◦◦כה יִמְשׁוֹל בשׁ◦◦[ ]שיד
ותט◦◦◦◦◦[כִּי אֱנוֹשׁ רַ]ק שָׁב **40** [לַעֲפָר]וֹ הוּא ' וַתָּכֶן בשׁ◦◦
אֵת ל◦◦[ ]◦◦◦ **41** [ ] רָקִיעַ עַל כַּנְפֵי רוּחַ
ויפל[ ]◦

Kol. VII

[1-10]
11 [ ]ם[ ]
12 [בָּרוּךְ אַתָּה אֵל עֶלְיוֹן אֲשֶׁר בְּ]מַעְיַן גְּבוּרָתְכָה הִשְׂכַּלְתָּנוּ [ ]נוּ
[ ] **13** [וְעַל מַעֲשֵׂי פְּ]לְאֲכָה ' מַה נָּשִׁיב כִּי גְמַלְתָּנוּ
הֲמ[וֹן רַחֲמִים לְ]הַפְלִיא **14** ות◦[ ]◦ לֹא יַעַצְרוּ כּוֹחַ לָדַעַת
בִּכְבוֹדְ[כָה וּלְסַ]פֵּר נִפְלְא[וֹתֶיכָה] **15** ◦◦[ ]לְע[וֹלָ]ם ' כִּי יְהַלְלוּכָה לְפִי
שִׂכְלָם וּכְפִי דַעְתָּם [בִּכְ]בוֹדְכָה כִּ[י אַתָּה] **16** פָּתַחְתָּה[ ]כה
לְאֵין הַשְׁ[בֵּ]ת ' מִקֵּץ לְקֵץ יַשְׁמִיעוּ וּמוֹעֵד[לְ]מוֹעֵד[יְבָרֲכוּ] **17** בְקוֹל[ ]
וַאֲנַחְנוּ בְּיַחַד נוֹעָדִים וְעִם יֹדְעִים נִ[וָּסְ]רָה לְכָה וּנְרַ[נְּנָה בְּרוֹב] **18** רַחֲמֶיכָ[ה

28 Aber ich, ich habe das erkannt durch deine reiche Güte, und mit einem Eid
auf mein Leben habe ich mich verpflichtet[54], nicht gegen dich zu sündigen[55]
29 und nichts von all dem zu tun, was böse ist in deinen Augen[56]. Und so wurde
ich nahegebracht der Gemeinschaft aller Männer meines Kreises. Entsprechend
30 seiner Einsicht will ich ihn herantreten lassen[57], und nach der Größe seines
Erbteils[58] will ich ihn lieben. Und ich will kein Ansehen der Person eines Bösen
kennen, und frevelhafte Bestechung will ich nicht hinnehmen. **31** [Und nicht]
will ich gegen Reichtum/Besitz deine Wahrheit eintauschen[59] oder gegen
Bestechung all deine Rechtsbestimmungen, sondern entsprechend [ ] ein(en)
Mensch(en), **32** will ich ihn lieben, und wie du ihn fernhältst, so will ich ihn
verabscheuen. Und nicht will ich in den Kreis deiner Wahrheit bringen
[irgendeinen] derer, die sich abgekehrt haben **33** von deinem Bund. *leer*

34 Ich lobe dich, Herr, wegen deiner großen Kraft und deiner reichen
Wundertaten von Ewigkeit her und bis in Ewigkeit[60], [reich an] Erbarmen und
groß **35** an Gnadenerweisen[61], der denen vergibt, die sich von der Sünde abwen-
den[62], aber die Schuld der Frevler heimsucht[63] [ ] in der Freiwilligkeit **36** ihres
Herzens. Du aber hasst Unrecht auf immer. Aber mich, deinen Knecht, mich hast
du begnadet mit dem Geist der Erkenntnis[64], um zu wählen Wahrheit **37** und
Gerechtigkeit und um zu verabscheuen jeglichen Weg des Unrechts. So liebe ich
dich freiwillig und mit meinem ganzen Herzen[65] [ ] **38** [ ] und in deinem
Gericht, denn aus deiner Hand kommt dies, und ohne deinen Willen [geschieht]
nichts[66] **39** [ ] er wird herrschen [denn der Mensch,] nur einer, der
zurückkehrt **40** zu seinem Staub[67], ist er. Aber du hast gegründet [ ] **41** [ ]
Firmament auf den Flügeln des Windes[68] [ ]

Kol. 7

[1-10]
11 [ ]*m*[ ]

12 [Gepriesen seist du, höchster Gott[69], der du] durch die Quelle deiner Macht[70]
uns Einsicht gegeben hast [ ] **13** [und über deine] wunderbaren Taten/
Werke[71]. Was können wir antworten, wenn du uns die Fülle [des Erbarmens]
erweist, um wunderbar zu handeln **14** und [ ] sie bringen nicht die Kraft auf,
zu erkennen deine Herrlichkeit und zu verkünden deine Wundertaten **15** [ ]
in Ewigkeit. Denn sie lobpreisen dich entsprechend ihrer Einsicht und gemäß
ihrer Erkenntnis deiner Herrlichkeit, denn du] **16** hast geöffnet [ ] ohne
Ende[72]. Von (festgesetzter) Zeit zu Zeit[73] sollen sie erschallen lassen und von
Festzeit zu Festzeit sollen sie preisen **17** mit einer Stimme der/des [ ]
Und wir, in der Gemeinschaft derer, die sich zusammengefunden haben[74], und

]ח עִם גְּבוּרֶיכָה ' וּבְהַפְלֵא נְסַפְּרָה יַחַד [a]בְּדַעַ[ת אֵל][b]וְעַד ◦[ ]
19 בַּעֲדַת[ ]ה וְצֶאֱצָאֵינוּ הוֹדַעְ[תָּה עִ]ם בְּנֵי אִישׁ בְּתוֹךְ[בְּנֵי]אָדָם [ ]
20 כִּיא[בְּ]הַפְלֵא מְאֹדָה[ ] *vacat* [ ]
21 בָּ[רוּךְ אַתָּה אֵל הָרַחֲמִים בְּ]שִׁיר מִזְמוֹר לְמַשְׂ[כִּיל] ◦◦◦[ ] ד רִנָּה [ ]
22 [יְ]אֱהָבוּ אוֹתְךָ כּוֹל הַיָּמִים ' וַאֲנִי ◦[ ]
23 אֱמֶ[ת] וְאֹהַבְכָה בִּנְדָבָה וּבְכוֹל לֵב וּבְכוֹל נֶפֶשׁ בֵּרַרְתִּי מֵעָוֺן '
[וְעַל נַפְ]שִׁי 24 הֲקִי[מוֹתִי לְבִלְתִּ]י סוּר מִכּוֹל אֲשֶׁר צִוִּיתָה ' וְאַחֲזִקָה עַל
רַבִּים מוֹעָדִים לְ[יוֹם הֲרֵגָה לְבִלְתִּ]י 25 עֲזוֹב מִכּוֹל חוּקֶּיךָ ' *vacat* וַאֲנִי
יָדַעְתִּי בְּבִינָתְךָ כִּיא לֹא בְּיַד בָּשָׂר [יוּכַל לְהָתֵם]אָדָם 26 דַּרְכּוֹ וְלֹא יוּכַל
אֱנוֹשׁ לְהָכִין צַעֲדוֹ ' וָאֵדְעָה כִּי בְּיֶדְךָ יֵצֶר כּוֹל רוּחַ [וְכוֹל פְּעוּלָּ]תוֹ
27 הֲכִינוֹתָה בְּטֶרֶם בְּרָאתוֹ ' וְאֵיכָה יוּכַל כּוֹל לְהַשְׁנוֹת אֵת דְּבָרֶיכָה ' רַק
אַתָּה בָּ[רָא]תָה 28 צַדִּיק וּמֵרֶחֶם הֲכִינוֹתוֹ לְמוֹעֵד רָצוֹן לְהִשָּׁמֵר בִּבְרִיתְךָ
[c]ולתהלך בַּכּוֹל וּלְהַגִּישׁ עָלָיו 29 בַּהֲמוֹן רַחֲמֶיךָ וְלִפְתּוֹחַ כּוֹל צָרַת נַפְשׁוֹ
לִישׁוּעַת עוֹלָם וּשְׁלוֹם עַד וְאֵין מַחְסוֹר וַתָּרֶם 30 מִבָּשָׂר כְּבוֹדוֹ ' וּרְשָׁעִים
בָּרָאתָה לְ[קֵ]צֵּר חֲרוֹנְכָה וּמֵרֶחֶם הִקְדַּשְׁתָּם לְיוֹם הֲרֵגָה ' 31 כִּי הָלְכוּ בְּדֶרֶךְ
לֹא טוֹב וַיִּמְאֲסוּ בִּבְרִיתְכָ[ה וְחוּקֶּי]ךָ תִּעֲבָה נַפְשָׁם וְלֹא רָצוּ בְּכוֹל אֲשֶׁר
32 צִוִּיתָה וַיִּבְחֲרוּ בַּאֲשֶׁר שָׂנֵאתָה ' כִּיא לְקִ[צֵּי חֲרוֹ]נְךָ הֲכִינוֹתָם לַעֲשׂוֹת בָּם
שְׁפָטִים גְּדוֹלִים 33 לְעֵינֵי כּוֹל מַעֲשֶׂיךָ וְלִהְיוֹת לְאוֹת וּמוֹפֵ[ת דּוֹרוֹת]עוֹלָם
לָדַעַת כּוֹל אֵת כְּבוֹדְךָ וְאֵת כּוֹחֲךָ 34 הַגָּדוֹל ' וּמָה אַף הוּא בָּשָׂר כִּי יַשְׂכִּיל
[בָּאֵלֶּה וְיֵצֶ]ר עָפָר אֵיךְ יוּכַל לְהָכִין צַעֲדוֹ ' *vacat* 35 אַתָּה יָצַרְתָּה רוּחַ
וּפְעוּלָּתָהּ הֲכִינוֹתָ[ה מֵעוֹלָם] וּמֵאִתְּךָ דֶּרֶךְ כּוֹל חָי ' וַאֲנִי יָדַעְתִּי כִּיא 36 לֹא
יִשְׁוֶה כּוֹל הוֹן בַּאֲמִתְּךָ וְאֵין בְּתֵ[בֵל כְּמַלְאֲכֵי]קוֹדְשֶׁךָ ' וָאֵדְעָה כִּי בָם בָּחַרְתָּה
מִכּוֹל 37 וְלָעַד הֵם יְשָׁרְתוּךָ ' וְלֹא תְקַבֵּל שׁוֹחַד [לְמַעֲשֵׂי רַע]וְלֹא תִקַּח
כּוֹפֶר לַעֲלִילוֹת רִשְׁעָה ' כִּיא 38 [d]אֵל אֱמֶת אַתָּה וְכוֹל עַוְלָה תַּשְׁמִיד לָ[עַד

[a] oder בַּעֲדַת (4QH[a] 8 i 10)
[b] oder וְעִם (4QH[a] 8 i 10)
[c] וּלְהִתְהַלֵּךְ
[d] in althebr. Buchstaben

mit den Kundigen[75] wollen wir uns von dir unterweisen lassen und jubeln [über dein reiches] **18** Erbarmen [ ] mit deinen Helden[76]. Und wenn du wunderbar handelst, wollen wir es gemeinschaftlich verkünden in der Gemeinde/Erkenntnis[77] [Gottes] und bis/mit [ ] **19** in der Gemeinde der/des [ ] und unseren Sprösslingen hast du kundgetan zusammen mit den Menschenkindern inmitten der [Kinder] Adams[78] [ ] **20** denn [ ] wenn du überaus wunderbar handelst[79] [ ] *leer* [ ]

21 Gepriesen [seist du, Gott des Erbarmens,] mit einem Lied, einem Psalm für den Maśkil[80] [ ] Jubel [ ] **22** [ ] sie lieben dich alle Tage. Aber ich [ ] **23** Wahrheit [ ] und ich will dich lieben in Freiwilligkeit[81], und mit ganzem Herzen und ganzer Seele[82] habe ich mich gereinigt von Schuld. Und auf mein Leben **24** habe ich mich verpflichtet[83], nicht abzuweichen von allem, was du geboten hast[84]. Und ich will standhaft bleiben gegen die Vielen, die bestimmt sind für den Schlachttag[85], nicht **25** abzulassen von all deinen Geboten. Aber ich, ich habe erkannt aufgrund deiner Einsicht[86], dass der Mensch es nicht durch die Hand des Fleisches[87] vermag, seinen Weg vollkommen zu machen, **26** und die Menschheit nicht fähig ist, ihren Weg zu bestimmen[88]. Und ich erkannte, dass in deiner Hand das Sinnen jeglichen Geistes liegt und du all sein Handeln **27** bestimmt hast, bevor du ihn schufst. Und wie sollte jemand vermögen, deine Worte zu ändern[89]? Nur du, du hast erschaffen **28** den Gerechten[90], und vom Mutterleib an hast du ihn bestimmt[91] für die Zeit des Wohlgefallens, um bewahrt zu sein in deinem Bund und um zu wandeln in allem und um darin voran zu schreiten **29** in der Fülle deines Erbarmens und um zu lösen jegliche Bedrängnis seiner Seele[92] zu ewigem Heil und immerwährendem Frieden und ohne Mangel[93], und so richtetest du auf **30** aus dem Fleisch seine Herrlichkeit. Die Frevler aber hast du erschaffen als Gebilde deines Zorns, und vom Mutterleib an hast du sie geheiligt für den Schlachttag[94]. **31** Denn sie wandeln auf einem Weg, der nicht gut ist[95], und verwerfen deinen Bund[96], und deine Gebote verabscheut ihre Seele, und sie haben kein Gefallen an allem, was **32** du geboten hast, sondern sie erwählten sich das, was du hasst. Denn für die Zeiten deines Zorns hast du sie bestimmt, um an ihnen große Gerichte zu vollziehen **33** vor den Augen all deiner Geschöpfe/Werke[97], damit sie werden zum Zeichen und Wahrzeichen für ewige [Generationen[98]], damit alle erkennen deine Herrlichkeit und deine große **34** Kraft. Und was ist schon dieses Fleisch[99], dass es Einsicht hat [in dies]? Und ein Gebilde von Staub[100], wie vermag es seinen Weg zu bestimmen? **35** Du, du hast gebildet den Geist[101], und sein Handeln hast du bestimmt[102] [von Ewigkeit her], und von dir (kommt) der Weg jedes Lebewesens[103]. Aber ich, ich habe erkannt, dass **36** keinerlei Reichtum/Besitz deiner Wahrheit gleichkommt[104] und nichts auf dem Erdkreis ist wie deine heiligen [Engel]. Und ich erkannte, dass du sie erwählt hast aus allen **37** und sie für immer dir dienen werden. Und weder akzeptierst du Geldersatz [für Untaten] noch nimmst du Sühne-/Lösegeld an für frevlerisches Handeln[105]. Denn **38** ein Gott der Wahrheit bist du[106], und

וְכוֹל]רִשְׁעָה לֹא תִהְיֶה לְפָנֶיךָ ' וַאֲנִי יְדַעְתִּיךָ 39 כִּי לְךָ דֶ[רֶךְ]כּ[וֹ]ל חַי
וּבִרְצוֹנְךָ ∘∘∘[כּוֹל]מַעֲשֶׂה ' וָאֵדְ[עָה כִּיא]לֹ[ ] 40 קוֹדְשְׁךָ ב∘[ ]
41 כִּי ב∘∘∘∘∘∘[ ]

Kol. VIII

[1-7]
8 [ ]∘∘∘∘ם וְכוֹל ∘∘[ ]∘∘
9 [אֲנָשֵׁי מ]וֹפֵת תָּבִיא בְּמִסְפָּר
10 [וְאֵין כְּרָזֵי פְּ]לָאֲו בַּשָּׁמַיִם וּבָאָרֶץ
11 [ ]∘וֹת וּבְיָדְךָ מִשְׁפַּט כּוּלָּם
12 [ ]∘ד ∘[ ]∘∘∘ש ∘∘[וְאֵין]לְנֶגְדֶּךָ ' וּמָה נֶּחְשָׁב ' וְכוֹל
13 [אִישׁ]מִתְקַדֵּשׁ בַּל יִטֶּה לְאַשְׁמָה לְיַשֵּׁר לְבָבוֹ[אֵיכָה]יָבִין '
וְלֹא יֵעָשֶׂה כוֹל 14 [מִבִּלְעָ]דֶיךָ עַד עוֹלָם ' וּמְקוֹר אוֹר פָּתַחְתָּה[ ]
וְלַעֲצָתְךָ תִּקְרָאֵנִי 15 לְהַלֵּל קוֹדְשְׁךָ מִפִּי כֹל מַעֲשֶׂיךָ כִּיא פָעַלְתָּ[ה
לְהִוָּ]חֵד עִם צְבָא 16 [גִּ]בּוֹרֵי עוֹלָם ' וְרוּחַ עוֹרֶף קָשֶׁה
לִדְמָמָה[ ]הוֹאַלְתָּ[ה]לַ[עֲשׂוֹת] 17 [בָּם מִ]שְׁפָּט
וּלְהַאֲזִין קוֹל נִכְבָּד לְמַעֲשֵׂ[י] 18 [וְר]וּחַ
נַעֲוָה מֶשְׁלָה בְּיֵצֶר עָפָר ∘∘[ ]∘ ו∘[ ]
19 [ ]∘∘ מ∘∘∘∘∘∘∘∘∘∘∘ש∘[ ]∘∘∘[ ]∘יד מֵעָפָ[ר צַ]דִּיק
וכב∘ [ ] 20 בְּרוּחַ קוֹ[דְ]שְׁךָ[אֲשֶׁר נָתַתָּ]ה בִּי ∘∘∘∘ ∘∘[ ]∘∘
וְלֹא יוּכַל אֱ[נוֹשׁ לְבַקֵּשׁ] 21 רוּחַ קוֹדְ[שְׁ]ךָ ∘∘[ ]מְלוֹא הַשָּׁמַיִם וְהָאָרֶץ
[כְּ]בוֹדְךָ מְלוֹא כוֹל[תֵּבֵל '] 22 וָאֵדְעָה כִּי בִרְצוֹנְ[ךָ]
בָּאִישׁ הִרְבִּיתָה נַחֲלָתוֹ בְּצִדְקוֹתֶ[יךָ]∘∘ר אֲמִתְּךָ בְּכוֹל [ ]
23 וּמִשְׁמַר צֶדֶק עַל דְּבָרְךָ אֲשֶׁר הִפְקַדְתָּה בּוֹ פֶּן יִשְׁגֶּה [מִמִּצְווֹתֶיךָ וּלְ]בִלְתִּי
כְשׁוֹל בְּכוֹל מַעֲ[שָׂיו ' כִּי] 24 בְדַעְתִּי בְּכוֹל אֵלֶּה אֶמְצְאָה מַעֲנֵה לָשׁוֹן
לְהִתְנַפֵּל וּלְהִתְ[חַנֵּ]ן[תָּמִיד] עַל פְּשָׁעַי וּלְבַקֵּשׁ רוּחַ בִּינָ[ה] 25 וּלְהִתְחַזֵּק
בְּרוּחַ קוֹדְשְׁךָ וְלִדְבּוֹק בַּאֲמֶת בְּרִיתְךָ וּלְעוֹבְדְךָ בֶּאֱמֶת וְלֵב שָׁלֵם וְלֶאֱהוֹב אֵת

alles Unrecht wirst du vernichten für immer[107], [und kein] Frevel wird mehr
sein vor deinem Angesicht. Und ich, ich habe erkannt, **39** dass zu dir der Weg
jedes Lebewesens (gehört) und nach deinem Willen [jedes] Geschöpfs/Werks.
Und ich erkannte, dass [ ] **40** deiner Heiligkeit [ ]
41 denn [ ]

Kol. 8

[1-7]
8 [ ] und alle [ ]
9 [und die Männer des] Zeichens[108] bringst du nach Zahl
10 [und es gibt nichts wie seine] wunderbaren Geheimnisse[109] im
Himmel und auf Erden **11** [ ] und in deiner Hand (ist) das Gericht
über sie alle[110] **12** [und niemand] besteht vor dir[111]. Und als
was soll er angesehen werden? Und jeder **13** [Mensch,] der sich heiligt, wird
sich nicht hinwenden zur Schuld, um sein Herz redlich zu machen [wie]
kann er verstehen? Und nichts geschieht **14** ohne dich[112] auf ewig. Und eine
Quelle des Lichts hast du geöffnet[113] [ ] und in deinen Rat hast du
mich gerufen, **15** um zu lobpreisen deine Heiligkeit durch den Mund eines jeden
deiner Geschöpfe, denn du hast gehandelt [ ] um gemeinschaftlich
verbunden zu sein[114] mit dem Heer der **16** ewigen Helden. Und einen halsstarri-
gen Geist[115] zur Ruhe [ ] hast du dich entschlossen, **17** [an ihnen] das
Gericht zu vollziehen und hören zu lassen eine herrliche Stimme bei den Ge-
schöpfen [der/des] **18** und ein verkehrter Geist herrscht[116] im
Gebilde von Staub [ ] **19** [ ] aus/vom Staub [ ] gerecht
und [ ] **20** durch deinen heiligen Geist, den du in mich gegeben
hast[117] [ ] und die Menschheit vermag nicht zu erstreben **21** deinen
heiligen Geist [ ] die Fülle des Himmels und der Erde [ ] deine(r)
Herrlichkeit die Fülle der ganzen [Welt[118].] **22** Und ich erkannte, dass du durch
dein Wohlgefallen an einem Menschen sein Erbteil an deinen gerechten Taten
vervielfachst[119] [ ] deine(r) Wahrheit in all [ ] **23** und ein gerechter
Wächter über dein Wort, das du ihm anvertraut hast, damit er nicht abirrt [von
deinen Gesetzen] und nicht strauchelt in all seinen Taten. Denn **24** weil ich all
dies erkenne, will ich eine angemessene Antwort finden[120], um mich nieder-
zuwerfen und beständig um Gnade zu flehen[121] wegen meiner Sünde und um
anzustreben einen Geist der Einsicht[122] **25** und mich zu festigen durch deinen
heiligen Geist und anzuhangen der Wahrheit deines Bundes und dir zu dienen
in Wahrheit und mit aufrichtigem Herzen[123] und um zu lieben das Wort deines

דְּבַר פִּ[יךָ] ׳ 26 בָּרוּךְ אַתָּה אֲדוֹנָי גְּדוֹל הָעֵצָה וְרַב [a]העליליה אֲשֶׁר
מַעֲשֶׂיךָ הַכֹּול ׳ הִנֵּה הוֹאַלְתָּה לַעֲשׂוֹת בִּי ר[וֹב] 27 חֶסֶד וַתְּחוּנֵּנִי בְּרוּחַ
רַחֲמֶיךָ וּבַעֲבוּר כְּבוֹדֶךָ ׳ לְךָ אַתָּה הַצְּדָקָה כִּי אַתָּה עָשִׂיתָה אֵת כּוֹל אֵלֶּה ׳
28 וּבְדַעְתִּי כִּי אַתָּה רָשַׁמְתָּה רוּחַ צַדִּיק וַאֲנִי בָּחַרְתִּי לְהָבַר כַּפַּי כִּרְצוֹ[נֶ]ךָ ׳
וְנֶפֶשׁ עַבְדְּךָ תִּעֲבָה כוֹל 29 מַעֲשֵׂה עַוְלָה ׳ וָאֵדְעָה כִּי לֹא יִצְדַּק אִישׁ
מִבַּלְעָדֶיךָ ׳ וָאֲחַלֶּה פָנֶיךָ בְּרוּחַ אֲשֶׁר נָתַתָּה בִּי לְהַשְׁלִים 30 חֲסָדֶיךָ עִם
עַבְדְּךָ לְ[עוֹ]לָם לְטַהֲרֵנִי בְּרוּחַ קוֹדְשְׁךָ וּלְהַגִּישֵׁנִי בִרְצוֹנְךָ כִּגְדוֹל חֲסָדֶיךָ
[אֲ]שֶׁר עָשִׂיתָה 31 עִמָּדִי וּלְ[הַ]עֲמִ[יד פְּעָמַי בְּ]כוֹל מַעֲמַד רְצוֹ[נְךָ] אֲשֶׁר
בָּחַ[רְ]תָּה לְאוֹהֲבֶיךָ וּלְשׁוֹמְרֵי מִצְווֹתֶ[יךָ לְהִתְיַצֵּב] 32 לְפָנֶיךָ לְעוֹלָם
וּ[לְכַפֵּר עָווֹן]וּלְהָדְשֵׁ[ן]בְּרָצוֹן וּלְהִתְעָרֵב בְּרוּחַ עַבְדְּךָ [b]וּלשכיל מַעֲשֶׂ[י]ךָ
ל[ ] 33 ◦◦◦◦◦ אַל י◦[ ]◦ו וְאַל יָב[וֹ]א לְפָנָיו כוֹל נֶגַע מִכְשׁוֹל
מֵחוּקֵּי בְרִיתְךָ כִּי ◦◦[ ] 34 פָּנֶיךָ ׳ וָאֵדְעָ[ה כִּי אַתָּה אֵל]חַנּוּן וְרַחוּם
אֶרֶךְ אַפַּיִם וְרַב חֶסֶד וֶאֱמֶת וְנוֹשֵׂא פֶשַׁע וּמַעַ[ל] 35 וְנִחָם עַל כּ[וֹל עָוֺן
אוֹהֲבֶ]יךָ וְשׁוֹמְרֵי מִצְווֹתֶ[יךָ הַ]שָּׁבִים אֵלֶיךָ בֶּאֱמוּנָה וְלֵב שָׁלֵם [ ]
36 לְעוֹבְדְךָ [ב וְלַעֲשׂוֹת הַ]טּוֹב בְּעֵינֶיךָ ׳ אַל תָּשֵׁב פְּנֵי עַבְדְּךָ [וְאַ]ל תִּזְנַח
בֶּן אֲמָתְךָ [ ] 37 [ ]אה ׳ וַאֲנִי עַל דְּבָרֶיךָ קָרַבְתִּי ל[ ]
38 [ ]ל[ ]◦◦◦◦[ ]
[39-41]

Kol. IX

[1]
2 [ ] בְּשׁוּבְךָ מִתּוֹהוּ [ ]
3 ◦◦[ ]דֵי קְדוֹשִׁ[י]ם ◦[ ]
4 וְכוֹל [ ]◦◦◦◦[ ]◦◦ בֵּין טוֹב לְרָשָׁ[ע עַד]
5 עוֹלָם א◦[ ]◦◦◦ ◦◦◦ים[ ]◦עִים ו◦◦◦◦◦ ◦◦[ ]
6 בָּם וּמִשְׁ[פָּט]◦◦ם כִּיא[אַתָּה אֵלִי מְקוֹר דַּ]עַת◦ וּמִקְוֵה הַמ◦◦◦◦

[a] הָעֲלִילִיָּה
[b] וּלְהַשְׂכִּיל

Mundes[124]. **26** Gepriesen seist du, Herr, groß an Rat und reich an Tat[125], weil alles (alle Dinge) deine Geschöpfe/Werke sind. Siehe, du hast dich entschlossen, mir zu erweisen reiche **27** Gnade, und hast mich begnadet mit dem Geist deines Erbarmens[126] und um deiner Herrlichkeit willen[127]. Dein ist – du bist – die Gerechtigkeit, denn du, du hast all dies gemacht[128]. **28** Und als ich erkannte, dass du, du vorgezeichnet hast den Geist des Gerechten, habe ich, ich erwählt, meine Hände zu reinigen gemäß deinem Willen. Und die Seele deines Knechts verabscheut[129] jegliche **29** Unrechtstat. Und ich erkannte, dass niemand gerecht ist außer dir[130]. Und so flehe ich dich an[131] durch den Geist, den du in mich gegeben hast, zu vollenden **30** deine Gnadenerweise an deinem Knecht auf ewig, mich zu reinigen durch deinen heiligen Geist[132] und mich deinem Wohlgefallen beitreten zu lassen gemäß der Größe deiner Gnadenerweise, die du mir erwiesen **31** hast[133], und zu festigen [meine Schritte][134] an jedem Standort deines Wohlgefallens, den du erwählt hast für die, die dich lieben, und für die, die deine Gebote halten[135], [um zu (be)stehen] **32** vor dir auf ewig[136] und [Schuld zu sühnen][137] und sich zu sättigen am Wohlgefallen und sich zu verbinden mit dem[138] Geist deines Knechts und Einsicht zu gewinnen in deine Taten/Werke [ ] **33** [ ] nicht [ ] und nicht soll kommen vor ihn irgendeine Plage zum Straucheln weg[139] von den Geboten deines Bundes, denn [ ] **34** dein(es) Angesicht(s). Und ich erkannte, [dass du ein] gnädiger und barmherziger Gott bist, langmütig und reich an Gnade und Treue und vergebend Verfehlung und Treulosigkeit[140] [ ] **35** und mitleidig blickend auf all [die Schuld derer], die ihn lieben und die seine Gebote halten, die zu dir zurückkehren in Standhaftigkeit und mit aufrichtigem Herzen [ ] **36** um dir zu dienen [und zu tun, was] gut ist in deinen Augen[141]. Weise deinen Knecht nicht ab[142] und verstoße nicht den Sohn deiner Magd[143] [ ] **37** [ ] Aber ich, auf deine Worte hin bin ich herangetreten an [ ] 38 [ ]*l*[ ]○○○○[ ]
[39-41]

Kol. 9

[1]
2 [ ] bei deinem Abwenden vom Chaos [ ]
3 [ ] die/der Heiligen [ ]
4 und alle [ ] zwischen Gut und Böse[144] [auf]
5 ewig. [ ]
6 an ihnen und Gericht [ ] denn [du, mein Gott, bist eine Quelle der]
Erkenntnis[145] und ein Sammelort der/des ... **7** ein Quell der Macht[146] [ ]

7 וּמַעְיַן הַגְּבוּרָ[ה]גְּדוֹל הָעֵצָה [ ] אֵין מִסְפָּר וְקִנְאָתְכָה
8 לִפְנֵי חָכְמָתְכָה[ ] וַאֲרוֹךְ אַפַּיִם בְּמִשְׁפָּטֶיךָ ' צְדַקְתָּה בְּכֹל
מַעֲשֶׂיכָה 9 וּבְחָכְמָתְכָה ◦[ ]עוֹלָם ' וּבְטֶרֶם בְּרָאתָם יָדַעְתָּה כּוֹל
מַעֲשֵׂיהֶם 10 לְעוֹלְמֵי עַד ' וּ[מִבַּלְעָדֶיךָ לֹא] יֵעָשֶׂה כּוֹל וְלֹא יִוָּדַע בְּלוֹא
רְצוֹנְכָה ' אַתָּה יָצַרְתָּה 11 כּוֹל רוּחַ וּפְעוּלָּתָ[ם הֲכִינוֹתָ]ה וּמִשְׁפָּט לְכוֹל
מַעֲשֵׂיהֶם ' וְאַתָּה נָטִיתָה שָׁמַיִם 12 לִכְבוֹדְכָה וְכוֹל ◦[הֲ]כִינוֹתָה
לִרְצוֹנְכָה וְרוּחוֹת עוֹז לְחוּקֵּיהֶם בְּטֶרֶם 13 הֱיוֹתָם לְמַלְאֲכֵי ק[וֹדֶשׁ ו]ם
לְרוּחוֹת עוֹלָם בְּמֶמְשְׁלוֹתָם מְאוֹרוֹת לְרָזֵיהֶם 14 כּוֹכָבִים לִנְתִיבוֹתֵי[הֶם
וְרוּחוֹת סְעָרָ]ה לְמַשָּׂאָם זִקִּים וּבְרָקִים לַעֲבוֹדָתָם וְאוֹצְרוֹת 15 מַחֲשֶׁבֶת
לְחֶפְצֵיהֶ[ם]◦ לְרָזֵיהֶם ' אַתָּה בָּרָאתָה אֶרֶץ בְּכוֹחֲכָה 16 יַמִּים
וּתְהוֹמוֹת עָשִׂי[תָה בְעוֹזְכָה וּמַחְ]שְׁבֵיהֶם הֲכִינוֹתָה בְּחוֹכְמָתְכָה וְכֹ֯ל אֲשֶׁר בָּם
17 תִּכַּ[נְ]תָּה לִרְצוֹנֶכָ[ה '] לְרוּחַ אָדָם אֲשֶׁר יָצַרְתָּ בְתֵבֵל לְכֹ֯ל
יְמֵי עוֹלָם 18 וְדוֹרוֹת נֵצַח לְמ[ ]ל וּבְקִצֵּיהֶם פִּלַּגְתָּה עֲבוֹדָתָם בְּכוֹל
דּוֹרֵיהֶם וּמִשְׁ[פָּ]ט 19 בְּמוֹעֲדֶיהָ לְמֶמְשֶׁלֶ[ת וְדַ]רְכֵיהֶם הֲכִינוֹתָה
לְדוֹר וָדוֹר ' וּפְקוּדַּת שְׁלוֹמָם עִם 20 [a]עִם כּוֹל נְגִיעֵיהֶם[ ]ה וַתְּפַלְּגָ֯ה
לְכוֹל צֶאֱצָאֵיהֶם לְמִסְפַּר דּוֹרוֹת עוֹלָם 21 וּלְכוֹל שְׁנֵי נֵצַח ◦◦◦[ ]ה
וּבְחָכְמַת דַּעְתְּכָה הֲכִ[י]נוֹתָה תְּעוּ[וּ]דָתָם בְּטֶרֶם 22 הֱיוֹתָם ' וְעַל פִּי
רְצ[וֹנְ]כָה[נִ]הְיָה כוֹל וּמִבַּלְעָדֶיךָ לֹא יֵעָשֶׂה ' *vacat*
23 אֵלֶּה יָדַעְתִּי מִבִּינָתְכָה כִּיא גָּלִיתָה אוֹזְנִי לְרָזֵי פֶלֶא ' וַאֲנִי יֵצֶר הַחֵמָר וּמִגְבַּל
הַמַּיִם 24 סוֹד הָעֶרְוָה וּמְקוֹר הַנִּדָּה כּוּר הֶעָווֹן וּמִבְנֵה הַחֲטָאָה רוּחַ הַתּוֹעָה
וְנַעֲוָה בְּלֹא 25 בִינָה וְנִבְעָתָה בְּמִשְׁפְּטֵי צֶדֶק ' מָה אֲדַבֵּר בְּלֹא נוֹדָע
וְאַשְׁמִיעָה בְּלֹא סוּפָּר ' הַכּוֹל 26 חָקוּק לְפָנֶיכָה בְּחֶרֶת זִכָּרוֹן לְכוֹל קִצֵּי נֵצַח
וּתְקוּפוֹת מִסְפַּר שְׁנֵי עוֹלָם בְּכוֹל מוֹעֲדֵיהֶם 27 וְלוֹא נִסְתְּרוּ וְלֹא נֶעְדְּרוּ
מִלְּפָנֶיכָה ' וּמַה יְסַפֵּר אֱנוֹשׁ חַטָּאתוֹ וּמַה יּוֹכִיחַ עַל עֲווֹנוֹתָיו 28 וּמַה יָּשִׁיב
עַוָּ֯ל עַל מִשְׁפַּט הַצֶּדֶק ' לְכָה אַתָּה [b]אֵל הַדֵּעוֹת כּוֹל מַעֲשֵׂי הַצְּדָקָה 29 וְסוֹד
הָאֱמֶת וְלִבְנֵי הָאָדָם עֲבוֹדַת הֶעָווֹן וּמַעֲשֵׂי הָרְמִיָּה ' אַתָּה בָרָאתָה
30 רוּחַ בַּלָּשׁוֹן וַתֵּדַע דְּבָרֶיהָ וַתָּכֶן פְּרִי שְׂפָתַיִם בְּטֶרֶם הֱיוֹתָם וַתָּשֶׂם דְּבָרִים

[a] Dittographie
[b] in althebr. Buchstaben

groß an Rat[147] [ ] ohne Zahl und deine Leidenschaft **8** vor deiner Weisheit [ ] und langmütig in deinen Urteilen. Und gerecht bist du in all deinen Taten/Werken, **9** und in deiner Weisheit [ ] Ewigkeit. Und bevor du sie schufst[148], kanntest du ihre Taten **10** für alle Ewigkeiten. Und ohne dich geschieht überhaupt nichts, und nichts wird erkannt ohne deinen Willen[149]. Du, du hast gebildet **11** jeden Geist[150], und ihr Handeln hast du bestimmt[151] und das Urteil für all ihre Taten. Und du, du hast die Himmel ausgespannt[152] **12** zu deiner Herrlichkeit, und alle [ ] hast du bestimmt nach deinem Willen[153] und mächtige Geister nach ihren Vorschriften, bevor **13** sie zu heiligen Engeln[154] wurden [und] zu ewigen Geistern in ihren Herrschaftsbereichen[155], Leuchten gemäß ihren Geheimnissen, **14** Sterne entsprechend ihren Bahnen und Sturmwinde[156] für ihre Aufgabe, Sternschnuppen und Blitze gemäß ihrem Dienst und Schatzkammern **15** an Plänen entsprechend ihren Belangen [ ] für ihre Geheimnisse. Du, du hast erschaffen die Erde in deiner Macht[157], **16** Meere und Urfluten[158] hast du gemacht [in deiner Kraft], und ihre Tiefen[159] hast du gegründet in deiner Weisheit, und alles, was in ihnen ist, **17** hast du geordnet nach deinem Willen. [ ] dem Geist des Menschen, den du gebildet hast auf dem Erdkreis für alle Tage der Ewigkeit **18** und Generationen immerdar, um [ ] und gemäß ihren Zeiten hast du ihren Dienst eingeteilt für all ihre Generationen und eine Satzung **19** für dessen[160] festgesetzte Zeiten für die Herrschaft [der/des] und ihre Wege hast du bestimmt für Generation um Generation. Und Heimsuchung ihres Friedens mit **20** all ihren Plagen[161] [ ] und teiltest sie[162] all ihren Sprösslingen zu nach der Zahl der ewigen Generationen **21** und für alle Jahre immerdar [ ] und in der Weisheit deiner Erkenntnis hast du ihre festgesetzte Ordnung[163] bestimmt, bevor **22** sie waren. Und nach deinem Willen entstand alles, und ohne dich geschieht nichts[164]. *leer*

23 Dies habe ich erkannt aufgrund deiner Einsicht[165], denn du hast mein Ohr aufgetan für wunderbare Geheimnisse[166]. Aber ich bin ein Gebilde von Lehm[167] und mit Wasser Geknetetes[168], **24** ein Ausbund an Schande und eine Quelle der Unreinheit[169], ein Schmelzofen der Schuld und ein Gebäude der Sünde, ein verirrter und verkehrter Geist[170] ohne **25** Einsicht[171] und erschreckt durch gerechte Urteile[172]. Was kann ich aussprechen, das nicht schon (längst) bekannt ist, und was kann ich vernehmen lassen, das noch nicht verkündet wurde[173]? Alles **26** ist aufgezeichnet vor dir in einer Inschrift des Gedächtnisses[174] für alle Zeiten immerdar, und die Wenden der Zahl der ewigen Jahre in all ihren festgesetzten Zeiten[175], **27** und nicht sind sie verborgen und nicht gehen sie verloren vor dir[176]. Und wie kann der Mensch Rechenschaft abgeben über seine Sünde, und wie seine Schuldtaten rechtfertigen, **28** und was soll der Ungerechte erwidern auf gerechtes Urteil[177]? Bei dir, dir allein, Gott der Erkenntnis[178], sind alle Taten/Werke der Gerechtigkeit **29** und der Ratschluss der Wahrheit, bei den Menschenkindern aber Dienst der Schuld und Taten/Werke des Trugs[179]. Du, du hast erschaffen **30** den Hauch auf der Zunge und erkanntest ihre Worte

עַל קַו 31 וּמַבַּע רוּחַ שְׂפָתַיִם בְּמִדָּה ' וַתּוֹצֵא קַוִּים לְרָזֵיהֶם וּמַבָּעֵי רוּחוֹת
לְחֶשְׁבּוֹנָם לְהוֹדִיעַ 32 כְּבוֹדְכָה וּלְסַפֵּר נִפְלְאוֹתֶיכָה בְּכוֹל מַעֲשֵׂי אֲמִתְּכָה
וּמִ[שְׁ]פְּ[טֵ]י צִדְקְכָה וּלְהַלֵּל שִׁמְכָה 33 בְּפֶה כוֹל יוֹדְעֶיכָה ' לְפִי שִׂכְלָם
יְבָרְכוּכָה לְעוֹלְמֵי עֹ[וֹלָמִי]ם ' וְאַתָּה בְרַחֲמֶיכָה 34 וּגְדוֹל חֲסָדֶיכָה
חִזַּקְתָּה רוּחַ אֱנוֹשׁ לִפְנֵי נֶגַע וְנֶפֶשׁ[אֶבְיוֹן] טִהַרְתָּה מֵרוֹב עָווֹן 35 לְסַפֵּר
נִפְלְאוֹתֶיכָה לְנֶגֶד כּוֹל מַעֲשֶׂיכָה ' וַאֲסַפְּרָ[ה תָמִיד]בְּקִרְבָּם מִשְׁפְּטֵי נְגִיעַי
36 וְלִבְנֵי אֱנוֹשׁ כּוֹל נִפְלְאוֹתֶיכָה אֲשֶׁר הִגְבַּרְתָּה בִ[י לְנֶגֶד בְּ]נֵי אָדָם '
שִׁמְעוּ 37 חֲכָמִים וְשָׂחֵי דַעַת וְנִמְהָרִים יִהְיוּ לְיֵצֶר סָמוּךְ[כֹּל יִשְׁרֵי דֶ]רֶךְ
הוֹסִיפוּ עָרְמָה 38 צַדִּיקִים הַשְׁבִּיתוּ עַוְלָה ' וְכוֹל תְּמִימֵי דֶרֶךְ הַחֲזִיק[וּ
נִדְ]כָּא עֲנִי הַאֲרִיכוּ 39 אַפַּיִם וְאַל תִּמְאֲסוּ בְמִשְׁפְּטֵ[י צֶדֶק וֶאֱוִ]ילֵי
לֵב לֹא יָבִינוּ 40 אֵלֶּה ו◦◦◦◦ד אמ◦[ ]
41 [עָרִ]יצִים יַחֲרוֹקוּ[שִׁנַּיִם]

Kol. X

[1-2]
3 [ ]◦◦[ ]◦דו[ ]
4 [ ]◦◦◦ י◦◦◦[ ]◦◦◦◦◦[ ]
5 [ ] אוֹדְכָה אֲדוֹנָי כִּיא יִשַּׁרְתָּה בִּלְבָ]בִי כוֹל מַעֲשֵׂי עַוְלָה [a]וַתִּתְּנֵ[נִי]
6 [ ] [a] וַ]תְּשִׂמֵם שׁ[וֹמְרֵי אֱמֶת נֶגֶד עֲווֹנִי וּמ]וֹכִיחֵי אֱמֶת צֶדֶק בְּכָל חֲמָ[סִי]
7 [ ]לְמַחַץ מַכָּתִי[מְנַחֲמֵי כוֹחַ]◦[ ]ט וּמַשְׁמִיעֵי שִׂמְחָה לְאֵבֶל
יָגְ[וֹנִי] 8 [מְבַשֵּׂר]שָׁלוֹם לְכוֹל הַוּוֹת שְׁמוּעָ[תִי] חֲזָקִים [b]לְמוֹס לְבָבִי
וּמְאַמְּצֵי רוּ[חַ] 9 לִפְנֵי[נֶ]גַע ' וַתִּתֵּן מַעֲנֵה לָשׁוֹן לַעֲרֵ[ול] שְׂפָתַי וַתִּסְמוֹךְ
נַפְשִׁי בַחֲזוֹק מוֹתְנַיִם 10 וַאֲמוּץ כּוֹחַ וַתַּעֲמֵד פְּעָמַי בִּגְבוּל רִשְׁעָה ' וָאֶהְיֶה
פַּח לְפוֹשְׁעִים וּמַרְפֵּא לְכוֹל 11 שָׁבֵי פֶשַׁע עָרְמָה לִפְתָיִים וְיֵצֶר סָמוּךְ לְכוֹל
נִמְהֲרֵי לֵב ' וַתְּשִׂימֵנִי חֶרְפָּה 12 וָקֶלֶס לְבוֹגְדִים סוֹד אֱמֶת וּבִינָה לְיִשְׁרֵי דָרֶךְ '

[a-a] fehlt in 4QH^f 3,1f.
[b] oder לְהָמֵס/לְהִמֵּס (4QH^f 3,5)

und bestimmtest die Frucht der Lippen[180], bevor sie entstanden, und legtest Worte an eine Messschnur **31** und die Äußerung des Hauchs der Lippen an ein Maß. Und du ließest hervorgehen die Messschnüre nach ihren Geheimnissen und die Äußerungen der Hauchungen[181] nach ihrer Berechnung, um kundzutun **32** deine Herrlichkeit[182] und zu verkünden deine Wundertaten in allen Taten/Werken deiner Wahrheit[183] und deine gerechten Urteile, und um zu lobpreisen deinen Namen[184] **33** durch den Mund aller, die dich kennen. Entsprechend ihrer Einsicht sollen sie dich preisen[185] in alle Ewigkeiten. Aber du, in deinem Erbarmen **34** und der Größe deiner Gnadenerweise hast du stark gemacht den Geist des Menschen angesichts der Plage, und die Seele des Armen[186] hast du gereinigt von der großen Schuld, **35** um zu verkünden deine Wundertaten vor all deinen Geschöpfen/Werken. Und ich will [beständig] verkünden in ihrer Mitte die mich plagenden Urteile **36** und den Menschenkindern all deine Wundertaten, mit denen du dich machtvoll erwiesen hast an mir vor den Kindern Adams[187]. Hört, **37** ihr Weisen und ihr über Erkenntnis Nachsinnende! Und ihr Verzagten, seid festen Sinnes[188]! Ihr alle auf rechtem Weg[189], vermehrt die Klugheit! **38** Ihr Gerechten, macht dem Unrecht ein Ende! Und all ihr auf vollkommenem Weg Wandelnden[190], haltet fest [Ihr] von Elend Gedrückten, habt **39** Geduld und verwerft nicht gerechte Urteile [ ] Aber die mit törichtem Herzen verstehen dies **40** nicht und [ ] **41** die Gewalttätigen knirschen [mit den Zähnen[191]]

Kol. 10

[1-2]
3 [ ]○○[ ]○*dw* [ ]
4 [ ]○○○*j* ○○○[ ]○○○○○[ ]

5 [Ich lobe dich, Herr, denn du machtest gerade in] meinem Herzen jegliche Unrechtstat[192], und du hast mich gereinigt **6** [ ] und du setztest wahre [Wächter vor meine Schuld und] solche, die in Gerechtigkeit zurechtweisen[193] für alle mir angetane Gewalt **7** [ ] für die Wunde des mir zugefügten Schlags[194], [starke Tröster] und Künder der Freude für meine kummervolle Trauer[195]; **8** einen Friedensboten[196] für all den Terror, von dem ich hörte, starke [ ] um mein Herz zerschmelzen zu lassen[197], und den Geist Ermutigende **9** angesichts der Plage. Und du gabst angemessene Antwort[198] meinen unbeschnittenen Lippen[199] und stütztest meine Seele[200] durch Stärkung der Lenden[201] **10** und kraftvolle Stärke und machtest standhaft meinen Schritt im Gebiet des Frevels[202]. So wurde ich eine Falle für die Sünder, aber (zur) Heilung für alle, **11** die sich abwenden von der Sünde[203], Klugheit für die Einfältigen und festen Sinnes für alle im Herzen Verzagten[204]. Und du machtest mich zu

וָאֱהְיֶה עַל עֲוֺן רְשָׁעִים 13 דִּבָּה בִשְׂפַת עָרִיצִים לֵצִים יַחֲרוֹקוּ שִׁנָּיִם ' וַאֲנִי
הָיִיתִי נְגִינָה לַפּוֹשְׁעִים 14 וְעָלַי קְהִלַּת רְשָׁעִים תִּתְרַגֵּשׁ וְיֶהֱמוּ כְּנַחְשׁוֹלֵי
יַמִּים בְּהֵרָגֵשׁ גַּלֵּיהֶם רֶפֶשׁ 15 וָטִיט יִגְרוֹשׁוּ ' וַתְּשִׂימֵנִי נֵס לְבְחִירֵי צֶדֶק
וּמֵלִיץ דַּעַת בְּרָזֵי פֶלֶא לִבְחוֹן 16 [אַנְשֵׁי] אֱמֶת וּלְנַסּוֹת אוֹהֲבֵי מוּסָר '
וָאֱהְיֶה אִישׁ רִיב לִמְלִיצֵי תָעוּת וּבַעַל 17 [מְדָ]נִים לְכוֹל חוֹזֵי נְכוֹחוֹת '
וָאֱהְיֶה לְרוּחַ קִנְאָה לְנֶגֶד כֹּל דּוֹרְשֵׁי חֲלָ[קוֹת] 18 [וְכוֹל]אַנְשֵׁי רְמִיָּה עָלַי
יֶהֱמוּ כְּקוֹל הֲמוֹן מַיִם רַבִּים ' וּמְזִמּוֹת בְּלִיַּעַל [כּוֹל] 19 [מַ]חְשְׁבוֹתָם
וַיַּהֲפוֹכוּ לְשׁוּחָה חַיֵּי גֶבֶר אֲשֶׁר הֲכִינוֹתָה [c]בפי ותלמדנו בינה[c] 20 שַׂמְתָּה
בִלְבָבוֹ לִפְתּוֹחַ מְקוֹר דַּעַת לְכוֹל מְבִינִים ' וַיְמִירוּם בַּעֲרוֹל שָׂפָה 21 וְלָשׁוֹן
אַחֶרֶת לְעַם לֹא בִינוֹת לְהִלָּבֵט בְּמִשְׁגָּתָם *vacat*
22 *vacat* אוֹדְכָה אֲדוֹנָי כִּי שַׂמְתָּה נַפְשִׁי בִּצְרוֹר הַחַיִּים
23 וַתָּשׂוֹךְ בַּעֲדִי מִכּוֹל מוֹקְשֵׁי שַׁחַת כִּ[י]א עָרִיצִים בִּקְשׁוּ נַפְשִׁי בְּתוֹמְכִי
24 בִּבְרִיתֶךָה ' וְהֵמָּה סוֹד שָׁוְא וַעֲדַת בְּלִיַּעַל לֹא יָדְעוּ כִיא מֵאִתְּכָה מַעֲמָדִי
25 וּבַחֲסָדֶיכָה תוֹשִׁיעַ נַפְשִׁי כִּיא מֵאִתְּכָה מִצְעָדָי ' וְהֵמָּה מֵאִתְּכָה גָּרוּ
26 עַל נַפְשִׁי בַּעֲבוּר הִכָּבֶדְכָה בְּמִשְׁפַּט רְשָׁעִים וְהַגְבִּירְכָה בִי נֶגֶד בְּנֵי
27 אָדָם כִּיא בְחַסְדְּכָה עָמְדִי ' וַאֲנִי אָמַרְתִּי חָנוּ עָלַי גִבּוֹרִים [d]סבבום בְּכֹל
28 כְּלֵי מִלְחֲמוֹתָם ' וַיָּפֵרוּ חִצִּים לְאֵין מַרְפֵּא וּלְהוֹב חֲנִית כְּאֵשׁ אוֹכֶלֶת עֵצִים '
29 וְכַהֲמוֹן מַיִם רַבִּים שְׁאוֹן קוֹלָם נֶפֶץ וָזֶרֶם לְהַשְׁחִית רַבִּים ' לְמַזּוֹרוֹת יִבָּקְעוּ
30 אֶפְעֶה וְשָׁוְא בְּהִתְרוֹמֵם גַּלֵּיהֶם ' וַאֲנִי בְּמוֹס לִבִּי כַּמַּיִם וַתֶּחֱזַק נַפְשִׁי
בִבְרִיתֶךָ ' 31 וְהֵם רֶשֶׁת פָּרְשׂוּ לִי תִּלְכּוֹד רַגְלָם ' וּפַחִים טָמְנוּ לְנַפְשִׁי נָפְלוּ
בָם ' וְרַגְלִי עָמְדָה בְמִישׁוֹר 32 מִקְּהָלָם אֲבָרְכָה שְׁמֶכָה *vacat*
33 אוֹדְכָה אֲדוֹנָי כִּיא עֵינְכָה עָלַ[י]בִשְׂכּוֹל נַפְשִׁי וַתַּצִּילֵנִי מִקִּנְאַת מְלִיצֵי כָזָב
34 וּמֵעֲדַת דּוֹרְשֵׁי חֲלָקוֹת פָּדִיתָה נֶפֶשׁ אֶבְיוֹן אֲשֶׁר חָשְׁבוּ לְהָתֵם דָּמוֹ

c-c בְּפִיו תַּלְמֵד וּבִינָה
d סְבָבוּנִי

Schmach **12** und Spott bei den Treulosen[205], aber zu einem Ratschluss der
Wahrheit und Einsicht[206] für die auf rechtem Weg[207]. Und wegen der Schuld der
Frevler wurde ich **13** zum Gerede auf den Lippen der Gewalttätigen, Spötter
knirschen mit den Zähnen[208]. Und ich, ich wurde zu einem Spottlied[209] für die
Sünder, **14** und gegen mich tobt die Gemeinde der Frevler, und sie lärmen wie
Meeresstürme beim Toben ihrer Wellen, Schlamm **15** und Dreck werfen sie
aus[210]. Aber du machtest mich zum Zeichen für die Erwählten der Gerechtig-
keit[211] und zum Vermittler von Erkenntnis[212] bezüglich wunderbarer Geheim-
nisse, um zu prüfen **16** die Männer der Wahrheit und zu erproben die, die
Unterweisung lieben. Und ich wurde zu einem Mann des Streits für die
Vermittler von Irrtum[213] und zum **17** Streitgegenstand für alle, die (angeblich)
richtig sehen[214]. Und ich wurde zu einem Geist der Leidenschaft gegen alle, die
Glattheiten darlegen[215], **18** so dass alle Männer des Trugs[216] gegen mich lärmen
wie der tosende Lärm vieler Wasser. Aber Ränke Belials sind all **19** ihre
Gedanken, und sie werfen in die Grube das Leben des Mannes, in dessen Mund
du Lehre verankert und dem du Einsicht **20** ins Herz gelegt hast[217], um eine
Quelle der Erkenntnis[218] zu öffnen für alle Verständigen. Aber sie haben das
eingetauscht gegen unbeschnittene Lippe **21** und fremde Zunge für ein Volk
ohne Einsicht[219], so dass sie durch ihren Irrtum zu Fall kommen. *leer*

22 *leer* Ich lobe dich, Herr, denn du hast meine Seele geborgen im
Beutel des Lebens[220], **23** und du beschütztest mich vor allen Fallstricken der
Grube[221], denn Gewalttätige trachteten mir nach dem Leben[222], weil ich festhielt
24 an deinem Bund. Aber sie, ein Kreis der Falschheit und eine Gemeinde Belials,
sie haben nicht erkannt, dass von dir her mein Stand ist **25** und du mit deinen
Gnadenerweisen mein Leben gerettet hast, denn von dir her kommen meine
Schritte. Und sie, von dir her greifen sie **26** mich an, auf dass du dich verherr-
lichst im Gericht an den Frevlern und dich machtvoll erweist an mir vor den
27 Menschenkindern[223], denn in deiner Gnade ist mein Stand. Aber ich, ich
sprach: Belagert haben mich Krieger, sie umringen mich mit all **28** ihren Kriegs-
waffen. Und Pfeile schlagen ein, ohne dass es Heilung gibt, und Speerspitzen,
wie Feuer die Bäume verzehrt. **29** Und wie das Tosen vieler Wasser ist das
Getöse ihres Lärmens[224], Prasseln und Sturzregen[225], um viele zu verderben. Bis
zu den Gestirnen dringen empor **30** Wahn und Falschheit, wenn ihre Wellen
sich erheben[226]. Aber ich – auch als mein Herz wie Wasser zerschmolz, hat meine
Seele festgehalten an deinem Bund. **31** Und sie, sie legten ein Netz gegen mich
aus – es fängt ihren Fuß[227]. Und Fallen stellten sie meinem Leben – sie fielen
(selbst) hinein[228]. Aber mein Fuß steht auf festem Grund, **32** aus ihrer
Versammlung heraus will ich deinen Namen preisen[229]. *leer*

33 Ich lobe dich, Herr, denn dein Auge ist auf mir in der Verlassenheit meiner
Seele[230], und du hast mich gerettet vor der Leidenschaft der Vermittler von
Lügen, **34** und aus der Gemeinde derer, die Glattheiten darlegen, hast du

35 לִשְׁפּוֹךְ עַל עֲבוֹדָתְכָה ' אֶפֶס כִּי [לֹא]יָדְעוּ כִּי מֵאִתְּךָ מִצְעָדַי וַיְשִׂימוּנִי
לָבוּז 36 וְחֶרְפָּה בְּפִי כָל דּוֹרְשֵׁי רְמִיָּה ' וְאַתָּה [e]אֵלִי עֲזַרְתָּה נֶפֶשׁ עָנִי וָרָשׁ
37 מִיַּד חָזָק מִמֶּנּוּ ' וַתִּפְדְּ נַפְשִׁי מִיַּד אַדִּירִים וּבְגִדֻּפוֹתָם לֹא הַחִתּוֹתָנִי
38 לַעֲזוֹב עֲבוֹדָתְכָה מִפַּחַד הוֹוַת רְשָׁעִים וּלְהָמִיר בְּהוֹלֵל יֵצֶר סָמוּךְ אֲשֶׁר
39 נָתַתָּה ◦◦◦◦◦ ◦◦◦◦ [ ]◦◦ ◦◦◦מי חוּקִים וּבִתְעוּדוֹת [כּוֹ]נַנְתָּנִי לְהַחֲזִיק
40 [בָּ]שָׂר[ ]◦◦◦◦◦ ◦◦◦◦ שַׁחַת לְכוֹל צֶאֱצָאַי עִם
41 [לָשׁ]וֹן כְּלִמּוּדֶיכָה וּבְמִשְׁ[פָּט]

Kol. XI

[1]
2 [ ]ם בְּכִי מ◦◦◦[ ]
3 [ ]◦ם והב◦◦ל◦◦◦ ◦◦◦◦◦[ ]
4 [אַתָּה]אֵלִי הֶאִירוֹתָה פָּנַי לִבְרִיתְכָה ◦◦[ ]
5 [ ]ה לְכָה בִּכְבוֹד עוֹלָם עִם כּוֹל [ ]◦◦ ◦◦◦[ ]
6 [*vacat* אוֹדְכָה אֲדוֹנָי כִּיא אֱמֶ]ת פִּיכָה וַתַּצִּילֵנִי מִ[סּוֹד שָׁוְא] וּמ[ ]ים
7 [הוֹשַׁ]עְתָּה נַפְשִׁ[י כִּיא לְחֶרְפָּה וְקֶלֶ]ס יַחְשׁוֹבוּנִי וַיָּשִׂימוּ נַפְשִׁ[י] כְּאוֹנִיָּה
בִּמְצוּלוֹת יָם 8 וּכְעִיר מִבְצָר מִלִּפְנֵי[צָר ']וָאֶהְיֶה בְּצוּקָה כְּמוֹ אֵשֶׁת לֵדָה
מַבְכִּרָיהָ[a] כִּיא נֶהֶפְכוּ צִירִים 9 וְחֶבֶל נִמְרָץ עַל מַשְׁבֵּרֶיהָ לְהָחִיל בְּכוּר
הָרִיָּה ' כִּיא בָאוּ בָנִים עַד מִשְׁבְּרֵי מָוֶת 10 וְהָרִיַּת גֶּבֶר הֵצֵרָה בַחֲבָלֶיהָ '
כִּיא בְּמִשְׁבְּרֵי מָוֶת תַּמְלִיט זָכָר וּבְחֶבְלֵי שְׁאוֹל יָגִיחַ 11 מִכּוּר הָרִיָּה פֶּלֶא
יוֹעֵץ עִם גְּבוּרָתוֹ וְיִפָּלֵט גֶּבֶר מִמִּשְׁבָּרִים ' בַּהֲרִיָּתוֹ הֵחִישׁוּ כוֹל
12 מִשְׁבָּרִים [b]וחבלי מרץ[b] בְּמוֹלְדֵיהֶם וּפַלָּצוּת לְהוֹרוֹתָם וּבְמוֹלָדָיו יֵהָפְכוּ כוֹל
צִירִים 13 בְּכוּר הָרִיָּה ' וְהָרִיַּת אֶפְעֶה לְחֶבֶל נִמְרָץ וּמִשְׁבְּרֵי שַׁחַת לְכוֹל
מַעֲשֵׂי פַלָּצוּת ' וְיָרִיעוּ 14 אוּשֵׁי קִיר כְּאוֹנִיָּה עַל פְּנֵי מַיִם וְיֶהֱמוּ שְׁחָקִים

[e] in althebr. Buchstaben
Kol. XI: [a] oder מַבְכִּירָה
[b-b] וְחֶבֶל נִמְרָץ

ausgelöst die Seele des Armen[231], den sie gedachten zu vernichten, sein Blut **35** zu vergießen wegen des Dienstes für dich[232]. Allerdings haben sie nicht erkannt, dass von dir her meine Schritte kommen, und so machten sie mich zu Schmach **36** und Schande im Munde aller, die Trug darlegen. Aber du, mein Gott, hast geholfen der Seele des Elenden und Geringen **37** aus der Hand dessen, der stärker war als er[233]. Und du hast ausgelöst meine Seele aus der Hand von Mächtigen, und durch ihre Schmähungen ließest du mich nicht verzagt werden[234], **38** den Dienst für dich zu verlassen aus Furcht vor dem Terror der Frevler, und einzutauschen gegen Verblendung den festen Sinn, den **39** du gegeben hast [ ] Gebote und feste Ordnungen hast du mir bestimmt[235], um zu stärken **40** das Fleisch [ ] Verderben für all meine Sprösslinge mit **41** [ ] Zunge gemäß deinen Belehrungen[236] und durch das Gericht

Kol. 11

[1]
2 [ ] Weinen [ ]
3 [ ]○*m whb*○○*l*○○○ ○○○○○○[ ]
4 [Du,] mein Gott, hast erleuchtet mein Angesicht durch deinen Bund[237] [ ] **5** [ ] für dich in ewiger Herrlichkeit mit allen [ ]

6 [*leer* Ich lobe dich, Herr, denn] Wahrheit ist dein Mund[238], und du hast mich gerettet aus einer Versammlung der Falschheit[239] und aus/von [ ] **7** hast du gerettet mein Leben[240], [denn als Schande und] Spott betrachten sie mich[241], und machten meine Seele gleich einem Schiff in den Tiefen des Meeres **8** und gleich einer befestigten Stadt[242] im Angesicht des [Feindes.] Und ich war in Bedrängnis wie eine Frau bei der Geburt, eine Erstgebärende[243], wenn Wehen **9** und schlimmer Schmerz[244] über ihren Muttermund hereinbrechen, um erbeben zu lassen den Schoß[245] der Schwangeren. Denn die Kinder kommen in Begleitung von Wellen des Todes[246], **10** und die mit einem männlichen Wesen Schwangere wird erschüttert[247] in ihren Wehen. Denn unter Wellen des Todes stößt sie aus einen Knaben[248], und unter höllischen[249] Wehen bricht hervor **11** aus dem Schoß der Schwangeren ein wunderbarer Ratgeber[250] mit seiner Macht, und ein männliches Wesen entkommt den Wellen. In der mit ihm Schwangeren beschleunigen sich alle **12** Wellen, und schlimmer Schmerz bei ihren Geburten und Schaudern für die mit ihnen Schwangeren[251], und bei seiner Geburt brechen alle Wehen los **13** im Schoß der Schwangeren. Aber die mit Wahn Schwangere (gerät) in schlimmen Schmerz, und Wellen des Verderbens (führen) zu allen Werken des Schauderns. Und es brechen/ächzen[252] **14** Mauerfundamente wie ein Schiff auf dem Wasser, und Wolken donnern mit tosendem

בְּקוֹל הָמוֹן ' וְיוֹשְׁבֵי עָפָר 15 כְּיוֹרְדֵי יַמִּים נִבְעָתִים מֵהֲמוֹן מַיִם וַחֲכָמֵיהֶ[ם]
לָמוֹ כְמַלָּחִים בִּמְצוּלוֹת ' כִּי תִתְבַּלַּע 16 כּוֹל חָכְמָתָם בַּהֲמוֹת יַמִּים בִּרְתוֹחַ
תְּהוֹמוֹת עַל נְבוֹכֵי מַיִם [c]וְיִתְרַגְּשׁוּ לְרוּם גַּלִּים 17 וּמִשְׁבְּרֵי מַיִם בַּהֲמוֹן קוֹלָם'
וּבְהִתְרַגְּשָׁם [d]יִפָּתְחוּ שְׁ[אוֹ]ל[וַאֲ]בַדּ[וֹן וְ]כוֹל חִצֵּי שַׁחַת 18 עִם מִצְעָדָם
לִתְהוֹם יַשְׁמִיעוּ קוֹלָם ' וְיִפָּתְחוּ שַׁעֲרֵי[עוֹלָם תַּחַ]ת מַעֲשֵׂי אֶפְעֶה
19 וְיִסָּגְרוּ דַּלְתֵי שַׁחַת בְּעַד הֲרִיַּת עָוֶל וּבְרִיחֵי עוֹלָם בְּעַד כּוֹל רוּחֵי אֶפְעֶה '
20 *vacat* אוֹדְכָה אֲדוֹנָי כִּי פְּדִיתָה נַפְשִׁי מִשַּׁחַת וּמִשְּׁאוֹל אֲבַדּוֹן
21 הֶעֱלִיתַנִי לְרוּם עוֹלָם וָאֶתְהַלְּכָה בְּמִישׁוֹר לְאֵין חֵקֶר וָאֵדְעָה כִּיא יֵשׁ מִקְוֶה
לַאֲשֶׁר 22 יָצַרְתָּה מֵעָפָר לְסוֹד עוֹלָם ' וְרוּחַ נַעֲוֶה טִהַרְתָּה מִפֶּשַׁע רַב
לְהִתְיַצֵּב בְּמַעֲמָד עִם 23 צְבָא קְדוֹשִׁים וְלָבוֹא בְּיַחַד עִם עֲדַת בְּנֵי שָׁמַיִם '
וַתַּפֵּל לְאִישׁ גּוֹרָל עוֹלָם עִם רוּחוֹת 24 דַּעַת לְהַלֵּל שִׁמְכָה בְּיַחַד רִנָּה וּלְסַפֵּר
נִפְלְאוֹתֶיכָה לְנֶגֶד כּוֹל מַעֲשֶׂיכָה' וַאֲנִי יֵצֶר 25 הַחֵמֶר מָה אֲנִי' מְגֻבָּל בַּמַּיִם'
וּלְמִי נֶחְשַׁבְתִּי וּמַה כּוֹחַ לִי ' כִּיא הִתְיַצַּבְתִּי בִּגְבוּל רִשְׁעָה 26 וְעִם חֵלְכָּאִים
בַּגּוֹרָל ' וַתָּגוּר נֶפֶשׁ אֶבְיוֹן עִם מְהוּמוֹת רַבָּה וְהַוּוֹת מַדְהֵבָה עִם מִצְעָדַי '
27 בְּהִפָּתֵחַ כָּל פַּחֵי שַׁחַת וַיִּפָּרְשׂוּ כוֹל מְצוּדוֹת רִשְׁעָה וּמִכְמֶרֶת חֵלְכָּאִים עַל
פְּנֵי מַיִם ' 28 בְּהִתְעוֹפֵף כּוֹל חִצֵּי שַׁחַת לְאֵין הָשֵׁב וְיוֹרוּ לְאֵין תִּקְוָה ' בִּנְפוֹל
קַו עַל מִשְׁפָּט וְגוֹרַל אַף 29 עַל נֶעֱזָבִים וּמַתַּךְ חֵמָה עַל נַעֲלָמִים [e]וְקֵץ חָרוֹן
לְכוֹל בְּלִיַּעַל וְחֶבְלֵי מָוֶת אָפְפוּ לְאֵין פֶּלֶט ' 30 וַיֵּלְכוּ נַחֲלֵי בְלִיַּעַל [עַל] כּוֹל
אַגַּפֵּי רוּם בְּאֵשׁ אוֹכֶלֶת בְּכוֹל שִׁנְאַבֵיהֶם לְהָתֵם כּוֹל עֵץ לַח 31 וְיָבֵשׁ
מִפַּלְגֵיהֶם וַתָּשׁוּט בְּשַׁבִיבֵי לְהוֹב עַד אֶפֶס כּוֹל שׁוֹתֵיהֶם ' בְּאוּשֵׁי חֵמָר תֹּאוֹכַל
32 וּבְרָקִיעַ יַבָּשָׁה ' יְסוֹדֵי הָרִים לִשְׂרֵפָה וְשׁוֹרְשֵׁי חַלָּמִישׁ לְנַחֲלֵי זֶפֶת ' וְתֹאוֹכַל
עַד תְּהוֹם 33 רַבָּה וַיִּבָּקְעוּ לַאֲבַדּוֹן נַחֲלֵי בְלִיַּעַל וַיֶּהֱמוּ מַחְשְׁבֵי תְהוֹם בַּהֲמוֹן
גּוֹרְשֵׁי רֶפֶשׁ ' וְאֶרֶץ 34 תִּצְרַח עַל הָהוֹוָה הַנִּהְיָה בְּתֵבֵל וְכוֹל מַחְשְׁבֶיהָ
יָרִיעוּ ' וְיִתְהוֹלְלוּ כוֹל אֲשֶׁר עָלֶיהָ 35 וְיִתְמוֹגְגוּ בְהוֹוָה גְּד[וֹ]לָה ' כִּיא יַרְעֵם

[c] oder יִתְרַגְּשׁוּ (4QH[f] 5,3)
[d] oder וְיִפָּתְחוּ (4QH[f] 5,5)
[e] oder וְקַו (4QH[f] 6,3)

Lärm[253]. Und die Bewohner des Staubes sind **15** wie Seefahrer[254], die erschrocken sind vom Tosen des Wassers, und ihre Weisen sind für sie wie Schiffer in den Tiefen (des Meeres). Denn verschlungen wird **16** all ihre Weisheit beim Tosen des Meeres, wenn die Urfluten emporschäumen über Wasserquellen und hoch sich auftürmen Wellen **17** und flutende Wellenbrecher[255] mit ihrem tosenden Lärm. Und bei ihrem Sich-Auftürmen öffnen sich Unterwelt und Abgrund[256], und alle Pfeile des Verderbens[257] **18** mit ihrem Gefolge – bis zur Urflut lassen sie ihren Lärm hören. Und die ewigen Tore[258] öffnen sich unter den Werken des Wahns, **19** und die Türen der Grube schließen sich hinter der Unheilsschwangeren und die ewigen Riegel hinter allen Geistern des Wahns.

20 *leer* Ich lobe dich, Herr, denn du hast ausgelöst meine Seele aus der Grube[259], und aus dem Unterweltabgrund **21** hast du mich hinaufgeführt[260] zu ewiger Höhe, dass ich wandeln kann auf ebener Bahn, unergründlich. Und ich erkannte, dass es Hoffnung gibt[261] für den, **22** den du aus Staub gebildet hast[262] zu einem ewigem Kreis. Und den verkehrten Geist[263] hast du gereinigt von großer Sünde[264], damit er sich aufstellen kann an einem Standort[265] zusammen mit **23** dem Heer der Heiligen und eintreten kann in die Gemeinschaft mit der Gemeinde der Himmelssöhne[266]. Und du warfst dem Menschen ein ewiges Los[267] mit den Geistern **24** der Erkenntnis, um deinen Namen zu lobpreisen[268] in gemeinschaftlichem Jubel und deine Wundertaten zu verkünden vor all deinen Geschöpfen/Werken[269]. Aber ich, ein Gebilde **25** von Lehm[270], was bin ich (schon)? Mit Wasser Geknetetes[271]. Und für wen werde ich gehalten[272], und welche Kraft habe ich? Denn ich habe mich aufgestellt im Gebiet des Frevels[273] **26** und mit Bösewichten in einem Los. Und die Seele des Armen weilte bei vielerlei Schrecknissen, und unheilvolle Katastrophe[274] war bei meinen Schritten. **27** Wenn alle Fallen der Grube sich öffnen und sich alle Fangschnüre des Frevels[275] ausbreiten und das Fangnetz der Bösewichte auf dem Wasser[276]; **28** wenn alle Pfeile des Verderbens unabwendbar dahinfliegen und hoffnungslos einschlagen[277]; wenn die Messschnur fällt auf das Gericht und ein Los des Zorns **29** auf die Verlassenen und ein Erguss des Grimms auf die Heuchler[278] und eine Zeit des Zorns für alles Nichtsnutzige/was Belial ist, und Stricke des Todes rettungslos umringen[279], **30** dann treten die Ströme Belials[280] über alle hohen Uferböschungen hinaus mit Feuer, das all ihre Vegetation verzehrt, um zu vernichten jeden grünen Baum[281] **31** und auszutrocknen ihre Wasserläufe, und das umherschweift mit zuckenden Flammen, bis alle, die aus ihnen trinken, nicht mehr sind. An den Fundamenten des Lehm(boden)s frisst es sich entlang **32** und an der Oberfläche des Festlands. Die Grundfesten der Berge werden zu Brandschutt und die Wurzeln des Gesteins[282] zu Strömen von Pech. Und es frisst sich durch bis zur großen Urflut[283], **33** und bis in den Abgrund brechen durch die Ströme Belials, und das Gefüge der Urflut hallt wider[284] vom Tosen der schlammigen Strudel[285]. Und die Erde **34** schreit auf wegen des Terrors, der sich über den Erdkreis ausbreitet, und ihr ganzes Gefüge ächzt. Und alle, die auf ihm

אֵל בַּהֲמוֹן כּוֹחוֹ וְיָהֶם זְבוּל קוֹדְשׁוֹ בֶּאֱמֶת 36 כְּבוֹדוֹ וּצְבָא הַשָּׁמַיִם יִתְּנוּ
בְּקוֹלָם וְיִתְמוֹגְגוּ וְיִרְעֲדוּ אוּשֵׁי עוֹלָם ' וּמִלְחֶמֶת גִּבּוֹרֵי 37 שָׁמַיִם תָּשׁוּט
בְּתֵבֵל וְלֹא תָשׁוּב עַד כָּלָה וְנֶחֱרָצָה לָעַד וְאֶפֶס כָּמוֹהָ ' *vacat*
38 *vacat* אוֹדְכָה אֲדוֹנָי כִּיא הָיִיתָה לִּי לְחוֹמַת עוֹז
39 ב◦[ ]ל מַשְׁחִיתִים וְכוֹל [ ] כִּי תַסְתִּירֵנִי מֵהֹווֹת מְהוּמָה אֲשֶׁר ד◦◦◦[ ]
40 [דַּ]לְתֵי[מָגֵן וּבְרִי]חֵי בַרְזֶל בַּל יָבוֹא גְּדוּד מִשְׁ[מַר גִּבּוֹרִים]
41 [בְּהִלָּווֹת]מם [f]בִּסְבִיבֶיהָ פֶּן יוֹרֶה גִּבּ[וֹר]

Kol. XII

1 [גְּמוּלֵי גְבוּרָתָם ' וְיִפּוֹלוּ מִגְּבוּרָתָם]
2 [חֲכָמִים בְּעָרְמָתָ]ם ' וַאֲנִי בְתוֹמְכִי [בִ]בְ[רִיתְכָה]
3 [◦]◦ק◦◦◦◦◦◦◦◦◦◦י מ◦◦[ ]◦◦◦ [ ]
4 [וַ]תָּכֶן עַל סֶלַע רַגְלַי וַתָּסִיר פַּעֲמַי מִדֶּ[רֶךְ]
5 [ ]בְּדֶרֶךְ עוֹלָם וּבִנְתִיבוֹת אֲשֶׁר בָּחַרְתָּה מִצְעֲדַי ◦◦◦[ ]
6 [ ] *vacat* אוֹדְכָה אֲדוֹנָי כִּיא הֵאִירוֹתָה פָּנַי לִבְרִיתְכָה וּמ[ ]
7 [ ]◦ אֲדוֹרְשְׁכָה וְכַשַׁחַר נָכוֹן לְאוֹרָ[תַיִ]ם הוֹפַעְתָּה לִּי ' וְהֵמָּה עַמְּכָה
[ ] 8 בְּתָע[וּתָם וּ]בִדְבָרִים הֶחֱלִיקוּ לָמוֹ ' וּמְלִיצֵי רְמִיָּה הִתְעוּם וַיִּלָּבְטוּ
בְלֹא בִינָה כִּיא [ ] 9 בְּהוֹלֵל מַעֲשֵׂיהֶם ' כִּי [a]נמאסי לָמוֹ וְלֹא יַחְשְׁבוּנִי
בְּהַגְבִּירְכָה בִי כִּיא [b]יַדִּיחֻנִי מֵאַרְצִי 10 כְּצִפּוֹר מִקִּנָּהּ ' וְכוֹל רֵעַי וּמוֹדָעַי נִדְּחוּ
מִמֶּנִּי וַיַּחְשְׁבוּנִי לִכְלִי אוֹבֵד ' וְהֵמָּה מְלִיצֵי 11 כָזָב וְחוֹזֵי רְמִיָּה זָמְמוּ עָלַי
בְלִיַּעַל לְהָמִיר תּוֹרָתְכָה אֲשֶׁר שִׁנַּנְתָּה בִלְבָבִי בַּחֲלָקוֹת 12 לְעַמֶּכָה ' וַיַּעֲצוֹרוּ
מַשְׁקֵה דַעַת מִצְּמֵאִים וְלִצְמָאָם יַשְׁקוּם חוֹמֶץ [c]לְמַע הַבִּט אֶל 13 תָּעוּתָם
לְהִתְהוֹלֵל בְּמוֹעֲדֵיהֶם לְהִתָּפֵשׂ בִּמְצוּדוֹתָם ' כִּי אַתָּה אֵל תִּנְאַץ כָּל מַחֲשֶׁבֶת
14 בְּלִיַּעַל וַעֲצָתְכָה הִיא תָקוּם וּמַחֲשֶׁבֶת לִבְּכָה תִּכּוֹן לָנֶצַח ' וְהֵמָּה נַעֲלָמִים

f oder בִּסְבִיבוֹ (4QH^f 7,2)
Kol. XII: [a] נִמְאַסְתִּי
b oder יַדִּידוּנִי
c לְמַעַן

leben, gebärden sich wie verrückt **35** und wanken inmitten des großen Terrors. Denn Gott donnert in der Fülle seiner Kraft[286], und seine heilige Wohnung hallt wider von seiner herrlichen **36** Wahrheit, und das Heer des Himmels erhebt seine Stimme, und die ewigen Fundamente wanken und erbeben[287]. Und der Krieg der Helden **37** des Himmels schweift über den Erdkreis und kehrt nicht zurück bis zur fest beschlossenen und völligen Vernichtung[288] auf immer, und nichts ist ihm vergleichbar. *leer*

38 *leer* Ich lobe dich, Herr, denn du bist mir zur starken Mauer[289] geworden **39** [ ] der/die Verderber und alle [ ] denn du hast mich verborgen[290] vor dem schrecklichen Terror, der [ ] **40** [ ] bewehrte Türen und eiserne Riegel[291], damit keine räuberische Kriegerschar komme, **41** [die sich zusammengerottet hat] in ihrer Umgebung, dass nicht werfe ein Krieger [ ]

Kol. 12

1 [was ihre Macht vollbringt. Und sie werden fallen aufgrund ihrer Macht] **2** [die Weisen in ihrer] Klugheit. Aber ich, weil ich festhielt an deinem Bund[292] [ ] 3 [○]○*q* ○○○○○○○○○○○*j m*○○[ ]○○○ [ ] **4** [ ] und du stelltest auf Fels meine Füße[293] und wandtest ab meine Schritte vom Weg [ ] **5** [ ] auf ewigem Weg[294], und auf den Pfaden, die du erwählt hast, meine Schritte[295] [ ]

6 [ ] *leer* Ich lobe dich, Herr, denn du hast erleuchtet mein Angesicht durch deinen Bund[296] und [ ] **7** [ ] will ich dich suchen, und sicher wie die Morgenröte bist du mir zum Morgenlicht aufgeschienen[297]. Aber sie, dein Volk [ ] **8** bei ihrem Abirren, und mit Worten verführten sie sie. Und Vermittler von Trug[298] brachten sie zum Abirren, und sie kamen zu Fall ohne Einsicht[299], denn [ ] **9** in der Verblendung ihrer Taten. Denn ich wurde von ihnen verworfen, und sie haben mich nicht geachtet, als du dich machtvoll an mir erwiesen hast[300], denn sie haben mich aus meinem Land verscheucht **10** wie einen Vogel aus seinem Nest[301]. Und alle meine Freunde und Verwandten haben sich von mir abbringen lassen und betrachteten mich als ein zerbrochenes Gefäß[302]. Aber sie, die Vermittler **11** von Lüge und die Trugseher, planten gegen mich Nichtsnutziges/was Belial ist, um zu vertauschen deine Tora, die du meinem Herzen eingeschärft hast, gegen Glattheiten **12** für dein Volk[303]. Und sie verschließen den Trank der Erkenntnis vor den Durstigen, und gegen ihren Durst geben sie ihnen Essig zu trinken[304], damit man schaue auf **13** ihren Irrtum, sich töricht aufzuführen zu ihren Fest(zeit)en, sich zu verfangen in ihren Netzen[305]. Denn du, Gott, verschmähst alles Planen **14** Belials, aber dein

זְמּוֹת בְּלִיַּעַל 15 יַחֲשׁוֹבוּ וְיִדְרְשׁוּכָה בְלֵב וָלֵב וְלֹא נָכוֹנוּ בַאֲמִתֶּכָה ' שׁוֹרֶשׁ
פּוֹרֶה רוֹשׁ וְלַעֲנָה בְּמַחְשְׁבוֹתָם 16 וְעִם שְׁרִירוּת לִבָּם יָתוּרוּ וְיִדְרְשׁוּכָה
בְגִלּוּלִים ' וּמִכְשׁוֹל עֲווֹנָם שָׂמוּ לְנֶגֶד פְּנֵיהֶם וְיָבֹאוּ 17לִדוֹרְשְׁכָה מִפִּי נְבִיאֵי
כָזָב מְפוּתֵּי תָעוּת ' וְהֵם [בְּ]ל[וֹ]עַג שָׂפָה וְלָשׁוֹן אַחֶרֶת יְדַבְּרוּ לְעַמְּךָ
18 לְהוֹלֵל בְּרְמִיָּה כוֹל מַעֲשֵׂיהֶם ' כִּי לֹא בָּחֲרוּ בְדֶרֶ[ךְ לִבְּ]כָה וְלֹא הֶאֱזִינוּ
לִדְבָרֶכָה ' כִּי אָמְרוּ 19 לַחֲזוֹן דַּעַת לֹא נָכוֹן וּלְדֶרֶךְ לִבְּכָה לֹא הִיאָה ' כִּי
אַתָּה אֵל תַּעֲנֶה לָהֶם לְשׁוֹפְטָם 20 בִּגְבוּרָתְכָה[כְּ]גִלּוּלֵיהֶם וּכְרוֹב פִּשְׁעֵיהֶם
לְמַעַן יִתָּפְשׂוּ בְּמַחְשְׁבוֹתָם אֲשֶׁר נָזוֹרוּ מִבְּרִיתֶכָה ' 21 וְתַכְרֵת בַּמִּ[שְׁפָּ]ט
כּוֹל אַנְשֵׁי מִרְמָה וְחוֹזֵי תָעוּת לֹא יִמָּצְאוּ עוֹד ' כִּי אֵין הוֹלֵל בְּכוֹל מַעֲשֶׂיךָ
22 וְלֹא רְמִיָּה בְּמְזִמַּת לִבֶּכָה ' וַאֲשֶׁר כְּנַפְשְׁכָה יַעֲמוֹדוּ לְפָנֶיכָה לָעַד וְהוֹלְכֵי
בְדֶרֶךְ לִבְּכָה 23 יִכּוֹנוּ לָנֶצַח '[וַ]אֲנִי בְתוֹמְכִי בְכָה אֶתְעוֹדְדָה וְאָקוּמָה עַל
מְנַאֲצַי וְיָדִי עַל כּוֹל בּוֹזַי ' כִּיא 24 לֹא יַחְשְׁבוּנִ[י]עַד הַגְבִּירְכָה בִי ' וַתּוֹפַע
לִי בְכוֹחֲכָה לְאוֹרָתַיִם וְלֹא טַחְתָּה בְבוֹשֶׁת פְּנֵי 25 כוֹל הַנִּדְרָשִׁ[י]ם לִי
הַנּוֹעָדִים יַחַד לִבְרִיתֶכָה ' וַיִּשְׁמְעוּנִי הַהוֹלְכִים בְּדֶרֶךְ לִבְּכָה וַיַּעַרְכוּ לְכָה
26 בְסוֹד קְדוֹשִׁים וְתוֹצֵא לָנֶצַח מִשְׁפָּטָם וּלְמֵישָׁרִים אֱמֶת ' וְלֹא תַתְעֵם בְּיַד
חֵלְכָּאִים 27 כְּזוֹמָם לָמוֹ ' וְתִתֵּן מוֹרָאָם עַל עַמְּכָה וּמַפָּץ לְכוֹל עַמֵּי הָאֲרָצוֹת
לְהַכְרִית בַּמִּשְׁפָּט כּוֹל 28 עוֹבְרֵי פִיכָה ' וּבִי הֵאִירוֹתָה פְּנֵי רַבִּים וַתִּגְבַּר עַד
לְאֵין מִסְפָּר ' כִּי הוֹדַעְתַּנִי בְּרָזֵי 29 פִלְאֲכָה וּבְסוֹד פִּלְאֲכָה הִגְבַּרְתָּה עִמָּדִי
וְהַפְלֵא לְנֶגֶד רַבִּים בַּעֲבוּר כְּבוֹדְכָה וּלְהוֹדִיעַ 30 לְכוֹל הַחַיִּים גְּבוּרוֹתֶיכָה '
מִי בָשָׂר כָּזֹאת וּמַה יֵּצֶר חֵמָר לְהַגְדִּיל פְּלָאוֹת ' וְהוּא בֶעָווֹן 31 מֵרֶחֶם וְעַד
שֵׂבָה בְּאַשְׁמַת מַעַל ' וַאֲנִי יָדַעְתִּי כִּי לֹא לֶאֱנוֹשׁ צְדָקָה וְלֹא לְבֶן אָדָם תּוֹם
32 דָּרֶךְ ' לְאֵל עֶלְיוֹן כּוֹל מַעֲשֵׂי צְדָקָה וְדֶרֶךְ אֱנוֹשׁ לֹא תִכּוֹן כִּי אִם בְּרוּחַ יָצַר

Ratschluss, er bleibt bestehen[306], und das Planen deines Herzens ist fest gegründet für immer[307]. Aber sie, die Heuchler[308], Ränke Belials **15** planen sie[309] und suchen dich mit geteiltem Herzen und gründen sich nicht in deiner Wahrheit[310]. Eine Wurzel, die Gift und Wermut hervorbringt[311], ist in ihren Plänen, **16** und in der Verstocktheit ihres Herzens halten sie Ausschau[312] und suchen dich in scheußlichen Götzen. Und den Anstoß ihrer Schuld haben sie vor ihr Angesicht hingestellt[313] und kommen, **17** um dich zu suchen aus dem Mund von Lügenpropheten, die selbst durch Irrtum verführt sind. Und sie, mit spottender Lippe und fremdartiger Zunge sprechen sie zu deinem Volk[314], **18** um durch Trug zum Spott zu machen all ihre Taten. Denn sie haben nicht den Weg deines Herzens[315] gewählt und nicht gehört auf dein Wort. Denn sie sagen **19** zur Schau der Erkenntnis: „Es ist nicht gewiss“[316], und zum Weg deines Herzens: „Das ist er nicht“. Aber du, Gott, wirst ihnen antworten, wenn du sie richtest **20** in deiner Macht wegen ihrer scheußlichen Götzen und ihrer zahlreichen Sünden, damit sie sich verfangen in ihren Machenschaften[317], weil sie abgewichen sind von deinem Bund. **21** Und du wirst ausrotten in diesem Gericht alle Männer des Trugs[318], und Seher von Irrtum[319] werden nicht mehr zu finden sein. Denn da ist keine Torheit in all deinen Taten/Werken **22** und kein Trug im Plan deines Herzens[320]. Und die, die in Übereinstimmung mit dir sind[321], werden vor dir stehen auf ewig[322]; und die, die auf dem Weg deines Herzens wandeln, **23** sind fest gegründet für immer. Aber ich, indem ich mich an dich halte, will ich mich aufrichten und aufstehen[323] gegen die, die mich schmähen[324], und meine Hand (erheben) gegen alle, die mich verachten. Denn **24** sie achten mich nicht, obwohl du dich machtvoll an mir erwiesen hast. Und du bist mir in deiner Kraft aufgeschienen zum Morgenlicht, und du hast nicht mit Schande bedeckt das Angesicht[325] **25** all derer, die sich von mir suchen lassen, die sich gemeinschaftlich zusammenfinden[326] zu deinem Bund. Und auf mich hören die, die auf dem Weg deines Herzens wandeln, und sie rüsten sich[327] für dich **26** im Kreis der Heiligen. Und du bringst auf immer ihr Recht hervor[328] und auf rechte Weise Wahrheit. Und nicht lässt du sie verführen durch Bösewichte, **27** wie die es gegen sie geplant hatten. Sondern du legst Furcht vor ihnen auf dein Volk und Zerstörung auf alle Völker der Länder[329], um auszurotten im Gericht alle, **28** die dein Wort übertreten[330]. Und durch mich hast du erleuchtet das Angesicht der Vielen[331] und dich als machtvoll erwiesen unzählige Male. Denn du hast mir kundgetan deine wunderbaren **29** Geheimnisse[332], und durch deinen wunderbaren Ratschluss[333] hast du dich machtvoll erwiesen an mir[334], wunderbar zu handeln vor den Vielen um deiner Herrlichkeit willen[335] und um kundzutun **30** allen Lebewesen deine Machttaten[336]. Was ist Fleisch im Vergleich dazu[337], und was vermag ein Gebilde von Lehm Wunder groß zu machen? Ist es doch in Schuld **31** vom Mutterleib an und bis ins Alter in der Schuld der Treulosigkeit[338]. Aber ich, ich habe erkannt, dass bei der Menschheit keine Gerechtigkeit ist und beim Menschenkind kein Wandel auf vollkommenem **32** Weg[339]. Bei Gott, dem Höchsten[340], sind alle

אֵל לוֹ 33 לְהָתֵם דֶּרֶךְ לִבְנֵי אָדָם לְמַעַן יֵדְעוּ כוֹל מַעֲשָׂיו בְּכוֹחַ גְּבוּרָתוֹ וְרוֹב
רַחֲמָיו עַל כּוֹל בְּנֵי 34 רְצוֹנוֹ ' וַאֲנִי רַעַד וּרְתֵת אֲחָזוּנִי וְכוֹל גְּרָמַי יָרוֹעוּ ' וַיִּמַּס
לְבָבִי כַּדּוֹנַג מִפְּנֵי אֵשׁ וַיֵּלְכוּ בִרְכַּי 35 כְּמַיִם מוּגָּרִים בַּמּוֹרָד ' כִּי זָכַרְתִּי
אַשְׁמוֹתַי עִם מַעַל אֲבוֹתַי בְּקוּם רְשָׁעִים עַל בְּרִיתְךָ 36 וְחֵלְכָּאִים עַל
דְּבָרֶכָה ' וַאֲנִי אָמַרְתִּי בְּפִשְׁעִי נֶעֱזַבְתִּי מִבְּרִיתֶכָה ' וּבְזוֹכְרִי כּוֹחַ יָדְכָה עִם
37 הֲמוֹן רַחֲמֶיכָה הִתְעוֹדַדְתִּי וָאָקוּמָה וְרוּחִי הֶחֱזִיקָה בְּמַעֲמָד לִפְנֵי נֶגַע כִּי
נִשְׁעַנְתִּי 38 בַּחֲסָדֶיכָה וּכְהֲמוֹן רַחֲמֶיכָה בִּי תְכַפֵּר עָווֹן וּלְטַהֵ[ר]אֱנוֹשׁ
מֵאַשְׁמָה בְּצִדְקָתֶכָה ' לְכָה[אֵ]לִ[י] 39 וְלֹא לְאָדָם כּוֹל אֲשֶׁר עָשִׂיתָה כִּי
אַתָּה בָרָאתָה צַדִּיק וְרָשָׁע ◦◦◦[ ] 40 [ ]◦◦◦◦◦◦◦◦◦ אֶתְחַזְּקָה
בִּבְרִיתְכָה עַד [ ] 41 [ ]◦◦◦◦◦◦ כִּי אֱמֶת אַתָּה וְצֶדֶק כּוֹל מַ[עֲשֶׂיכָה]

Kol. XIII

[1-2]

3 לְיוֹם [זַ]עַם חָרוֹן [רוֹב]

4 סְלִיחוֹתֶיכָה וַהֲמוֹן רַחֲמֶ[י]כָה [ ]ב◦

5 וּבְדַעְתִּי אֵלֶּה נִחַמְ[תִּי] בַּאֲמִתְּכָה ◦◦◦[ ]◦י

6 עַל פִּי רְצוֹנְכָה וּבְיָדְכָה מִשְׁפַּט כּוּלָּם *va*]*cat* [

7 אוֹדְכָה אֲדוֹנָי כִּי לֹא עֲזַבְתַּנִי בְּגוּרִי בְעַם נֵכָר [ ]כְּאַשְׁמָתִי

8 שְׁפַטְתַּנִי וְלֹא עֲזַבְתָּנִי בִּזְמּוֹת יִצְרִי ' וַתַּעֲזוֹר מִשַּׁחַת חַיַּי וַתִּתֵּן לִי ◦[פְּ]לֵט
בְּתוֹךְ 9 לְבִיאִים מוּעָדִים לִבְנֵי אַשְׁמָה אֲרָיוֹת שׁוֹבְרֵי עֶצֶם אַדִּירִים וְשׁוֹתֵי
דַם גִּבּוֹרִים ' וַתְּשִׂמֵנִי 10 [a]בְמָגוֹר עִם דַּיָּגִים רַבִּים פּוֹרְשֵׂי מִכְמֶרֶת עַל פְּנֵי
מַיִם וְצַיָּדִים לִבְנֵי עַוְלָה ' וְשָׁם לְמִשְׁפָּט 11 יִסַּדְתַּנִי וְסוֹד אֱמֶת אִמַּצְתָּה
בִלְבָבִי וּמִזֶּה בְרִית לְדוֹרְשֶׁיהָ ' וַתִּסְגּוֹר פִּי כְפִירִים אֲשֶׁר 12 כַּחֶרֶב שִׁנֵּיהֶם
וּמְתַלְּעוֹתָם כַּחֲנִית חַדָּה ' חֲמַת תַּנִּינִים כּוֹל מְזִמּוֹתָם ' לְחֶתֶף יוֹרְבוּ וְלֹא

[a] oder בִמְגוּרִי (4QH[c] 1 i 1)

Taten/Werke der Gerechtigkeit, und der Weg des Menschen ist nicht bestimmt außer durch den Geist, den Gott ihm gebildet[341], **33** um vollkommen zu machen den Weg[342] für die Menschenkinder, damit sie all seine Taten/Werke erkennen in seiner machtvollen Kraft[343] und seinem reichen Erbarmen[344] über alle Söhne **34** seines Wohlgefallens[345]. Aber mich, Zittern und Beben erfassten mich, und all meine Gebeine ächzten/zerbrachen[346]. Und mein Herz zerschmolz wie Wachs vor dem Feuer[347], und meine Knie gingen dahin **35** wie Wasser, das den Abhang hinunterstürzt[348]. Denn ich gedachte meiner Schuldtaten zusammen mit der Treulosigkeit meiner Vorfahren[349], als Frevler aufstanden gegen deinen Bund **36** und Bösewichte gegen dein Wort. Aber ich, ich sprach: „In meiner Sünde bin ich entlassen aus deinem Bund“. Doch als ich der Kraft deiner Hand gedachte zusammen mit **37** der Fülle deines Erbarmens[350], richtete ich mich auf und stand auf, und mein Geist machte stark seinen Stand[351] gegenüber der Plage, denn ich stützte mich **38** auf deine Gnadenerweise, und entsprechend der Fülle deines Erbarmens gegenüber mir entsühnst du die Schuld[352] und reinigst so den Menschen von Schuld[353] durch deine Gerechtigkeit. Dir, meinem Gott, **39** und nicht dem Menschen gilt alles, was du getan hast, denn du hast erschaffen den Gerechten wie den Frevler [ ] **40** [ ] ich will festhalten an deinem Bund bis [ ] **41** [ ] denn Wahrheit bist du, und Gerechtigkeit sind all deine Taten/Werke[354] [ ]

Kol. 13

[1-2]
3 für den Tag des zornerfüllten Strafgerichts [deine] **4** reichen Vergebungen und die Fülle deines Erbarmens[355] [ ] **5** und als ich dies erkannte, wurde ich getröstet[356] durch deine Wahrheit [ ] **6** nach deinem Willen, und in deiner Hand ist das Gericht über sie alle[357]. *leer* [ ]

7 Ich lobe dich, Herr, denn du hast mich nicht verlassen[358], als ich mich aufhielt bei einem fremden Volk[359] [nicht] entsprechend meiner Schuld **8** hast du mich gerichtet, und nicht hast du mich überlassen dem Trachten meines Sinnens[360]. Sondern du halfst meinem Leben vor dem Verderben[361] und gabst mich [ ] Rettung inmitten **9** von Löwen, die bestimmt sind für die Söhne der Schuld[362] – Löwen, die die Knochen der Mächtigen brechen und das Blut der Helden trinken[363]. Und du versetztest mich **10** in die Fremde bei vielen Fischern, die das Netz auf Wasserflächen auslegen, und Jägern[364] für die Söhne des Unrechts[365]. Und dort hast du zum Gericht **11** mich bestellt[366], und den Ratschluss der Wahrheit[367] hast du gefestigt in meinem Herzen[368], und von diesem aus einen Bund für die, die ihn suchen[369]. Und du verschlossest den Rachen der Junglöwen[370], deren **12** Zähne wie ein Schwert und deren Fangzähne wie ein

13 פָּצוּ עָלַי פִּיהֶם כִּי אַתָּה אֵלִי סְתַרְתַּנִי נֶגֶד בְּנֵי אָדָם וְתוֹרָתְכָה חָבִתָּה בִ[י]
עַד קֵץ 14 הִגָּלוֹת יִשְׁעֲכָה לִי ' כִּי בְּצָרַת נַפְשִׁי לֹא עֲזַבְתַּנִי וְשַׁוְעָתִי שָׁמַעְתָּה
בְּמְרוֹרֵי נַפְשִׁי 15 [b]ודנת יְגוֹנִי הִכַּרְתָּה בְּאַנְחָתִי ' וַתַּצֵּל נֶפֶשׁ עָנִי בִּמְעוֹן
אֲרָיוֹת אֲשֶׁר שִׁנְּנוּ כַחֶרֶב לְשׁוֹנָם ' 16 וְאַתָּה אֵלִי סָגַרְתָּה בְּעַד שִׁנֵּיהֶם פֶּן
יִטְרְפוּ נֶפֶשׁ עָנִי וָרָשׁ ' וַתּוֹסֶף לְשׁוֹנָם 17 כַּחֶרֶב אֶל תַּעְרָהּ בְּלוֹא[נִכְרְ]תָה
נֶפֶשׁ עַבְדֶּכָה ' וּלְמַעַן הַגְבִּירְכָה בי לְנֶגֶד בְּנֵי אָדָם הִפְלֵיתָה 18 בְּאֶבְיוֹן '
וַתְּבִיאֵהוּ בְּמַצְרֵ[ף]כַּזָּהָב בְּמַעֲשֵׂי אֵשׁ וְכַכֶּסֶף מְזוּקָּק בְּכוּר נוֹפְחִים לְטַהֵר
שִׁבְעָתָיִם' 19 וַיְמַהֲרוּ עָלַי רִשְׁעֵי עַמִּים בְּמְצוּקוֹתָם וְכוֹל הַיּוֹם יְדַכְּאוּ נַפְשִׁי
vacat 20 וְאַתָּה אֵלִי תָּשִׁיב נַפְשִׁי סְעָרָה לִדְמָמָה וְנֶפֶשׁ אֶבְיוֹן פִּלַּטְתָּה
כְּצִפּוֹ[ר מִפַּח וּ]כְטֶרֶף מִפִּי 21 אֲרָיוֹת *vacat*

בָּרוּךְ אַתָּה
22 אודכה אֲדוֹנָי כִּי לֹא עֲזַבְתָּה יָתוֹם וְלֹא בָזִיתָה רָשׁ ' כִּי גְבוּרָתְכָה לְאֵ[ין
קֵ]ץ וּכְבוֹדְכָה 23 לְאֵין מִדָּה וְגִבּוֹרֵי פֶלֶא מְשָׁרְתֶיכָה ' וְעִם עֲנָוִים בְּטַאטְאֵיי
רַגְלֶיכָ[ה יַחַד] עִם נִמְהֲרֵי 24 צֶדֶק לְהַעֲלוֹת מִשָּׁאוֹן יַחַד כּוֹל אֶבְיוֹנֵי חֶסֶד '
וַאֲנִי הָיִיתִי עַל ע◦[ ]דני לְרִיב 25 וּמְדָנִים לְרֵעַי קִנְאָה וְאַף לְבָאֵי בְרִיתִי
וְרֹגֶז וּתְלוּנָּה לְכוֹל נוֹעָדַי ' גַּ[ם א]וֹכְלֵי לַחְמִי 26 עָלַי הִגְדִּילוּ עָקֵב וַיָּלִיזוּ עָלַי
בִּשְׂפַת עָוֶל כּוֹל נִצְמָדֵי סוֹדִי וְאַנְשֵׁי עֲצָתִי סוֹרְרִים 27 וּמַלִּינִים סָבִיב ' וּבְרָז
חִבֵּתָה בִי יֵלְכוּ רָכִיל לִבְנֵי הַוּוֹת ' וּבַעֲבוּר הַגְבִּי[רְכָה] בִי וּלְמַעַן
28 אַשְׁמָתָם סָתַרְתָּ מַעְיַן בִּינָה וְסוֹד אֱמֶת ' וְהֵמָּה הַוּוֹת לִבָּם יַחְשׁוֹבוּ וְדִבְ[רֵי]
בְלִיַּעַל פָּתְחוּ 29 לְשׁוֹן שֶׁקֶר כַּחֲמַת תַּנִּינִים פּוֹרַחַת לְקִצִּים וּכְזוֹחֲלֵי עָפָר
[c]יורו לַחְתּוֹ[ף] מַ[בְלְגוֹת] פְּתָנִים 30 לְאֵין חֶבֶר ' וַתְּהִי לִכְאוֹב אָנוּשׁ וְנֶגַע
נִמְאָר בְּתַכְמֵי עַבְדְּכָה לְהַכְשִׁיל [רוּ]חַ וּלְהָתֵם 31 כּוֹחַ לְבִלְתִּי הַחֲזִק מַעֲמָד'
וַיַּשִּׂיגוּנִי בַּמְּצָרִים לְאֵין מָנוֹס וְלֹא בְהִבָּדֵל מִמִּשְׁפָּחוֹת ' וַיֶּהֱמוּ 32 בְּכִנּוֹר

[b] וְרִנַּת
[c] יוֹאִרְבוּ (vgl. Z. 12)

spitzer Speer sind[371]. Schlangengift sind all ihre Pläne[372]. Auf Raub aus liegen sie auf der Lauer[373], aber nicht **13** gegen mich rissen sie ihr Maul auf[374], denn du, mein Gott, hast mich verborgen vor den Menschenkindern[375], und deine Tora hast du in mir geborgen[376] bis zum Zeitpunkt **14** der Offenbarung deiner Hilfe für mich[377]. Denn in der Bedrängnis meiner Seele hast du mich nicht verlassen[378], und mein Schreien hast du gehört in den Bitternissen meiner Seele[379], **15** und den Ruf meines Kummers hast du wahrgenommen in meinem Seufzen. Und du rettetest das Leben des Elenden[380] am Ort der Löwen, die ihre Zunge geschärft hatten wie ein Schwert[381]. **16** Und du, mein Gott, hast rings um ihre Zähne verschlossen, damit sie dem Elenden und Geringen[382] nicht gewaltsam das Leben nehmen; und du stecktest ihre Zunge **17** wie ein Schwert in seine Scheide, so dass das Leben deines Knechtes nicht dahingerafft wird. Und damit du dich machtvoll erweist durch mich vor den Menschenkindern[383], hast du wunderbar gehandelt **18** am Armen[384]. Und du brachtest ihn in einen Schmelztiegel wie Gold in die Bearbeitung im Feuer und wie geläutertes Silber im Ofen der Schmelzer zu siebenfacher Reinigung[385]. **19** Und es fielen über mich her die Frevler der Völker mit ihren Drangsalen, und den ganzen Tag bedrücken sie meine Seele[386]. **20** Aber du, mein Gott, hast den Sturmwind zur Stille gewendet[387], und das Leben des Armen hast du gerettet[388] wie einen Vogel [aus der Falle[389]] und wie Beute aus dem Maul **21** von Löwen. *leer*

22 Gepriesen seist du, Herr, denn nicht hast du verlassen die Waise und nicht verachtet den Geringen[390]. Denn deine Macht ist ohne Ende, und deine Herrlichkeit **23** ohne Maß[391], und wunderbare Helden sind deine Diener. Und mit den Elenden im Staub deiner Füße [zusammen] mit denen, die eifern für **24** die Gerechtigkeit, (bist du), um hinaufzuführen aus dem Schlamm[392] gemeinschaftlich alle Armen[393] der Gnade. Aber ich wurde wegen [ ] zum Streit **25** und Hader[394] für meine Freunde, zu Eifer und Zorn für die, die in meinen Bund eingetreten waren[395], und zu Makel und Tadel[396] für alle, die sich um mich zusammengefunden hatten[397]. Auch die, die mein Brot essen, **26** haben gegen mich die Ferse erhoben[398], und es redeten Übles gegen mich mit schuldhafter Lippe[399] alle, die meinem Kreis verbunden waren, und die Männer meines Rates[400] sind störrisch **27** und murren ringsum. Und an dem Geheimnis, das du in mir geborgen hast, übten sie Verrat[401] bei den Söhnen des Unheils. Aber damit du dich machtvoll erweist durch mich, und wegen **28** ihrer Schuld hast du verborgen die Quelle der Einsicht und den Ratschluss der Wahrheit. Aber sie, Unheil ihres Herzens planen sie[402] und mit Worten Belials lockern sie **29** die Lügenzunge[403] wie Schlangengift, das zu bestimmten Zeiten ausbricht, und wie Staubkriecher liegen sie auf der Lauer, um Otterngift zu verspritzen[404], **30** ohne dass es Rettung gibt. Und das wurde zu unheilbarem Schmerz[405] und bösartiger Plage in den Eingeweiden deines Knechtes[406], um zum Straucheln zu bringen den Geist und zu rauben **31** die Kraft[407], so dass man nicht mehr Stand halten kann[408]. Und sie suchten mich heim in Bedrängnissen ohne Ausweg, noch nicht

רִיבִי וּבִנְגִינוֹת יַחַד תְּלוּנָּתָם עִם שׁאָה וּמְשׁוֹאָה ' זַלְעוֹפוֹת אֲחָזוּנִי וַחֲבָלִים כְּצִירֵי 33 יוֹלֵדָה וַיֶּהֱם עָלַי לִבִּי ' קַדְרוּת לָבַשְׁתִּי וּלְשׁוֹנִי [d]לַחֵךְ [e]תִּדְבַּק כִּי סְבָבוּנִי בְהַוּוֹת לִבָּם וְיִצְרָם 34 הוֹפִיעַ לִי לִמְרוֹרִים ' וַיֶּחְשַׁךְ מְאוֹר פָּנַי לַאֲפֵלָה וְהוֹדִי נֶהְפַּךְ לְמַשְׁחִית ' *vacat* וְאַתָּ אֵלִי 35 מֶרְחָב פָּתַחְתָּה בִלְבָבִי ' [f]וַיּוֹסִפוּהוּ לְצוּקָה וַיָּשׁוֹכוּ בַעֲדִי בְצַלְמָוֶת ' וָאוֹכְלָה בְלֶחֶם [g]אֲנָחָתִי 36 וְשִׁקּוּי בִדְמָעוֹת אֵין כָּלָה ' כִּי עָשְׁשׁוּ מִכַּעַס עֵינַי וְנַפְשִׁי בִמְרוֹרֵי יוֹם ' אֲנָחָה וְיָגוֹן 37 יְסוֹבְבוּנִי וּבוֹשֶׁת עַל פָּנַי ' וַיֵּהָפֵךְ לִי לַחְמִי לְרִיב וְשִׁקּוּי לְבַעַל מְדָנִים ' וַיָּבוֹא בַעֲצָמַי 38 לְהַכְשִׁיל רוּחַ וּלְכַלּוֹת כּוֹחַ ' כְּרָזֵי פֶשַׁע מְשַׁנִּים מַעֲשֵׂי אֵל בְּאַשְׁמָתָם ' כִּי נֶאֱסַרְתִּי בַעֲבוֹתִים 39 לְאֵין נָתֹק וְזִקִּים לְלוֹא יִשׁוּבְרוּ וְחוֹמַת עוֹז[בַּעֲדִי]וּבְרִיחֵי בַרְזֶל וְדַלְתֵי[נְחוֹשֶׁת לְאֵין]

40 [פָּתוֹחַ '] כִּלְאִי עִם תְּהוֹם נֶחְשַׁב לְאֵין[ ]◦◦[ ]

41 [וְנַחֲלֵי] בְלִיַּעַל אֲפָפוּ נַפְשִׁי לְאֵין[פְּ]לֵ[ט ']

Kol. XIV

[1-3]

4 ◦◦◦ ◦◦[ ]◦◦◦ ◦[ ]

5 לִבִּי בְנֶאָצוֹת בְּפִי◦◦[ ]

6 וְהוֹוָה לְאֵין חֵקֶר וְכָלָה לְאֵין מִדָּ[ה וְאַתָּה אֵלִי]

7 גִּלִּיתָה אוֹזְנִי בְמ[וּ]סַר מוֹכִיחֵי צֶדֶק עִם[ ]◦◦◦

8 מֵעֲדַת שָׁוְא וּמִסּוֹד חָמָס ' וַתְּבִיאֵנִי בַעֲצַת הַקּוֹדֶשׁ ◦◦[ ]◦◦◦ אַשְׁמָה ' 9 וָאֵדְעָה כִּי יֵשׁ מִקְוֶה לְשָׁבֵי פֶשַׁע וְעוֹזְבֵי חַטָּאָה בה[ ] וּלְהִתְהַלֵּךְ 10 בְּדֶרֶךְ לִבְּכָה לְאֵין עָוֶל ' וָאֶנָּחֲמָה עַל הֲמוֹן עָם וְעַל שְׁאוֹן מַמְלָכוֹת בְּהֵאָסְפָם [לִישׁ]וּעָתִי אֲשֶׁר 11 תָּרִים לַמִּצְעָר מִחְיָה בְעַמְּכָה וּשְׁאֵרִית בְּנַחֲלָתֶכָה ' וּתְזַקְּקֵם לְהִטָּהֵר מֵאַשְׁמָה [וּמֵחֲ]טוֹא כוֹל

[d] oder לְחִכִּי (4QH[c] 3,4)
[e] oder דָּבְקָה (4QH[c] 3,4)
[f] so richtig mit 4QH[c] 3,6
[g] oder אֲנָחָה (4QH[c] 3,7)

einmal bei Trennung von diesen ehemaligen Bindungen. Und sie lärmten **32** auf der Leier[409] Streit gegen mich und zum Saitenspiel gemeinschaftlich ihr Gemurre, inmitten von Vernichtung und Verwüstung[410]. Zornesqualen überkamen mich[411] und Schmerzen wie Wehen **33** einer Gebärenden[412], und mein Herz tobte in mir[413]. Mit Dunkelheit kleidete ich mich[414], und meine Zunge klebte a(n meine)m Gaumen[415], denn sie umringten mich mit dem Unheil ihres Herzens, und ihr Sinnen **34** schien mir auf zu Bitternissen[416]. Und es verfinsterte sich das Licht meines Angesichts[417] zu Trübsinn, und mein Glanz wurde entstellt zum Verderben[418]. Aber du, mein Gott, **35** hast eine Weite aufgetan in meinem Herzen[419]. Sie aber fügten diese noch der Drangsal hinzu und hüllten mich in Todesschatten[420]. Und ich muss essen vom Brot meines Seufzens, **36** und mein Trank ist mit Tränen ohne Ende[421]. Denn matt vor Gram sind meine Augen[422], und meine Seele ist in täglichen Bitternissen[423]. Seufzen und Kummer[424] **37** umgeben mich, und Schande bedeckt das Angesicht[425]. Und es verkehrte sich mir mein Brot zum Streit und mein Trank zum Streitgegenstand; und der drang ein in mein Gebein[426], **38** um zum Straucheln zu bringen den Geist und zu verzehren die Kraft[427]. Entsprechend den Geheimnissen der Sünde[428] verändern sie die Taten/Werke Gottes durch ihre Schuld. Denn ich war gebunden mit Stricken[429], **39** (die) unzerreißbar (waren), und mit Ketten[430], die unzerbrechlich waren; und eine starke Mauer[431] [war um mich] und eiserne Riegel und eherne [Türen[432], (die) nicht **40** zu öffnen (waren)]. Mein Gefängnis kann mit der Urflut verglichen werden, ohne [ ] **41** und Fluten des Verderbens/Belials umringen meine Seele, ohne Rettung[433] [ ]

Kol. 14

[1-3]
4 ○○○ ○○[ ]○○○ ○[ ]
5 mein Herz mit Schmähungen aus dem Mund [von]
6 und Unheil ohne Ende und Vernichtung ohne Maß[434] [Aber du, mein Gott,] **7** hast aufgetan mein Ohr[435] für die Unterweisung. Die, die in Gerechtigkeit zurechtweisen[436], mit [ ] **8** aus der Gemeinde der Falschheit[437] und aus dem Kreis der Gewalt. Und du brachtest mich in den heiligen Rat[438] [ ] Schuld. **9** Und ich erkannte, dass es Hoffnung gibt[439] für die, die sich von der Verfehlung abkehren[440], und die, die von der Sünde ablassen [ ] und um zu wandeln **10** auf dem Weg deines Herzens[441] ohne Frevel(tat). Und ich wurde getröstet angesichts[442] des Getöses des Volkes und angesichts des Tobens von Königreichen, wenn sie sich versammeln[443], wegen meiner Rettung, die **11** du in Kürze aufrichten wirst, (als) Überlebende

12 מַעֲשֵׂיהֶם בַּאֲמִתֶּכָה ' וּבַחֲסָדֶיךָ תִשְׁפְּטֵם בַּהֲמוֹן רַחֲמִים וְרוֹב סְלִיחָה
וּכְפִיכָה לְהוֹרוֹתָם 13 וּכְיוֹשֶׁר אֲמִתְּכָה לַהֲכִינָם בַּעֲצָתֶכָה ' לִכְבוֹדְכָה
וּלְמַעַנְכָה עָשִׂי[תָה] לְגַדֵּל תּוֹרָה וּ◦[ ]ל◦◦◦ 14 אַנְשֵׁי עֲצָתְכָה בְתוֹךְ בְּנֵי
אָדָם לְסַפֵּר לְדוֹרוֹת עוֹלָם נִפְלְאוֹתֶיכָה וּבִגְבוּרוֹתֶי[כָה יָשׂ]וֹחֲחוּ 15 לְאֵין
הַשְׁבֵּת ' וְיֵדְעוּ כוֹל גּוֹיִם אֲמִתְּכָה וְכוֹל לְאוּמִּים כְּבוֹדֶכָה ' כִּי הֲבִיאוֹתָה ◦[ ]
סוֹדְכָה 16 לְכוֹל אַנְשֵׁי עֲצָתְכָה וּבְגוֹרַל יַחַד עִם מַלְאֲכֵי פָנִים ' וְאֵין מֵלִיץ
בֵּנַיִם לק[לְ]הָשִׁיב 17 כְּרוּחַ כִּי ◦◦ל[ ]תד◦◦ ב◦◦◦ וְהֵם יָשׁוּבוּ בְּפִי
כְבוֹדְכָה [a]וְיִהְיוּ שָׂרֶיכָה בְּגוֹרַ[ל עוֹלָם ' וְגִזְעָ]ם 18 פָּרַח כְּצִיץ[יָצִיץ לְ]הוֹד
עוֹלָם לְגַדֵּל נֵצֶר לְעוֹפִי מַטַּעַת עוֹלָם ' וְיָצֵל צֵל עַל כּוֹל תֵּבֵל וְדָ[לִיּוֹתָי]וֹ
19 עַד שְׁחָקִים וְשָׁרָשָׁיו עַד תְּהוֹם וְכוֹל נַהֲרוֹת עֵדֶן [תְּ]לַ[חְלַחְנָה דָ]לִ[יּ]וֹתָיו
וְהָיָה לְיַמִּים לְ[אֵין] 20 חֵקֶר וְהִתְאַזְּרוּ עַל תֵּבֵל לְאֵין אֶפֶס וְעַד שְׁאוֹל
[וְ]הָיָה מַעְיַן אוֹר לְמָקוֹר 21 עוֹלָם לְאֵין חֶסֶר ' בְּשַׁבִיבֵי נוֹגְהוֹ יִבְעֲרוּ
כוֹל בְּנֵי[עַוְלָה וְהָיָה] לְאֵשׁ בּוֹעֶרֶת בְּכוֹל אַנְשֵׁי 22 אַשְׁמָה עַד כָּלָה ' וְהֵמָּה
נִצְמְדֵי תְעוּדָתִי פּוּתּוּ בִמְלִי[צֵי תָעוּת לְ]הָבִיא זָר בַּעֲבוֹדַת צֶדֶק ' 23 וְאַתָּה
אֵל צִוִּיתָם לְהוֹעִיל מִדַּרְכֵיהֶם בְּדֶרֶךְ קוֹדֶ[שׁ אֲשֶׁר יֵלְכוּ] בָהּ וְעָרֵל וְטָמֵא וּפָרִיץ
24 בַּל יְעוֹבְרֶנָּה ' וְיִתְמוֹטְטוּ מִדֶּרֶךְ לִבְכָה וּבְהוֹוַת פְּ[שְׁעָם יִכְשְׁל]וּ ' וּכְמוֹא
יוֹעֵץ בְּלִיַּעַל 25 עִם לְבָבָם [וְיָכִי]נוּ מַחֲשֶׁבֶת רִשְׁעָה [b]יִתְגּוֹלְלוּ בְּאַשְׁמָה[b] '
וַ[אֲנִי הָיִי]תִי כְּמַלָּח בָּאוֹנִיָּה בְזַעַף 26 יַמִּים גַּלֵּיהֶם וְכוֹל מִשְׁבְּרֵיהֶם עָלַי הָמוּ
רוּחַ עִוְעִיים[לְאֵין]דְּמָמָה לְהָשִׁיב נֶפֶשׁ וְאֵין 27 נְתִיבַת לְיַשֵּׁר דֶּרֶךְ עַל פְּנֵי
מָיִם ' וַיֶּהֱמוּ תְהוֹם לַאֲנָחָתִי וְנִגְּ[שׁ]וּ חַיַּ[ ]עַד שַׁעֲרֵי מָוֶת ' וָאֶהְיֶה 28 כְּבָא
בְעִיר מָצוֹר וְנָעוֹז בְּחוֹמָה נִשְׂגָּבָה עַד פֶּלֶט ' וְאֶשָּׁעֲ[נָה]בַּאֲמִתְּכָה אֵלִי כִּי אַתָּה
29 תָּשִׂים [c]סוֹד עַל סֶלַע וְכָפִיס עַל קַו מִשְׁפָּט וּמִשְׁקֶלֶת אֱמֶ[ת]לַ[עֲ]שׂוֹת
אַבְנֵי בֹחַן לְבְנִיַּת 30 עוֹז לְלוֹא תִתְזַעְזַע וְכוֹל בָּאֶיהָ בַל יִמּוֹטוּ ' כִּי לֹא יָבוֹא

[a] oder וְהָיוּ (4QH[b] 8,1)
[b-b] oder וְיִתְגּוֹלְלוּ בְּאַשְׁמָתָם (4QH[c] 4 i 12)
[c] oder סוֹדִי (4QH[c] 4 ii 7)

in deinem Volk und Rest in deinem Erbteil[444]. Und du läuterst sie, um zu reinigen von Schuld und von Sünde[445] all **12** ihre Taten mittels deiner Wahrheit[446]. Und in deiner Gnade richtest du sie mit der Fülle des Erbarmens und reicher Vergebung[447], und um sie gemäß deinem Wort zu unterweisen **13** und sie gemäß der Geradheit deiner Wahrheit fest zu verankern in deinem Rat[448]. Um deiner Herrlichkeit willen und um deinetwillen hast du es unternommen[449], groß zu machen die Tora[450] und [ ] **14** die Männer deines Rates inmitten der Menschenkinder[451], um zu verkünden ewigen Generationen deine Wundertaten[452], und über deine Machttaten werden sie nachsinnen[453] **15** ohne Ende. So werden alle Nationen deine Wahrheit erkennen und alle Völker deine Herrlichkeit[454]; denn du hast gebracht [ ] dein(en) Kreis[455] **16** alle Männer deines Rates und in ein gemeinschaftliches Los mit den Engeln des Angesichts[456]. Und es braucht keinen Vermittler[457] zwischen ihnen beiden [ ] um zu antworten **17** gemäß dem Geist[458], denn [ ] Sie aber, sie kehren um aufgrund deiner Herrlichkeit[459] und werden sein deine Fürsten im [ewigen] Los. Und ihr Wurzelstock **18** sprosst, so wie eine Blume [aufblüht] zu ewigem Glanz, um einen Spross groß zu machen für das Gezweig einer ewigen Pflanzung[460]. Und die wirft Schatten auf den ganzen Erdkreis, und ihre Zweige (reichen) **19** bis zu den Wolken und ihre Wurzeln bis zur Urflut[461], und alle Ströme Edens tränken ihre Zweige, und sie wird sich ausdehnen über Meere **20** grenzenlos, und sie breiten sich aus über den Erdkreis ohne Ende und bis zur Unterwelt [ ] und der Quellort des Lichts wird zu einer ewigen **21** Quelle[462] ohne Versiegen. In den Flammen seines Glanzes[463] verbrennen alle Söhne [des Unrechts[464], und er wird] zu einem Feuer, das auflodert gegen alle Männer **22** der Schuld bis zur Vernichtung[465]. Die aber, die meiner Vorherbestimmung verbunden sind[466], wurden verführt durch die Vermittler [des Irrtums[467]], indem ein Fremder in den Dienst der Gerechtigkeit gebracht wurde[468]. **23** Du aber, Gott, hast ihnen befohlen, ihren Nutzen zu suchen abseits von deren Wegen auf dem heiligen Weg, [auf dem sie wandeln sollen[469];] aber ein Unbeschnittener oder ein Unreiner oder ein Gewalttäter **24** wird ihn nicht kreuzen[470]. Aber sie wanken vom Weg deines Herzens, und im Unheil ihrer Sünde straucheln sie. Und weil Belial ein Ratgeber ist **25** in ihrem Herzen[471] und sie sich gründen in einem Plan des Frevels[472], wälzen sie sich in (ihrer) Schuld[473]. Aber ich, ich war wie ein Seemann auf einem Schiff im Toben **26** der Meere[474], ihre Wellen und all ihre Brecher schlugen über mir zusammen[475], ein Wirbelwind[476] [ohne] Atempause, um die Seele sich erholen zu lassen[477], und ohne **27** Pfad, um Kurs zu halten[478] auf der Oberfläche des Wassers. Und die Urflut begleitete mit Toben mein Seufzen, und mein Leben näherte sich den Pforten des Todes[479]. Und ich war **28** wie einer, der in eine befestigte Stadt kommt und Zuflucht sucht hinter einer hohen Mauer[480], bis Rettung (kommt). Und so will ich mich stützen auf deine Treue[481], mein Gott, denn du, **29** du legst das (mein) Fundament auf Fels und den Querbalken nach rechtem Maß und genauer Ausrichtung[482], um zu fügen die bewährten Steine zu einem starken **30** Gebäude, das nicht erschüttert

זָר בִּשְׁעָרֶיהָ דַלְתֵי מָגֵן לְאֵין 31 מָבוֹא וּבְרִיחֵי עוֹז לְלוֹא יְשׁוּבָּרוּ ' בַּל יָבוֹא
גְדוּד בִּכְלֵי מִלְחַמְתּוֹ [d]עִם תּוֹם כּוֹל חִצֵּי 32 מִלְחֲמוֹת רִשְׁעָה ' וְאָז תָּחִישׁ
חֶרֶב אֵל בְּקֵץ מִשְׁפָּט וְכוֹל בְּנֵי אֲמִתּוֹ יֵעוֹרוּ לְהַכְרִי[ת] 33 רִשְׁעָה וְכוֹל בְּנֵי
אַשְׁמָה לֹא יִהְיוּ עוֹד ' וְיִדְרוֹךְ גִּבּוֹר קַשְׁתּוֹ וְיִפְתַּח מְצוֹרֵי הַשָּׁמַיִם 34 לְמֶרְחָב
אֵין קֵץ וְשַׁעֲרֵי עוֹלָם לְהוֹצִיא כְּלֵי מִלְחָמוֹת ' וְיַעֲצוּמוּ מִקָּצֶה עַד קָצֶה וְחִצֵּי[ם]
35 יוֹרוּ וְאֵין פֶּלֶט לְיֵצֶר אַשְׁמָה ' לְכָלָה יִרְמוֹסוּ וְאֵין [e]שֵׁרִית וְאֵין תִּקְוָה בְּרוֹב
פְּגָרִים 36 וּלְכוֹל גִּבּוֹרֵי מִלְחָמוֹת אֵין מָנוֹס ' כִּי לְאֵל עֶלְיוֹן הַ◦[ ]◦
◦◦◦ ◦◦ ◦◦◦◦ ◦◦◦◦ 37 וְשׁוֹכְבֵי עָפָר הֵרִימוּ תֹּרֶן וְתוֹלַעַת מֵתִים נָשְׂאוּ נֵס
לְ◦◦◦◦[ ]◦י◦ר◦ן ◦◦◦◦◦◦◦◦◦ ◦◦◦ 38 בְּמִלְחֲמוֹת זֵדִים ' וְבַעֲבוֹר שׁוֹט
שׁוֹטֵף בַּל יָבוֹא בְּמִבְצָר[ ] 39 ◦◦◦◦◦ ◦[ ]לְ[ ]לְ[ ]
לְתָפֵל וּכְבָבִים לֹא◦[ ] 40 מ◦◦◦◦◦◦◦ ◦[ ]
41 אֱמֶת ◦◦◦◦◦◦[ ]

Kol. XV

[1-3]
4 [ ]◦ם ' וַאֲנִי נֶאֱלַמְתִּי מֵהַוּ[וֹתְ]ם[ ]◦◦ ◦◦◦◦◦ק אֵלֶּה ' וְגִדְּפוּנִי
5 [זְרוֹ]עַ נִשְׁבֶּרֶת מִקָּנֶיהָ וַתִּטְבַּע [a]בְּבִבְץ רַגְלַי ' שָׁעוּ עֵינַי מֵרְאוֹת
6 רַע וְאוֹזְנַי מִשְּׁמוֹעַ דָּמִים ' הֵשַׁם לְבָבִי מִמַּחֲשֶׁבֶת רוֹעַ כִּי בְלִיַּעַל עִם הוֹפִעַ
יֵצֶר 7 הַוּוֹתָם ' וַיָּרִיעוּ כוֹל אוּשֵׁי מַבְנִיתִי וַעֲצָמַי יִתְפָּרְדוּ וּתְכָמַי עָלַי כְּאוֹנִיָּה
בְּזַעַף 8 חֲרִישִׁית וַיָּהֹם לִבִּי לְכָלָה וְרוּחַ עִוְעִים תְּבַלְּעֵנִי מֵהַוּוֹת פִּשְׁעָם '
9 *vacat* אוֹדְכָה אֲדוֹנָי כִּי סְמַכְתַּנִי בְעוּזְּכָה וְרוּחַ
10 קוּדְשְׁכָה הֲנִיפוֹתָה בִּי בַל אֶמּוֹט ' וַתְּחַזְּקֵנִי לִפְנֵי מִלְחֲמוֹת רִשְׁעָה וּבְכוֹל
הַוּוֹתָם 11 לֹא החת◦◦ה מִבְּרִיתֶכָה ' וַתְּשִׂימֵנִי כְּמִגְדַּל עוֹז כְּחוֹמָה נִשְׂגָּבָה
וַתָּכֶן עַל סֶלַע 12 מַבְנִיתִי וְאוּשֵׁי עוֹלָם לְסוֹדִי וְכוֹל קִירוֹתַי לְחוֹמַת בֹּחַן

[d] oder עַד (4QH^c 4 ii 12)
[e] שְׁאֵרִית
Kol. XV: [a] בְּבוֹץ

werden kann[483]; und alle, die in es hineinkommen, werden nicht wanken. Denn nicht wird ein Fremder durch seine Tore hineinkommen, bewehrte Türen ohne **31** Zugang und starke Riegel[484], die nicht aufgebrochen werden können. Nicht wird ein Trupp mit seinen Kriegswaffen[485] hineinkommen bis zum Ende aller Pfeile frevelhafter **32** Kriege[486]. Und dann eilt herbei das Schwert Gottes[487] in der Zeit des Gerichts[488], und alle Söhne seiner Wahrheit[489] werden sich aufmachen, um auszurotten **33** den Frevel, aber alle Söhne der Schuld[490] werden nicht mehr sein. Und der Krieger wird seinen Bogen spannen[491] und die Himmelsfestung öffnen[492] **34** zu einer Weite ohne Ende und die ewigen Tore, um die Kriegswaffen herauszubringen. Und sie werden sich als mächtig erweisen von einem Ende (der Erde) bis zum anderen Ende, und (ihre) Pfeile **35** werden sie abschießen, so dass es keine Rettung gibt[493] für das Gebilde der Schuld[494]. Zur (endgültigen) Vernichtung werden sie (sie) niedertreten ohne Rest und ohne Hoffnung[495] wegen der Masse der Leichen[496], **36** und ohne Ausweg für alle Kriegshelden[497]. Denn für den[498] höchsten Gott [ ] **37** und die im Staub liegen[499], richten eine Signalstange auf, und der Wurm der Toten hisst ein Banner[500] [ ] **38** in den Kriegen gegen die Frechen. Und beim Schwingen der sausenden Geißel[501] wird nicht eindringen in die Festung [ ]
39 [ ] zur Tünche und wie ein Querbalken [ ]
40 *m*○○○○○○○ ○[ ]
41 Wahrheit [ ]

Kol. 15

[1-3]
4 [ ] Aber ich, ich verstummte[502] wegen ihres Terrors [ ] dies. Und sie verhöhnten mich **5** [ ] der Arm ist aus seinem Gelenk gebrochen[503], und versunken im Schlamm ist mein Fuß[504]. Geschlossen haben sich meine Augen wegen des Schauens **6** von Bösem, und meine Ohren wegen des Hörens von Bluttaten[505]. Entsetzt ist mein Herz[506] wegen des Planens von Bosheit, denn Belial ist anwesend beim Öffentlich-Werden ihres unheilvollen **7** Sinnens. Da zerbrachen alle Fundamente meines Baus, und meine Knochen fielen auseinander[507], und meine Eingeweide waren mir wie ein Schiff in wildem **8** Sturm[508], und mein Herz erbebte zur Vernichtung[509], und ein Wirbelwind[510] drohte mich zu verschlingen wegen des Terrors ihrer Sünde. *leer*

9 *leer* Ich lobe dich, Herr, denn du stütztest mich durch deine Stärke[511], und deinen heiligen **10** Geist hast du in mich ausgegossen[512], so dass ich nicht wanke. Und du stärktest mich angesichts frevelhafter Kriege[513], und bei all ihrem Terror **11** hast du nicht [ ] von deinem Bund. Und du stelltest mich hin wie einen starken Turm, wie eine hohe Mauer[514], und du gründetest auf Fels **12** meinen Bau und ewige Fundamente für meinen Kreis und all meine

לְלוֹא תִּ֯דַּעְזֵע ' 13 וְאַתָּה אֵלִי [b]נתתי [c]לַעֲפִים לַעֲצַת קוֹדֶשׁ וַתְּ[חַזְּקֵ]נִ[י]
בִּבְרִיתְכָה וּלְשׁוֹנִי [d]כְלִמּוּדֶיךָ ' 14 וְאֵין פֶּה לְרוּחַ הַוּוֹת וְלֹא מַעֲנֵה לָשׁוֹן
לְכוֹל בְּנֵי אַשְׁמָה כִּי תֵאָלַמְנָה שִׂפְתֵי 15 [e]שִׂפְתֵי שֶׁקֶר כִּי כוֹל [f]גדי לַמִּשְׁפָּט
תַּרְשִׁיעַ לְהַבְדִּיל בִּי בֵין צַדִּיק לְרָשָׁע ' 16 כִּי אַתָּה יָדַעְתָּה כוֹל יֵצֶר מַעֲשֶׂה
וְכוֹל מַעֲנֵה לָשׁוֹן הִכַּרְתָּה וַתָּכֶן לִבִּי 17 כְּ[לִ]מּוּדֶיכָה וְכַאֲמִתְּכָה לְיַשֵּׁר פְּעָמַי
לִנְתִיבוֹת צְדָקָה לְהִתְהַלֵּךְ לְפָנֶיךָ בִּגְבוּל 18 [חַיִּ]ים לִשְׁבוּלֵי כָבוֹד וְשָׁלוֹם
לְאֵין הָ[סֵר וְ]ל[וֹ]א לְהַשְׁבִּת לָנֶצַח ' 19 וְאַתָּה יָדַעְתָּה יֵצֶר עַבְדְּכָה כִּי לֹא
צ[ ]◦ מִשְׁעַנְתּוֹ לְהָרִים לִבּ[וֹ] 20 וּלְהָעִיז בְּכוֹחַ וּמַחְסִי בָשָׂר אֵין
לִי[ ] אֵין צְדָקוֹת לְהִנָּצֵל מִפּ[ ] 21 בְּלוֹא סְלִיחָה ' וַאֲנִי נִשְׁעַנְתִּי
בְּרוֹב[רַחֲמֶיכָה וְלַהֲמוֹן] חַסְדְּכָה אוֹחִיל לְהָצִיץ 22 כְּמַטָּע וּלְגַדֵּל נֵצֶר
לְהָעִיז בְּכוֹחַ ול[כִּי בְ]צִדְקָתְכָה הֶעֱמַדְתַּנִי 23 לִבְרִיתְכָה וְאֶתְמוֹכָה
בַּאֲמִתְּכָה ואת[ ] וַתְּשִׂימֵנִי אָב לִבְנֵי חֶסֶד 24 וּכְאוֹמֵן לְאַנְשֵׁי
מוֹפֵת ' וַיִּפְצוּ פֶה כְּיוֹנֵ[ק]וּכְשַׁעֲשַׁע עוֹלֵיל בְּחֵ֯ק 25 אוֹמְנָיו ' וַתָּרֶם
קַרְנִי עַל כּוֹל מְנָאֲצַי וְיִתְפָּ[רְדוּ כוֹל שְׁ]אֵרִית אַנְשֵׁי מִלְחַמְתִּי וּבַעֲלֵי 26 רִבִי
כְּמוֹץ לִפְנֵי רוּחַ ' וּמֶמְשַׁלְתִּי עַל בּוֹזַי כִּי[אַתָּה]אֵלִי עָזַרְתָּה נַפְשִׁי וַתָּרֶם קַרְנִי
27 לְמַעְלָה וְהוֹפַעְתִּי בְּאוֹר שִׁבְעָתַיִם ב◦[הֲ]כִינוֹתָה לִכְבוֹדֶכָה ' 28 כִּי
אַתָּה לִי לְמָאוֹר עוֹלָם וַתָּכֶן רַגְלִי בְמִי[שׁוֹר '] *vacat*
29 *vacat* אוֹדְכָ[ה אֲדוֹ]נָי כִּי הִשְׂכַּלְתַּנִי בַּאֲמִתְּכָה
30 וּבְרָזֵי פִלְאֲכָה הוֹדַעְתַּנִי וּבַחֲסָדֶיכָה לְאִישׁ [פֶּשַׁע] וּבְרוֹב רַחֲמֶיכָה לְנַעֲוֵי
לֵב ' 31 כִּי מִי כָמוֹכָה בָאֵלִים אֲדוֹנָי וּמִי כַאֲמִתְּכָה וּמִי יִצְדַּק לְפָנֶיכָה
[g]בְּהִשָּׁפְטוֹ ' וְאֵין 32 לְהָשִׁיב עַל תּוֹכַחְתְּכָה כוֹל [h]צבי רוּחַ וְלֹא יוּכַל כּוֹל
לְהִתְיַצֵּב לִפְנֵי חֲמָתֶךָה ' וְכוֹל בְּנֵי 33 אֲמִתְּכָה תָּבִיא בִּסְלִיחוֹת לְפָנֶיכָה

[b] נְתַתַּנִי
[c] oder לְעֵפִים
[d] oder כִלְמוּדֶיךָ
[e] Dittographie
[f] גָּרַי
[g] oder בְּהִשָּׁפְטֶכָה (1QH[b] 1,3)
[h] oder מַבַּע

Wände zu einer bewährten Mauer, die nicht erschüttert werden kann[515]. **13** Aber du, mein Gott, hast mich gegeben den Ermatteten zu einem heiligen Rat, und du stärktest mich in deinem Bund[516] und meine Zunge wie (die) deiner Schüler[517]. **14** Hingegen gibt es keine Sprachmöglichkeit[518] für den Geist des Terrors und keine angemessene Antwort[519] für alle Söhne der Schuld[520], denn verstummen werden die Lippen **15** der Lüge[521], denn all meine Angreifer erklärst du für schuldig im Gericht[522], um zu scheiden durch mich zwischen gerecht und frevlerisch. **16** Denn du, du kennst jedes Sinnen[523] eines Geschöpfs, und jede angemessene Antwort nimmst du wahr. Und du richtetest mein Herz aus **17** nach deinen Lehren[524] und nach deiner Wahrheit, um meine Schritte zu lenken auf Pfade der Gerechtigkeit, um zu wandeln vor dir im Gebiet **18** des Lebens[525] auf Wegen der Ehre und des Friedens, ohne abzuweichen und ohne aufzuhören für immer[526]. **19** Aber du, du kennst das Sinnen deines Knechtes, denn nicht [ ] seine Stütze, indem er in seinem Herzen überheblich wird[527] **20** und Sicherheit sucht in Kraft[528], und Zuflucht im Fleisch gibt es nicht für [ ] keine gerechten Taten, um gerettet zu werden[529] vor/aus [ ] **21** außer durch Vergebung. Aber ich, ich stütze mich auf dein reiches [Erbarmen[530], und auf die Fülle] deiner Gnade harre ich[531], um aufzublühen **22** wie eine Pflanze und einen Spross großzuziehen[532], um Sicherheit zu finden in Kraft und [denn] in deiner Gerechtigkeit hast du mich hingestellt **23** für deinen Bund, und ich will festhalten an deiner Wahrheit und ich [ ] Und du machtest mich zum Vater[533] für die Söhne der Gnade **24** und zum Pfleger für die Männer des Zeichens[534]. Und sie öffneten den Mund wie ein Säugling [ ] und wie sich ein Kleinkind ergötzt am Busen **25** seiner Pfleger[535]. Und du erhöhtest mein Horn[536] gegenüber allen, die mich schmähen[537], so dass sich zerstreut [der ganze] Rest[538] der Männer, die gegen mich Krieg führen[539], und derer, **26** die mit mir im Streit liegen[540], wie Spreu vor dem Wind[541]. Aber meine Herrschaft erstreckt sich über die, die mich verachten[542], denn [du,] mein Gott, hast meiner Seele geholfen[543] und mein Horn erhöht **27** hoch empor, so dass ich aufschien in siebenfachem Licht[544] [ ] du begründet hast zu deiner Herrlichkeit[545]. **28** Denn du bist mir eine ewige Leuchte[546] und stelltest meinen Fuß auf festen Grund[547]. *leer*

29 *leer* Ich lobe dich, Herr, denn du hast mir Einsicht gegeben in deine Wahrheit[548] **30** und mir deine wunderbaren Geheimnisse kundgetan[549] und deine Gnadenerweise gegenüber dem sündigen Menschen[550] und dein reiches Erbarmen gegenüber denen mit verkehrtem Herzen[551]. **31** Denn wer ist wie du unter den himmlischen Wesen, Herr[552]? Und wer hat Wahrheit wie deine? Und wer ist gerecht vor dir, wenn er gerichtet wird[553]? Denn nichts **32** gibt es zu erwidern auf deine Zurechtweisung[554] für jegliche(n) (Äußerung eines) Geist(es)[555], und nicht vermag irgendjemand zu bestehen vor deinem Zorn[556]. Aber alle Söhne **33** deiner Wahrheit[557] bringst du durch Vergebungen vor dich, um sie zu reinigen von ihren Sünden[558] in deiner reichen Güte und in der Fülle

לְטַהֲרָם מִפִּשְׁעֵיהֶם בְּרוֹב טוּבְכָה וּבַהֲמוֹן רַחֲמֶיכָה 34 לְהַעֲמִידָם לְפָנֶיכָה
לְעוֹלְמֵי עַד ׳ כִּי אֵל עוֹלָם אַתָּה וְכוֹל דְּרָכֶיכָה יִכּוֹנוּ לְנֶצַח 35 נְצָחִים
וְאֵין זוּלָתֶכָה ׳ וּמַה הוּא אִישׁ תֹּהוּ וּבַעַל הֶבֶל לְהִתְבּוֹנֵן בְּמַעֲשֵׂי פִּלְאֲךָ
36 הַגְּדוֹלִים ׳ *vacat*

37 [אוֹדְכָ]ה אֲדוֹנָי כִּי לוֹא הִפַּלְתָּה גּוֹרָלִי בַּעֲדַת שָׁו וּבְסוֹד נַעֲלָמִים לֹא שַׂמְתָּה
חוּקַי ׳ 38 וַתִּקְרָאֵנִי לַחֲסָדֶיכָה וּלְסְלִיחוֹ[תֶיכָה הֲ]בִיא[וֹתַ]נִי וּבַהֲמוֹן
רַחֲמֶיכָה לְכוֹל מִשְׁפְּטֵי 39 [צֶדֶק ׳ וַאֲנִי אִי]שׁ טָמֵ[א וּמֵרֶחֶם הוֹרִיָּתִי
בְּאַשְׁמַת מַעַל וּמִשְּׁדֵי אִמִּי]בְעַוְלָה וּבְחֵיק 40 [אוֹמַנְתִּי לְרוֹב נִדָּה וּמִנְּעוּרַי
בְּדָמִים וְעַד שֵׂיבָה בַּעֲוֹן בָּשָׂר ׳ וְאַתָּ]ה אֵלִי 41 [כּוֹנַנְתָּה רַגְלִי בְּדֶרֶךְ
לִבְּכָה ׳ וְלִשְׁמוּעוֹת פִּלְאֲכָה גִּלִּיתָה אוֹזְנִי וְלִבִּי לְהָבִין] בַּאֲמִתְּךָ

Kol. XVI

1 [אֲטוּמִם אוֹזֶן בְּלִמּוּדֶיכָה עַד אֲשֶׁר וְרוּחַ נַעֲוָה]
2 [בְּלוֹא דַעַת הִכְאַתָה מִתְּכָמֵי וְכִבּוּד לֵב]◦[ ]◦◦◦◦[וְאֵין לִי עוֹד]
3 [לְמִכְשׁוֹל עָוֺן ׳ כִּי תִגְלֶה יְשׁוּעָתְכָה] וְצִדְקָתְכָה תָּכִין לָעַד ׳ כִּי לֹא לְאָ[דָם
דַּרְכּוֹ ׳] 4 [כּוֹל אֵלֶּה לִכְבוֹדְכָה עָ]שִׂיתָה ׳ *vacat*
5 אוֹ[דְכָה אֲדוֹנָי כִּי נְ]תַתַּנִי בִמְקוֹר נוֹזְלִים בַּיַּבָּשָׁה וּמַבּוּעַ מַיִם בְּאֶרֶץ צִיָּה
וּמַשְׁקֵי 6 גַן וַאֲגַם ◦◦◦◦ הַשָּׂדֶה מַטַּע בְּרוֹשׁ וְתִדְהָר עִם תְּאַשּׁוּר יַחַד
לִכְבוֹדְכָה עֲצֵי 7 חַיִּים בְּמַעְיַן רָז מְחוּבָּאִים בְּתוֹךְ כּוֹל עֲצֵי מָיִם ׳ וְהָיוּ
לְהַפְרִיחַ נֵצֶר לְמַטַּעַת עוֹלָם 8 לְהַשְׁרִישׁ טֶרֶם יַפְרִיחוּ וְשׁוֹרָשֵׁיהֶם לְיוּבַ[ל]
יְשַׁלֵּחוּ ׳ וְיִפָּתַח לְמַיִם חַיִּים [a]יגזעו 9 וַיְהִי לִמְקוֹר עוֹלָם ׳ וּבְנֵצֶר עָלָיו יִרְעוּ
כּוֹל חַ[יְ]ת יַעַר וּמִרְמַס גִּיזְעוֹ לְכָל עוֹבְרֵי 10 דֶרֶךְ וְדָלִיתוֹ לְכָל עוֹף כָּנָף ׳

a גִּיזְעוֹ

deines Erbarmens[559], **34** um sie hinzustellen vor dich für alle Ewigkeiten[560]. Denn ein ewiger Gott[561] bist du, und all deine Wege stehen fest für immer **35** und ewig[562], und keiner ist außer dir[563]. Also, was ist dieser, ein Mensch der Inhaltsleere und einer voll Windhauch[564], um verstehen zu können deine wunderbaren Taten/Werke[565], **36** die großen? *leer*

37 Ich lobe dich, Herr, denn nicht hast du geworfen mein Los[566] in die Gemeinde der Falschheit[567], in den Kreis der Heuchler[568] hast du nicht meine Bestimmung gesetzt. **38** Sondern du hast mich berufen zu deinen Gnadenerweisen[569], und zu deinen Vergebungen hast du mich gebracht und in die Fülle deines Erbarmens gemäß allen gerechten **39** [Urteilen[570]. Aber ich,] ein unreiner Mensch bin ich[571], [und vom Mutterleib derer, die mich empfangen, in der Schuld der Treulosigkeit und seit meiner Mutterbrust] im Unrecht[572] und am Busen **40** [meiner Amme in Berührung mit großer Unreinheit und seit meiner Jugend in Blutschuld und bis ins Alter in der Bosheit des Fleisches[573].] Aber du, mein Gott, **41** [du hast meinen Fuß gestellt auf den Weg deines Herzens[574]. Und für deine wunderbaren Botschaften[575] hast du mein Ohr geöffnet[576], und mein Herz[577], um mir verständlich zu machen] deine Wahrheit[578]

Kol. 16

1 [Ich verschließe mein Ohr[579] für deine Lehren, bis dass und einen verkehrten Geist] **2** [ohne Erkenntnis[580] du vertrieben hast aus meinen Eingeweiden und Hartherzigkeit[581]] [und nicht mehr für mich] **3** [zum Stolperstein der Schuld[582] wird. Denn du offenbarst deine Hilfe[583],] und deine Gerechtigkeit gründest du fest für immer. Denn nicht vermag der Mensch [über seinen Weg zu bestimmen[584].] **4** [All dies hast du um deiner Herrlichkeit willen]getan[585]. *leer*

5 Ich lobe dich, Herr, denn du hast mich gegeben an einen Quellort von Bächen in der Trockenheit[586] und eine Wasserquelle[587] in trockenem Land[588] und eine Bewässerung **6** eines Gartens und ein Teich[589] [ ] des Feldes, eine Pflanzung von Wacholder und Pinie mit Zypresse[590] gemeinsam um deiner Herrlichkeit willen, Bäume **7** des Lebens[591] an geheimnisvoller Quelle[592], verborgen inmitten aller Bäume am Wasser[593]. Und sie sind (dort), um einen Spross zu treiben[594] für eine ewige Pflanzung[595], **8** um Wurzeln zu schlagen, ehe sie austreiben; und ihre Wurzeln sollen sie zum Wasserlauf ausstrecken[596]. Und es öffnet sich zum Wasser des Lebens[597] sein Wurzelstock **9** und wird zu einer ewigen Quelle[598]. Und an seines Laubwerks Trieb(en) sollen weiden alle Tiere des Waldes[599], und ein Weideplatz (soll sein) sein Wurzelstock für alle, die des Weges **10** kommen, und sein Gezweig für alle gefiederten Vögel[600]. Aber es werden sich erheben über ihn

וְיֵרֹמּוּ עָלָיו כּוֹל עֲ[צֵי] מַיִם כִּי בְמַטַּעְתָּם יִתְשַׂגְשְׂגוּ 11 וְאֶל יוּבָל לֹא יְשַׁלְּחוּ
שׁוֹרֶשׁ ׳ וּמַפְרִיחַ נֵצֶר קֹ[וֹ]דֶשׁ לְמַטַּעַת אֱמֶת סוֹתֵר בְּלוֹא 12 נֶחְשָׁב וּבְלֹא
נוֹדָע חוֹתֵם רָזוֹ ׳ וְאַתָּה[אֵ]ל שַׂכְתָּה בְעַד פִּרְיוֹ בְרָז גִּבּוֹרֵי כוֹחַ
13 וְרוּחוֹת קוֹדֶשׁ וְלַהַט אֵשׁ מִתְהַפֶּכֶת בַּל יָ[בוֹא זָ]ר בְּמַעְיַן חַיִּים וְעִם עֲצֵי
עוֹלָם 14 לֹא יִשְׁתֶּה מֵי קוֹדֶשׁ בַּל יְנוֹבֵב פִּרְיוֹ עִם מַטַּע שְׁחָקִים ׳ כִּי רָאָה
בְלֹא הִכִּיר 15 וַיַּחֲשׁוֹב בְּלֹא הֶאֱמִין לִמְקוֹר חַיִּים וְיִתֵּן יְבוּ[וֹ]ל פֶּרַח עוֹלָם ׳
וַאֲנִי הָיִיתִי לְ[בִ]זְאֵי נְהָרוֹת 16 שׁוֹטְפִים כִּי גָרְשׁוּ עָלַי רִפְשָׁם ׳ *vacat*
17 וְאַתָּה אֵלִי שַׂמְתָּה בְפִי כְּיוֹרֶה גֶשֶׁם לְכוֹל ◦[ ]◦ וּמַבּוּעַ מַיִם חַיִּים וְלֹא
יְכַזֵּב לִפְתּוֹחַ 18 הַשָּׁמַיִם ׳ לֹא יָמִישׁוּ וְיִהְיוּ לְנַחַל שׁוֹטֵף עַ[ל כּוֹל עֲצֵי] מַיִם
וּלְיַמִּים לְאֵין חֵקֶר ׳ 19 פִּיתְאוֹם יַבִּיעוּ מְחוּבָּאִים בַּסֵּתֶר ◦[ ]◦
וְיִהְיוּ לְמֵי מְרִ[יבָה לְכוֹל עֵץ] 20 לַח וְיָבֵשׁ וּמְצוּלָה לְכוֹל חַיָּה וַעֲצֵ[י]
כְּעוֹפֶרֶת בְּמַיִם אַדִּירִי[ם] 21 בְּשְׁבִיבֵי אֵשׁ יֵבָשׁוּ ׳ וּמַטַּע פְּרִי
מְ]קוֹר עוֹלָם לְעֵדֶן כָּבוֹד וּפְאֵ[רַת עַד ׳] 22 וּבְיָדִי פָּתַחְתָּה ◦[
מְקוֹרָם עִם מ פְלָגַ[י]דם לִפְנוֹת עַל קַו נָכוֹן וּמַטַּע 23 עֲצֵיהֶם
עַל מִשְׁקֶלֶת הַשֶּׁמֶשׁ לא◦[ ]◦ו [b]לְפְאֵרַת כָּבוֹד ׳ בַּהֲנִיפִי יָד לַעֲזוֹק
24 פְּלָגָיו יַכּוּ שָׁרָשָׁיו בְּצוּר חַלָּמִישׁ ו[ ]◦ו בָּאָרֶץ גִּזְעָם וּבְעֵת חוֹם יַעֲצוֹר
25 מָעוֹז ׳ וְאִם אָשִׁיב יָד יִהְיֶה כַּעֲרֹעֵר[בַּמִּדְבָּר]וְגִזְעוֹ כַּחֲרֻלִּים בִּמְלֵחָה ׳
וּפְלָגָיו 26 יַעַל קוֹץ וְדַרְדַּר לְשָׁמִיר וָשַׁיִת ו◦◦[ ]שְׂפָתוֹ יֵהָפְכוּ כַעֲצֵי
בְאוּשִׁים ׳ לִפְנֵי 27 חוֹם יִבּוֹל עָלָיו וְלֹא נִפְתַּח עִם מָטָר ◦◦[ ]◦ מָגוֹר
עִם חוֹלָיִים וּמ[ ]ע לֵב 28 בַּנְּגִיעִים ׳ וָאֶהְיֶה כְּאִישׁ נֶעֱזָב בְּיָגוֹן [ ]◦◦
אֵין מָעוֹז לִי כִּי פָרַח נִגְ[י]עִי 29 לִמְרוֹרִים וּכְאוֹב אָנוּשׁ לְאֵין עֲצוֹר כּוֹחַ ׳
[וַתְּהִי מָה]וּמָה עָלַי כְּיוֹרְדֵי שְׁאוֹל וְעִם 30 מֵתִים [c]יֶחְפֵּשׂ רוּחִי כִּי הִגִּיעוּ
לַשַּׁחַת חַיַּ[י]תִּתְעַטֵּף נַפְשִׁי יוֹמָם וָלַיְלָה 31 לְאֵין מָנוֹחַ ׳ וַיִּפְרַח כְּאֵשׁ
בּוֹעֵר עָצוּר בַּעֲצָמַי ׳ עַד יְמִימֶיהָ תּוֹאכַל [d]שלבתה 32 לְהָתֵם כּוֹחַ לַקִּצִּים
וּלְבַלּוֹת בָּשָׂר עַד מוֹעֲדִים ׳ וְיִתְעוֹפְפוּ עָלַי מִשְׁבָּרִים 33 וְנַפְשִׁי עָלַי תִשְׁתּוֹחַח

[b] oder לְפָארַת
[c] oder יְחַפֵּשׂ
[d] שַׁלְהֶבֶת

alle Bäume am Wasser[601], weil sie in ihrer Pflanzung hochwuchern[602], **11** aber
zum Wasserlauf die Wurzel nicht ausstrecken. Aber er treibt einen heiligen
Spross für eine Pflanzung der Wahrheit, verborgen, nicht **12** beachtet und nicht
erkannt als Siegel seines Geheimnisses[603]. Aber du, Gott, hast seine Frucht
ringsum beschützt[604] durch das Geheimnis kraftvoller Helden[605] **13** und heiliger
Geister[606] und lodernder Feuerflamme[607], damit kein Fremder an die Quelle des
Lebens komme[608] und weder zusammen mit den ewigen Bäumen **14** trinke
heiliges Wasser noch seine Frucht bringe[609] zusammen mit der Pflanzung in den
Wolken. Denn der sieht ohne wahrzunehmen, **15** und er erwägt, ohne auf die
Quelle des Lebens zu vertrauen, und er gibt hin den Ertrag der ewigen Pflanze.
Aber ich, ich gehörte zu den von flutenden Strömen[610] **16** Hinweggeschwemm-
ten, da sie auf mich ihren Schlamm geworfen haben[611]. *leer*

17 Aber du, mein Gott, du hast mir in den Mund gelegt[612] wie Frühregen[613]
für alle [ ] und eine Quelle lebendigen Wassers, die nicht trügt[614], um zu
öffnen **18** den Himmel[615]. Sie versiegen nicht und werden zu einem flutenden
Bach[616] über alle Bäume am Wasser und zu Meeren grenzenlos[617]. **19** Plötzlich
quellen hervor die im Verborgenen versteckten [ ] und sie werden zu
Wassern des Streits[618] [für jeden Baum,] **20** sei er grün oder dürr[619], und eine
Tiefe für jedes Lebewesen, und die Bäume [ ] wie Blei in mächtigen
Wassern[620] [ ] **21** in Feuerflammen verdorren sie. Aber die Pflanzung der
Frucht [ ] ewige Quelle zu herrlicher Wonne und [ewiger Pracht.] **22** Und
durch mich hast du geöffnet ihre Quelle mit Wasserläufen von [ ] um sich
der zuverlässigen Messschnur zuzuwenden und die Pflanzung **23** ihrer Bäume
nach der Ausrichtung der Sonne zu [ ] zu herrlicher Pracht[621]. Wenn ich
die Hand ausstrecke[622], um seine Gräben **24** zu hacken, schlagen sie ihre
Wurzeln in Kieselgestein und [ ] in die Erde ihren Wurzelstock[623], so dass
er zur Zeit der Hitze (seine) Kraft **25** behält. Aber wenn ich die Hand zurück-
ziehe[624], wird er wie ein Wacholder [in der Wüste[625]] und sein Wurzelstock wie
Unkräuter im Salzboden. Und in seinen Gräben **26** wuchern empor Dornen und
Disteln zu Dornen- und Distelgestrüpp[626] und [ ] seines Ufers verwandeln
sich in Bäume mit schlechten Früchten[627]. Vor **27** der Hitze verdorrt sein
Laubwerk[628] und öffnet sich auch nicht bei Regen [ ] Grauen mit Krank-
heiten und [ ] des Herzens **28** mit Plagen. Aber ich war wie ein Mann, allein
gelassen in Kummer [ ] ohne Kraft für mich, denn es spross meine Plage
29 zu Bitternissen und unheilbarem Schmerz[629], so dass es nicht mehr möglich
war, Kraft aufzubringen[630]. Und Schrecken [kam] über mich[631] wie (über) die,
die zur Unterwelt hinabfahren[632], und bei **30** den Toten wäre mein Geist zu
suchen[633], denn schon hatte mein Leben die Grube erreicht[634] [ ] verzagte
meine Seele[635] Tag und Nacht **31** ohne Ruhe. Und sie sprießt hoch[636] wie bren-
nendes Feuer, eingeschlossen in meinen Gebeinen[637]. Für viele Tage frisst die
Flamme, **32** um die Kraft zu rauben[638] für alle Zeiten und das Fleisch auszu-
zehren[639] auf Dauer. Und Brecher fliegen auf mich zu, **33** so dass meine Seele
bedrückt ist in mir[640] bis zur Vernichtung, denn verschwunden ist meine Kraft

לְכָלָה כִּי נִשְׁבַּת מָעוּזִּי מִגְוִיָּתִי וְיִנָּגֵר כַּמַּיִם לִבִּי וְיִמַּס **34** כַּדּוֹנַג בְּשָׂרִי וּמָעוֹז
מוֹתְנַי הָיָה לַבֶּהָלָה ' וְתִשָּׁבֵר זְרוֹעִי מִקָּנֶיהָ וְ[אֵ]ין לְהָנִיף יָד ' **35** וְרַגְלִי
נִלְכְּדָה בְּכֶבֶל וַיֵּלְכוּ כַּמַּיִם בִּרְכַּי וְאֵין לִשְׁלוֹחַ פַּעַם וְלֹא מִצְעָד לְקוֹל רַגְלַי '
36 וַחֲזוֹק זְרוֹעִי רוּתְּקוּ בְּזִקֵּי מִכְשׁוֹל ' וְלָשׁוֹן הִגְבַּרְתָּה בְּפִי בְלֹא נֶאֱסְפָה וְאֵין
לְהָרִים **37** קוֹל וּלְהַאֲזִין לְמוּדִים לְחַיּוֹת רוּחַ כּוֹשְׁלִים וְלָעוּת לְעָאֵף דָּבָר '
נֶאֱלַם מַזַּל שְׂפָתַי **38** מִפַּלָּצוּת ' בַּקּוּ מִשְׁפָּט לוּחַ לִבִּי ◦וּת◦◦ ◦◦◦[ ]אוּ
בִּמְרוֹרִים[ ]◦ לְבָב ◦◦◦כרים מֶמְשֶׁלֶת **39** בְּבִיצְ[רֵ]י]לים
וַאֲ[נִי]ל[נֶ]פֶשׁ הִתְבַּלְּעָה **40** חָכְ[מָ]תָם]◦ נֶאֶלְמוּ
כְּאַיִן **41** ◦[ ] אֱנוֹשׁ[e] לְאֵי[ן]

Kol. XVII

1 [ ] אֲפֵלָה ◦◦[ ]
2 [ ] הוֹפִ]יעַ לִמְדָנִים בַּלַּיְלָה וּב◦◦◦◦[ ]
3 [ ]◦◦◦[ ] לְאֵין רַחֲמִים ' בְּאַף יְעוֹרֵר קִנְאָה וּלְכָלָה ◦◦◦[ ]
4 מִשְׁבְּרֵי מָוֶת וּשְׁאוֹל עַל יְצוּעַי ' עַרְשִׂי בְקִינָה תִשָּׂא וּמִ[טָּתִי] בְּקוֹל אֲנָחָה '
5 עֵינִי כְעָשׁ בְּכִבְשָׁן וְדִמְעָתִי כְנַחֲלֵי מַיִם ' כָּלוּ לְמָנוֹחַ עֵינַי וּ[מָעוּזִּ]י עֹמֵד לִי
6 מֵרָחוֹק וְחַיַּי מִצַּד ' וַאֲנִי מִשֹּׁאָה לִמְשׁוֹאָה וּמִמַּכְאוֹב לְנֶגַע וּמֵחֲבָלִים
7 לְמִשְׁבָּרִים תְּשׂוֹחַח נַפְשִׁי בְנִפְלְאוֹתֶיכָה וְלֹא הִזְנַחְתַּנִי בַּחֲסָדֶיכָה ' מִקֵּץ
8 לְקֵץ [a]תשת שע[a] נַפְשִׁי בַּהֲמוֹן רַחֲמֶיכָה ' וְאָשִׁיבָה לִמְבַלְּעַי דָּבָר
9 וּלְמִשְׁתּוֹחֲחַי בִּי תוֹכֵחַת ' וְאַרְשִׁיעָה דִינוֹ וּמִשְׁפָּטְכָה אַצְדִּיק כִּי יָדַעְתִּי
10 בַּאֲמִתְּכָה וְאֶבְחֲרָה בְמִשְׁפָּטִי וּבִנְגִיעַי רָצִיתִי כִּי יִחַלְתִּי לַחֲסָדֶיכָה ' וַתִּתֵּן
11 תְּחִנָּה בְּפִי עַבְדְּכָה וְלֹא גָעַרְתָּה חַיַּי וּשְׁלוֹמִי לֹא הִזְנַחְתָּה וְלֹא עָזַבְתָּה
12 תִקְוָתִי וְלִפְנֵי נֶגַע הֶעֱמַדְתָּה רוּחִי ' כִּי אַתָּה יִסַּדְתָּה רוּחִי וַתֵּדַע מְזִמָּתִי
13 וּבְצוּקוֹתַי נִחַמְתַּנִי וּבִסְלִיחוֹת אֶשְׁתַּעֲשֵׁעַ וְאֶנָּחֲמָה עַל פֶּשַׁע רִאשׁוֹן '

[e] oder אָנוּשׁ (vgl. Z. 29)
Kol. XVII: [a-a] תִּשְׁתַּעֲשַׁע

aus meinem Leib, und wie Wasser fließt hin mein Herz, und wie Wachs **34** zerschmilzt mein Fleisch[641], und die Kraft meiner Hüften unterliegt dem Verfall. Und mein Arm ist aus seinem Gelenk gebrochen[642], so dass es unmöglich ist, die Hand auszustrecken. **35** Und mein Fuß ist in einer Fessel gefangen[643], und wie Wasser gehen meine Knie dahin[644], so dass es unmöglich ist, einen Schritt voran zu tun, und kein Schritt (geschieht) beim Schall meiner Füße. **36** Und die Kraft meines Arms haben sie in Fesseln gelegt, die straucheln lassen. Und der Zunge, die du stark gemacht hast in meinem Mund, damit sie nicht verging, war es nicht möglich, die Stimme **37** zu erheben[645] und Lehren hören zu lassen, um den Geist der Strauchelnden zu beleben[646] und den Müden zu stärken durch ein Wort[647]. Verstummt ist die Äußerung meiner Lippen[648] **38** angesichts des Schauderns. Sie haben verwüstet das Recht(mäßige) der Tafel meines Herzens[649] [ ] zu Bitternissen [ ] Herz [ ] Herrschaft **39** über die Gebilde [ ] Aber ich [ ] Seele wurde verschlungen
40 ihre Weisheit[650] [ ] sind sie verstummt wie nichts
41 [ ] Mensch/unheilbar, so dass nicht

Kol. 17

1 [ ] Dunkel/Trübsinn [ ]
2 [ ] schien auf zu Hader in der Nacht [ ]
3 [ ] ohne Erbarmen. Im Zorn entfacht er die Leidenschaft[651], und zur Vernichtung [ ] **4** Wellen des Todes[652], und die Unterwelt an meinem Lager. Mein Bett stimmt ein Klagelied an und meine Lagerstatt eine Seufzerstimme[653]. **5** Mein Auge (ist) wie eine Motte im Schmelzofen, und meine Tränen (sind) wie Wasserbäche[654]. Nach Ruhe schmachten meine Augen[655], und meine Kraft steht mir **6** fern und mein Leben abseits. Aber ich, von Vernichtung zur Verwüstung[656] und vom Schmerz zur Plage[657] und von Wehen **7** zu Krampfwellen[658], sinnt meine Seele (dennoch) nach über deine Wundertaten[659], und nicht hast du mich verstoßen aufrund deiner Gnadenerweise. Von (festgesetzter) Zeit **8** zu Zeit[660] ergötzt sich meine Seele[661] an der Fülle deines Erbarmens[662]. So will ich denen, die mich verschlingen (wollen), Antwort geben **9** und denen, die mich bedrücken, Zurechtweisung; und ich will für schuldig erklären sein Urteil[663], aber dein Gericht für gerecht erklären[664], denn ich erkenne **10** deine Wahrheit[665], und ich will mein Gericht erwählen, und meine Plagen akzeptiere ich[666], denn ich harre auf deine Gnadenerweise[667]. Und du gabst **11** eine Bitte um Gnade in den Mund[668] deines Knechtes und hast mein Leben nicht getadelt, und mein Wohlergehen hast du nicht verstoßen[669] und nicht im Stich gelassen **12** meine Hoffnung, sondern angesichts der Plage hast du meinen Geist standhaft gemacht[670]. Denn du, du hast meinen Geist gegründet und kennst mein Denken, **13** und in meinen Bedrängnissen hast du mich getröstet,

14 וָאֵדְעָה כִ[י] יֵשׁ מִקְוֶה בַחֲסָדֶיכָה וְתוֹחֵלָה בְרוֹב כּוֹחֶכָה ' כִּי לֹא יִצְדַּק
15 כּוֹל בְּמִשְׁפָּטְכָה וְלֹא יִזְכֶּ[ה]בְרִ'בֶכָה ' אֱנוֹשׁ מֵאֱנוֹשׁ יִצְדַּק וְגֶבֶר מֵרֵעֵהוּ
16 יַשְׂכִּיל וּבָשָׂר מִיֵּצֶר ◦[ ]◦ יִכְבַּד וְרוּחַ מֵרוּחַ תִּגְבַּר ' וְכִגְבוּרָתְכָה אֵין
17 בְּכוֹחַ וְלִכְבוֹדְכָה אֵין[ו]לְחָכְמָתְכָה אֵין מִדָּה וְלַאֲמִתְּ[כָה]◦◦◦ם
18 וּלְכוֹל הַנֶּעֱזָב מִמֶּנָּה [ ] וַאֲנִי בְכָה הִצַּ[בְתִּי יָדִי וּבַחַסְדְּכָה]
19 עִמָּדִי וְלֹא הַמ◦[ ]בְּאַנְשֵׁי רִיבִי ◦◦[ ]
20 וּכְזוֹמֵם לִי ת◦[ ]◦ וְאִם לְבוֹשֶׁת פָּנִים כּוֹל[ ]◦◦בו
21 לִי וְאַתָּה בר[וְלֹא]יִתְגַּבֵּר צָרַי עָלַי לְמִכְשׁוֹל לְמ◦[לְכ]וֹל
22 אַנְשֵׁי מִלְחַמְ[תִּי וּלְבַעֲלֵי רִיבִי בוֹ]שֶׁת פָּנִים וּכְלִמָּה לְנִרְגְּנֵי בִי ' *vacat*
23 כִּי אַתָּה אֵלִי לְ֗מוֹ[עֵד] תָּרִיב רִיבִי כִּי בְרָז חָכְמָתְכָה הוֹכַחְתָּה בִי
24 וַתֶּחְבֵּא אֱמֶת לְקֵץ[ ] מוֹעֲדוֹ ' וַתְּהִי תוֹכַחְתְּכָה לִי לְשִׂמְחָה וְשָׂשׂוֹן
25 וּנְגִיעַי לְמַרְפֵּא עָ[וֹלָם וּשְׁלוֹם]נֶצַח ' וּבוּז צָרַי לִי לִכְלִיל כָּבוֹד וְכִשְׁלוֹנִי
לִגְבוּרַת 26 עוֹלָם ' כִּי בְשִׂכְלְכָ[ה הוֹדַעְתַּנִי]וּבִכְבוֹדְכָה הוֹפִיעַ אוֹרִי כִּי
מָאוֹר מֵחוֹשֶׁךְ 27 הֲאִירוֹתָה ל◦◦◦◦◦◦[לְמַחַ]ץ מַכָּתִי וּלְמִכְשׁוֹלִי גְבוּרַת
פֶּלֶא וּרְחוֹב 28 עוֹלָם בְּצָרַת נַפְשִׁי ' כִּי[אַתָּה מְפַלְטִי]מְנוּסִי מִשְׂגַּבִּי סֶלַע
עוּזִי וּמְצוּדָתִי ' בְכָה 29 אֶחֱסָיָה מִכּוֹל מַכְאוֹב [נַפְשִׁי ' הוֹשַׁעְתָּה] לִי לְפֶלֶט
עַד עוֹלָם ' כִּי אַתָּה מֵאָבִי 30 יְדַעְתַּנִי וּמֵרֶחֶם [הִקְדַּשְׁתַּנִי וּמִבֶּטֶן] אִמִּי
גָּמַלְתָּה עָלַי וּמִשְּׁדֵי הוֹרִיָּתִי רַחֲמֶיךָ 31 לִי וּבְחֵיק אוֹמַנְתִּי רוֹב[חֲסָדֶ]יכָה
וּמִנְּעוּרַי הוֹפַעְתָּה לִי בְּשֵׂכֶל מִשְׁפָּטֶכָה ' 32 וּבֶאֱמֶת נָכוֹן סְמַכְתַּנִי וּבְרוּחַ
קוֹדְשְׁכָה תְּשַׁעְשְׁעֵנִי וְעַד הַיּוֹם [אַ]תָּה תְנַהֲלֵנִי ' 33 וְתוֹכַחַת צִדְקְכָה עִם
נַ[עֲ]וֵיתִי וּמִשְׁמַר שְׁלוֹמְכָה לְפַלֵּט נַפְשִׁי ' וְעִם מִצְעָדַי 34 רוֹב סְלִיחוֹת וַהֲמוֹן
רַחֲמִים בְּהִשָּׁפֶטְכָה בִי וְעַד שֵׂיבָה אַתָּה תְכַלְכְּלֵנִי ' כִּיא 35 אָבִי לֹא יְדָעַנִי

und an den Vergebungen ergötze ich mich[671] und will bereuen die Sünde von früher[672]. **14** Und ich erkannte, dass es Hoffnung gibt[673] aufgrund deiner Gnadenerweise und eine Perspektive aufgrund deiner großen Kraft. Denn niemand ist gerecht **15** in deinem Gericht[674] oder unschuldig in deinem Prozess[675]. Ein Mensch mag gerechter sein als ein anderer Mensch, und ein Mann weiser als sein Freund **16** und ein Fleisch(wesen) geehrter als ein Gebilde von [ ] und ein Geist sich stärker erweisen als ein anderer Geist; doch deiner Macht ist nichts gleich **17** an Kraft, und für deine Herrlichkeit gibt es kein(e)[676] [ ] und für deine Weisheit kein Maß und für deine Wahrheit [ ] **18** und für jeden, der von ihr verlassen ist, [ ] Aber ich, in dir festige ich meine [Kraft[677], und in deiner Gnade ist] **19** mein Stand[678], und nicht [ ] mit den Männern, die mit mir im Streit liegen[679] [ ] **20** und wie das Planen gegen mich [ ] Und wenn zu Schande bedeckt ist das Angesicht[680], alle [ ] **21** für mich, doch du hast [und nicht] wird sich mein Feind über mich erheben zum Stolperstein[681] [ ] für alle **22** Männer, die gegen mich Krieg führen[682] und all die, die mit mir im Streit liegen, ein mit Schande bedecktes Angesicht und Schmach für die, die gegen mich murren. *leer*

23 Denn du, mein Gott, zur festgesetzten Zeit [der/des] führst du meinen Rechtsstreit[683], denn im Geheimnis deiner Weisheit[684] hast du mich zurechtgewiesen, **24** und verbargst Wahrheit[685] bis zum Ende [ ] zu seiner festgesetzten Zeit. Und deine Zurechtweisung wurde mir zu Freude[686] und Jubel[687] **25** und meine Plagen zu ewiger Heilung und [Frieden] auf immer[688]; und die Schmach meiner Feinde (wurde) mir zur Ehrenkrone[689] und mein Straucheln zu ewiger **26** Macht[690]. Denn deine Einsicht [hast du mir kundgetan], und durch deine Herrlichkeit scheint mein Licht auf, denn eine Leuchte aus der Finsternis **27** hast du aufleuchten lassen[691], um [ ] für die Wunde des mir zugefügten Schlags[692] und für mein Straucheln wunderbare Macht[693] und ewige **28** Weite in der Bedrängnis meiner Seele[694]. Denn [du bist mein Zufluchtsort,] meine Zuflucht, meine Fluchtburg, der Fels meiner Stärke und meine Festung. Bei dir **29** will ich mich bergen[695] vor allem Schmerz [meiner Seele. Du bist mir zu Hilfe gekommen] zur Rettung auf ewig. Denn du, von meinem Vater her **30** hast du mich ausersehen und vom Mutterleib an [mich geheiligt und vom Bauch] meiner Mutter an[696] mir Gutes erwiesen, und von den Brüsten derer, die mich empfangen, an (war) dein Erbarmen **31** bei mir und am Busen meiner Amme deine reichen Gnadenerweise, und seit meiner Jugend[697] bist du mir aufgeschienen in der Einsicht in dein Gericht. **32** Und mit fester Wahrheit[698] hast du mich gestützt und mit deinem heiligen Geist mich ergötzt, und bis heute hast du, du mich geleitet. **33** Und deine gerechte Zurechtweisung gab es bei meiner Verkehrtheit, aber deinen friedlichen Schutz zur Rettung meiner Seele. Und mit meinen Schritten (sind) **34** reiche Vergebungen[699] und Fülle des Erbarmens, wenn du mit mir ins Gericht gehst, und bis ins Alter wirst du, du mich umsorgen[700]. Denn **35** mein Vater hat mich nicht erkannt und

וְאִמִּי עָלֶיכָה עֲזָבַתְנִי כִּי אַתָּה אָב לְכוֹל בְּנֵי אֲמִתְּכָה וְתָגֵל 36 עֲלֵיהֶם
כִּמְרַחֶמֶת עַל עוּלָהּ וּכְאוֹמֵן בְּחֵיק תְּכַלְכֵּל לְכוֹל מַעֲשֶׂיכָה '

37 *vacat*

38 בָּרוּךְ אַתָּ[ה אֲדוֹנָי]ל[ ]∘∘∘[ ]ר הִגְבַּרְתָּה עַד אֵין מִסְפָּר

39 [וּלְהַלֵּ]ל שִׁמְכָה בְּהַפְלֵא מְאֹדָ[ה]

40 [לְאֵ]ין הַשְׁבֵּת ל[ ]

41 [וּלְפִי] שִׂכְלוֹ יְהַלֵּל[שִׁמְכָה]

Kol. XVIII

[1-2]

3 [בְּ]מַחֲשַׁבְתְּכָה נִהְיָה כ[וֹל וּ]בִמְזִמַּת לִבְּכָה תוּ[כָ]ן '[וּמִבַּלְעָדֶיכָה
לֹא] 4 [יֵעָשֶׂה]כוֹל וּבְלוֹא רְצוֹנְכָה לֹא יִהְיֶה וְלֹא יִתְבּוֹנֵן כּוֹל בְּחוֹכְ[מָתְכָה]

5 וּבְ[סוֹד] רָזֶיכָה לֹא יַבִּיט כּוֹל ' וּמָה [a]אפהו אָדָם וַאֲדָמָה הוּא חֵ[מַר]

6 קוֹרָץ וְלֶעָפָר תְּשׁוּבָתוֹ כִּי תַשְׂכִּילֶנּוּ בְנִפְלָאוֹת כָּאֵלֶּה וּבְסוֹד אֲמִ[תְּכָה]

7 תוֹדִיעֶנּוּ ' וַאֲנִי עָפָר וָאֵפֶר ' מָה אֶזוֹם בְּלוֹא חֲפַצְתָּה וּמָה אֶתְחַשֵּׁב

8 בְּאֵין רְצוֹנֶכָה ' מָה אֶתְחַזֵּק בְּלֹא הֶעֱמַדְתָּנִי ' וְאֵיכָה [b]אכשיל בְּלֹא יְצַרְתָּה

9 לִי ' וּמָה אֲדַבֵּר בְּלֹא פָתַחְתָּה פִּי ' וְאֵיכָה אָשִׁיב בְּלוֹא הִשְׂכַּלְתָּנִי '

10 הִנֵּה אַתָּה שַׂר אֵלִים וּמֶלֶךְ נִכְבָּדִים וְאָדוֹן לְכוֹל רוּחַ וּמוֹשֵׁל בְּכָל מַעֲשֶׂה '

11 וּמִבַּלְעָדֶיכָה לֹא יֵעָשֶׂה כוֹל וְלֹא יִוָּדַע בְּלוֹא רְצוֹנֶכָה ' וְאֵין זוּלָתְךָ

12 וְאֵין עִמְּכָה בְּכוֹחַ וְאֵין לְנֶגֶד כְּבוֹדְכָה וְלִגְבוּרָתְכָה אֵין מְחִיר ' וּמִי

13 בְכוֹל מַעֲשֵׂי פִלְאֲכָה הַגְּדוֹלִים יַעֲצוֹר כּוֹחַ לְהִתְיַצֵּב לִפְנֵי כְבוֹדֶכָה '

14 וּמָה [c]אפהוא שָׁב לַעֲפָרוֹ כִּי יַעֲצוֹר כּוֹחַ ' רַק לִכְבוֹדְכָה עָשִׂיתָה כוֹל אֵלֶּה '

15 *vacat*

[a] אַף הוּ

[b] אַשְׂכִּיל

[c] אַף הוּא

meine Mutter hat mich dir überlassen[701], denn du (bist) ein Vater für alle Söhne
deiner Wahrheit[702] und freust dich **36** über sie wie eine liebevolle Mutter über
ihr Kind, und wie ein Pfleger sorgst du am Busen[703] für all deine Geschöpfe.
37 *leer*

38 Gepriesen seist du, [Herr] hast du dich als machtvoll
erwiesen unzählige Male[704] **39** [ ] um zu lobpreisen deinen
Namen[705], wenn du überaus wunderbar handelst[706] **40** [ ] ohne
Ende[707] [ ] **41** [ ] und entsprechend seiner
Einsicht soll er lobpreisen[708] [deinen Namen]

Kol. 18

[1-2]
3 [durch] dein Planen ist alles geworden[709] und ist durch den Plan deines
Herzens[710] bestimmt. [Und ohne dich] **4** [geschieht] überhaupt nichts[711], und
ohne deinen Willen entsteht nichts[712], und niemand versteht deine Weisheit,
5 und in den Ratschluss deiner Geheimnisse hat niemand Einblick. Und was ist
er denn, der Mensch[713]? Nur Ackerboden ist er, geformter **6** Lehm[714], und
zum Staub geht seine Rückkehr[715] – dass du ihm Einsicht gibst in Wunder-
taten[716] wie diese und ihm den Ratschluss deiner Wahrheit[717] **7** kundtust? Aber
ich (bin) Staub und Asche[718]; was kann ich planen, ohne dass du es wünschst,
und was kann ich mir ausrechnen **8** ohne dein Wohlgefallen? Wie kann ich mich
als stark erweisen, wenn du mich nicht standhaft machst[719]? Und wie soll ich
Einsicht gewinnen, wenn du sie mir nicht bildest? **9** Und was soll ich aus-
sprechen, wenn du mir nicht den Mund öffnest[720]? Und wie soll ich antworten,
wenn du mir nicht Einsicht gibst? **10** Siehe, du bist ein Fürst der himmlischen
Wesen und ein König der Angesehenen und ein Herr für jeden Geist und ein
Herrscher über jedes Geschöpf/Werk. **11** Und ohne dich geschieht überhaupt
nichts, und nichts wird erkannt ohne deinen Willen[721]. Und keiner ist außer
dir[722], **12** und keiner dir gleich an Kraft[723] und keiner annähernd deiner Herr-
lichkeit, und für deine Macht gibt es keine Vergleichsgröße[724]. Denn welches
13 unter all deinen wunderbaren und großen Werken[725] könnte die Kraft auf-
bringen[726], vor deiner Herrlichkeit zu bestehen? **14** Und was ist der denn, der
zu seinem Staub zurückkehrt, dass er die(se) Kraft aufbrächte? Nur um deiner
Herrlichkeit willen hast du dies alles gemacht[727].
15 *leer*

16 בָּרוּךְ אַתָּה אֲדוֹנָי אֵל הָרַחֲמִים וְ[רֹב הַ]חֶסֶד כִּי הוֹדַעְתַּנִי אֵלֶּה לְסַפֵּר
17 נִפְלְאוֹתֶכָה וְלֹא לְהַס יוֹמָם וָלַיְלָה[ ]א לְךָ כוֹל הַחַיִל ◦ב◦רב[ ]◦◦
18 לְחַסְדְּכָה בְּגָדוֹל טוּבְכָה וְרוֹ[ב רַחֲמֶיכָה ' וַאֲנִי]אֶשְׁתַּעֲשְׁעָה בִסְ[לִיחוֹתֶיכָה]
19 כִּי נִשְׁעַנְתִּי בַּאֲמִתְּכָה [ ]◦◦כה [וְ]אֵין◦◦◦◦[בְּלֹא]
20 מצב◦◦כה וּבְלֹא יֶדְכָ[ה אֵין מִשְׁפָּט וּבְלוֹא]מִגְעַרְתְּכָה אֵין מִכְשׁוֹל[וְאֵין]
21 נֶגַע בְּלוֹא יְדַעְתָּה וְלֹ[א יֵעָשֶׂה כוֹל בְּלֹא רְצוֹ]נֶכָה ' *vacat*
22 וַאֲנִי לְפִי דַעְתִּי בַּאֲמִתְּ[כָה אֲזַמְּרָה בְחַסְדְּכָה] וּבְהַבִּיטִי בִכְבוֹדְכָה
אֲסַפְּרָה 23 נִפְלְאוֹתֶיכָה וּבַהֲבִינִי בְּסֹ[וד פִּלְאֲכָה אוֹחִיל]לַ[הֲ]מוֹן רַחֲמֶיכָה
וְלִסְלִיחוֹתֶיכָה 24 אֲקַוֶּה ' כִּי אַתָּה יָצַרְתָּה רוּ[חַ עַבְדְּכָה וְכִרְצ]וֹנְכָה
הֲכִינוֹתָנִי ' וְלֹא נָתַתָּה 25 מִשְׁעָנִי עַל בֶּצַע וּבְהוֹן [חָמָס לֹא לִ]בִּי וְיֵצֶר
בָּשָׂר לֹא שַׂמְתָּה לִי מָעוֹז ' 26 חֵיל גִּבּוֹרִים עַל רוֹב עֲדָנִים [וְיִשְׁתַּעֲשְׁעוּ
בְ]רוֹב דָּגָן תִּירוֹשׁ וְיִצְהָר ' 27 וְיִתְרוֹמְמוּ בְּמִקְנֶה וְקִנְיָן [וְיִפְרְחוּ כְעֵץ רַ]עֲנָן
עַל פַּלְגֵי מַיִם לָשֵׂאת עָלֶה 28 וּלְהַרְבּוֹת עָנָף ' כִּי בָחַרְתָּה[בָם מִכּוֹל בְּנֵי
]אָדָם וּלְהַדְּשֵׁן כּוֹל מֵאֶרֶץ ' 29 וְלִבְנֵי אֲמִתְּכָה נָתַתָּה שֵׂכֶל ◦◦◦[ ]◦ת
עַד וּלְפִי דַעְתָּם יְכֻבְּדוּ 30 אִישׁ מֵרֵעֵהוּ ' וְכֵן לְבֶן אָדָם ◦[בְּאִי]שׁ
הִרְבֵּיתָה נַחֲלָתוֹ 31 בְּדַעַת אֲמִתְּכָה וּלְפִי דַעְתּוֹ י◦ב◦[כִּ]י נֶפֶשׁ
עַבְדְּכָה תִעֲבָה הוֹן 32 וָבֶצַע וּבְרוּם עֲדָנִים לֹא ◦◦◦◦◦ ' כִּי שָׂשׂ לִבִּי בִבְרִיתְכָה
וַאֲמִתְּכָה 33 תְּשַׁעֲשַׁע נַפְשִׁי ' וְאֶפְרְחָה כְשׁוֹשַׁנָּה וְלִבִּי נִפְתַּח לִמְקוֹר עוֹלָם '
34 וּמִשְׁעַנְתִּי בְּמָעוֹז מָרוֹם ו◦◦◦◦ ◦◦◦ ◦◦◦ עָמָל ' וְיִבּוֹל כְּנֵץ לִפְנֵי רוּחַ
35 וְיִתְהוֹלֵל לִבִּי בְחַלְחָלָה וּמוֹתְנַי בִּרְעָדָה ' וְנַהֲמָתִי עַד תְּהוֹם תָּבוֹא
36 וּבְחַדְרֵי שְׁאוֹל תְּחַפֵּשׂ יַחַד ' וְאֶפְחֲדָה בְשׁוֹמְעִי מִשְׁפָּטֶיכָה עִם גִּבּוֹרֵי
37 כוֹחַ וְרִיבְכָה עִם צְבָא קְדוֹשֶׁיכָה בַּשָּׁמַיִם ו[ ]שה
38 וּמִשְׁפָּט בְּכוֹל מַעֲשֶׂיכָה וְצֶדֶק י◦◦[ ]ל
39 [ ]◦◦◦◦◦[ ]
40 [ ]◦תי
41 [ ]◦עוני

16 Gepriesen seist du, Herr, Gott des Erbarmens und der [reichen] Gnade[728], denn du hast mir dies kundgetan, um zu verkünden **17** deine Wundertaten[729] und nicht zu verstummen bei Tag und Nacht [ ] dir (gehört) alles Vermögen[730] [ ] **18** für deine Gnade in deiner großen Güte und deinem reichen [Erbarmen[731]. Aber ich,] ich will mich ergötzen an deinen Vergebungen[732], **19** denn ich habe mich auf deine Wahrheit gestützt. [ ] und kein [ohne] **20** dein [ ] und ohne deine Hand [kein Gericht[733] und ohne] dein Tadeln kein Straucheln und keine] **21** Plage, ohne dass du es kennst, und überhaupt [nichts geschieht ohne] deinen Willen. *leer*

22 Aber ich, entsprechend meiner Erkenntnis um deine Wahrheit[734] [will ich deine Gnade besingen[735]], und wenn ich deine Herrlichkeit schaue, will ich verkünden **23** deine Wundertaten, und da ich [deinen wunderbaren] Ratschluss[736] verstehe, [harre ich] auf die Fülle deines Erbarmens[737], und auf deine Vergebungen **24** hoffe ich[738]. Denn du, du hast gebildet den Geist[739] [deines Knechtes], und nach deinem Willen hast du mich begründet. Und nicht hast du gesetzt **25** mein Vertrauen[740] auf unrechtmäßige Bereicherung, und auf gewalttätig erworbenen [Reichtum[741] nicht] meines Herzens, und ein Gebilde von Fleisch[742] hast du mir nicht zur Zuflucht gemacht[743]. **26** Das Vermögen von Helden (beruht) auf reichen Wonnen[744], [und sie ergötzen sich an] reichlich Korn, Most und Öl[745]. **27** Und sie brüsten sich mit Besitz und Eigentum, [und sie blühen auf wie ein grünender] Baum an Wasserläufen[746], um Laubwerk zu tragen **28** und das Gezweig zu vermehren. Denn du hast sie erwählt [aus allen] Menschenkindern, damit sich erquicken alle von der Erde[747]. **29** Aber den Söhnen deiner Wahrheit[748] hast du Einsicht gegeben [ ] immer, und entsprechend ihrer Erkenntnis genießen sie Ansehen, **30** der eine mehr als sein Freund[749]. Und so dem Menschenkind [dem] einen Mann hast du sein Erbteil vermehrt **31** durch Erkenntnis deiner Wahrheit[750], und entsprechend seiner Erkenntnis [ ] denn die Seele deines Knechtes verabscheut[751] Reichtum **32** und unrechtmäßige Bereicherung, und am Überfluss der Wonnen [ ] sie nicht. Vielmehr freut sich mein Herz[752] an deinem Bund, und deine Wahrheit **33** ergötzt meine Seele[753]. Und so blühe ich auf wie eine Lotosblume[754], und mein Herz öffnet sich zu einer ewigen Quelle[755]. **34** Und mein Vertrauen (geht) auf die Zuflucht in der Höhe[756], und [ ] Mühsal. Und es verdorrt wie eine Blüte vor dem Wind[757] **35** und bebt wie wild mein Herz vor Angst und meine Hüften im Schlottern[758]. Und mein Stöhnen dringt vor bis zur Urflut[759], **36** und in den Kammern der Unterwelt verkriecht es sich gründlich. Und ich erzittere, wenn ich höre von deinen Urteilen[760] über kraftvolle **37** Helden[761] und deinem Prozess gegen das Heer deiner Heiligen im Himmel[762], und [ ] **38** und das Gericht über all deine Geschöpfe/Werke, und Gerechtigkeit [ ] 39 [ ]○○○○○[ ]

40 [ ]○*tj*

41 [ ]○*‘wnj*

Kol. XIX

[1-3]

4 בְּפַחַד מַדְהוּב [ ]◦ עָמָל מֵעֵינַי וְיָגוֹן ◦[ ]מִגְוִיָּתִי וּב◦◦◦ן ◦◦ [ ]
5 בַּהֲגִי לִבִּי ' *vacat* [ ] *vacat*
6 אוֹדְכָה אֵלִי כִּי הִפְלֵיתָה עִם עָפָר וּבְיֵצֶר חֵמָר הִגְבַּרְתָּה מוֹדֶה [a] מודה ' וַאֲנִי
מַה כִיא 7 [הֲ]בִינוֹתַנִי בְּסוֹד אֲמִתְּכָה וַתַּשְׂכִּילֵנִי בְּמַעֲשֵׂי פִּלְאֲכָה וַתִּתֵּן בְּפִי
הוֹדוֹת וּבִלְשׁוֹנִי 8 תְ[הִ]לָּה וּמַזַּל שְׂפָתַי בִּמְכוֹן רִנָּה ' וַאֲזַמְּרָה בַחֲסָדֶיכָה
וּבִגְבוּרָתְכָה אֲשׂוֹחֲחָה כוֹל 9 הַיּוֹם ' תָּמִיד אֲבָרְכָה שִׁמְכָה וַאֲסַפְּרָה
כְּבוֹדְכָה בְּתוֹךְ בְּנֵי אָדָם וּבְרוֹב טוּבְכָה 10 תִשְׁתַּעֲשַׁע נַפְשִׁי ' וַאֲנִי יָדַעְתִּי
כִּי אֱמֶת פִּיכָה וּבְיָדְכָה צְדָקָה וּבְמַחֲשַׁבְתְּכָה 11 כוֹל דֵּעָה וּבְכוֹחֲכָה כוֹל
גְּבוּרָה וְכוֹל כָּבוֹד אִתְּכָה הוּא ' בְּאַפְּכָה כוֹל מִשְׁפְּטֵי נֶגַע 12 וּבְטוּבְכָה רוֹב
סְלִיחוֹת וְרַחֲמֶיכָה לְכוֹל בְּנֵי רְצוֹנֶכָה ' כִּי הוֹדַעְתָּם בְּסוֹד אֲמִתְּכָה 13 וּבְרָזֵי
פִלְאֲכָה הִשְׂכַּלְתָּם ' וּלְמַעַן כְּבוֹדְכָה טִהַרְתָּה אֱנוֹשׁ מִפֶּשַׁע לְהִתְקַדֵּשׁ
14 לְכָה מִכּוֹל תּוֹעֲבוֹת נִדָּה וְאַשְׁמַת מַעַל לְהִוָּחֵד עִם בְּנֵי אֲמִתֶּךָ וּבְגוֹרָל עִם
15 קְדוֹשֶׁיכָה לְהָרִים מֵעָפָר תּוֹלַעַת מֵתִים לְסוֹד אֲ[מִתְּכָה] וּמֵרוּחַ נַעֲוָה
לְבִינָתְכָה 16 וּלְהִתְיַצֵּב בְּמַעֲמָד לְפָנֶיכָה עִם צְבָא עַד וְרוּחוֹ[ת עוֹלָם]
וּלְהִתְחַדֵּשׁ עִם כּוֹל ה[וֹוֶה] 17 וְנִהְיָה וְעִם יָדְעִים בְּיַחַד רִנָּה ' *vacat* [ ]
18 [וַאֲנִ]י אוֹדְכָה אֵלִי אֲרוֹמִמְכָה צוּרִי וּבְהַפְלֵא[ ] 19 [ ] כִּי
הוֹדַעְתַּנִי סוֹד אֱמֶת וּבְרָזֵ[י פֶלֶא הִשְׂכַּלְתַּנִי וַהֲבִינוֹתַנִי בְּנִפְלְאוֹתֶיכָה]
20 [וְנִסְ]תְּרוֹתֶיכָה גִלִּיתָה לִי ' וָאַבִּיט ב[ ]◦◦י חֶסֶד ' וָאֵדְעָה
21 [כִּי] לְכָה הַצֶּדֶק וּבַחֲסָדֶיכָה יִשָּׁפְט[וּ]ה וְכָלָה בְלוֹא רַחֲמֶיךָ '
22 וַאֲנִי נִפְתַּח לִי מָקוֹר לְאֵבֶל מְרוֹרִים [ ]וְלֹא נִסְתַּר עָמָל מֵעֵינָי '
23 בְדַעְתִּי יִצְרֵי גֶבֶר וּתְשׁוּבַת אֱנוֹשׁ אֶתְ[בּוֹנְנָה וָאַכִּירָה אֶ]בֶל חַטָּאָה וִיגוֹן
24 אַשְׁמָה ' וַיָּבוֹאוּ בִלְבָבִי וַיִּגְּעוּ בַעֲצָמַי ל◦[ ]◦ים וְלַהֲגוֹת הֲגִי

[a] Dittographie

Kol. 19

[1-3]
4 im Terror der Drangsal [ ] Mühsal aus meinen Augen[763] und Kummer
[ ] aus meinem Leib und [ ] **5** im Sinnen meines Herzens. *leer*

6 Ich lobe dich, mein Gott[764], denn du hast wunderbar gehandelt am Staub[765],
und am Gebilde von Lehm hast du dich überaus machtvoll erwiesen. Aber ich,
was (bin ich), dass **7** du mir verständlich gemacht hast den Ratschluss deiner
Wahrheit[766] und mir Einsicht gabst in deine wunderbaren Taten/Werke[767] und
Loblieder gabst in meinen Mund[768] und auf meine Zunge **8** Lobpreis[769] und die
Äußerung meiner Lippen[770] an eine Stätte des Jubels? Und so will ich besingen
deine Gnadenerweise und über deine Macht nachsinnen[771] den ganzen **9** Tag.
Beständig will ich deinen Namen preisen[772] und deine Herrlichkeit verkün-
den[773] inmitten der Menschenkinder[774], und an deiner reichen Güte[775] **10** er-
götzt sich meine Seele[776]. Und ich, ich habe erkannt, dass Wahrheit dein Mund
ist und in deiner Hand Gerechtigkeit und in deinem Planen **11** alle Erkenntnis
und in deiner Kraft alle Macht, und alle Herrlichkeit – bei dir ist sie. In deinem
Zorn (kommen) alle Plagegerichte[777], **12** aber in deiner Güte reiche Vergebun-
gen[778] und Erbarmen für alle Söhne deines Wohlgefallens[779]. Denn du hast ihnen
kundgetan den Ratschluss deiner Wahrheit[780] **13** und in deine wunderbaren
Geheimnisse hast du ihnen Einsicht gegeben[781]. Und wegen deiner Herrlich-
keit[782] hast du den Menschen gereinigt von Sünde[783], damit er sich heiligen
kann **14** für dich von allen Gräueln der Unreinheit und der Schuld der Treu-
losigkeit[784], um gemeinschaftlich verbunden zu sein[785] mit den Söhnen deiner
Wahrheit[786] und im Los mit **15** deinen Heiligen[787], um aufzurichten aus dem
Staub den Wurm der Toten[788] zum Ratschluss deiner Wahrheit und aus dem
verkehrten Geist[789] zu deiner Einsicht, **16** damit er sich aufstellen kann an
einem Standort vor dir zusammen mit dem unvergänglichen Heer[790] und den
[ewigen] Geistern[791] und sich erneuern kann mit allem Sein **17** und Geworde-
nen[792] und mit den Kundigen[793] im gemeinschaftlichen Jubel[794]. *leer*

18 Und ich, auch lobe ich dich, mein Gott, und ich erhebe dich[795], mein Fels[796],
und wenn (du) wunderbar handelst[797] [ ] **19** [ ] denn du
hast mir kundgetan den Ratschluss der Wahrheit, und in wunderbare [Geheim-
nisse hast du mir Einsicht gegeben und mir verständlich gemacht deine Wun-
dertaten[798]] **20** und deine verborgenen Dinge mir geoffenbart[799]. Und ich
schaute [ ] der Gnade. Und ich erkannte, **21** dass bei dir Gerechtigkeit
(ist)[800], und aufgrund deiner Gnadenerweise gerichtet werden[801] [die]
und Vernichtung ohne dein Erbarmen. **22** Aber mir, mir hat sich geöffnet eine
Quelle[802] zu bitterer Trauer [ ] und nicht blieb Mühsal meinen Augen
verborgen[803]. **23** Als ich erkannte das Sinnen des Mannes[804] und die Rückkehr
des Menschen verstand[805], [da wurde mir bewusst] die Trauer um die Sünde und
der Kummer um **24** die Schuld. Und sie kamen in mein Herz[806] und drangen ein

25a וַאֲנָחָה בְכִנּוֹר קִינָה לְכוֹל אֵבֶל יָג[וֹ]ן[ ]

25 יָגוֹן [b] וּמִסְפַּד מְרוֹרִים עַד כַּלּוֹת עַוְלָה וְאֵ[ין מַכְאוֹב]וְאֵין נֶגַע לְהֶחֱלוֹת '
וְאָז 26 אֲזַמְּרָה בְכִנּוֹר יְשׁוּעוֹת וְנֵבֶל שִׂמְחָ[ה וְתוֹף גִּי]לָה וַחֲלִיל תְּהִלָּה לְאֵין
27 הַשְׁבֵּת ' וּמִי בְכוֹל מַעֲשֶׂיכָה יוּכַל לְסַפֵּר כּוֹ[ל נִפְלְאוֹתֶי]כָה ' בְּפִי כוּלָּם
יְהוּלַּל 28 שִׁמְכָה לְעוֹלְמֵי עַד יְבָרְכוּכָה כְּפִי שִׂכְלָ[ם וּבְכוֹל קִצִּ]ים יַשְׁמִיעוּ
יַחַד 29 בְּקוֹל רִנָּה ' וְאֵין יָגוֹן וַאֲנָחָה וְעַוְלָה לֹא[תִּמָּצֵא עוֹד '] וַאֲמִתְּכָה
תוֹפִיעַ 30 לִכְבוֹד עַד וּשְׁלוֹם [c]עוֹלוֹם ' בָּרוּךְ אַתָּה[אֲדוֹנָי אֲ]שֶׁר נָתַתָּה
לְעַבְדְּכָה 31 שֵׂכֶל דֵּעָה לְהָבִין בְּנִפְלְאוֹתֶיכָה וּ[מַ]עֲ[נֵה לָשׁוֹן לְ]סַפֵּר בְּרוֹב
חֲסָדֶיכָה ' 32 בָּרוּךְ אַתָּה אֵל הָרַחֲמִים וְהַחֲנִינָה כִּגְדוֹ[ל]כ[ו]חֲכָה וְרוֹב
אמתכה והמו[ן] 33 חסדיכה בכול מעשיכה ' שמח נפש עבדכה
בַּאֲמִתְּכָה וְטַהֲרֵנִי 34 בְּצִדְקָתְכָה כַּאֲשֶׁר יִחַלְתִּי לְטוּבְכָה וְלַחֲסָדֶיכָה אֲקַוֶּה '
וְלִסְלִיחוֹתֶ[י]כָה 35 פִּתַּחְתָּה מִשְּׁבָרַי וּבִיגוֹנִי נִחַמְתַּנִי כִּיא [d]נשנתי בְרַחֲמֶיכָה '
בָּרוּךְ אַתָּ[ה] 36 אֲדוֹנָי כִּי אַתָּה פָּעַלְתָּה אֵלֶּה וַתָּשֶׂם בְּפִי עַבְדְּכָה הוֹדוֹת
תְּ[הִ]לָּ[ה] 37 וּתְחִנָּה וּמַעֲנֵה לָשׁוֹן ' וַהֲכִינוֹתָה לִי פְּעוּלַּ[ת]
38 וְאֶעֱצוֹ[ר כּוֹחַ]ל[ ]ב[ ]ל[ ]◦[ ]
39 וְאַתָּה[ ]
40 אֲמִתְּ[כָה]
41 וא[ ]
42 ◦◦◦[ ]

Kol. XX

1 [רוּחַ הַתּוֹעָה וְנַעֲוָה בְדַעַת לִבִּי וְאֶשְׁכְּחָה]
2 [נֶגַע מַכְאוֹבִי וּמוּסַר אַכְזָרִי לֹא אֶזְכּוֹר עוֹד]
3 [וְלוֹא ל ה לְפָנֶיכָה כשׁ]

[b] nach 4QH[a] 1,4 ist an dieser Stelle Z. 25a einzufügen
[c] עוֹלָם
[d] נִשְׁעַנְתִּי

in mein Gebein[807], um [ ] und um auszulösen kummervolles **25** Sinnen **25a** und Seufzen zur Klage-Leier wegen all der kummervollen Trauer[808] **25** und bittere Wehklage[809] bis zur Vernichtung des Unrechts[810], also ohne [Schmerz] und ohne krank machende Plage[811]. Dann aber **26** will ich lobsingen zur Leier der Rettungstaten und Harfe der Freude [und Pauke] des Jubels und Flöte des Lobpreises[812] ohne **27** Ende[813]. Aber wer unter all deinen Geschöpfen vermag zu verkünden all deine Wundertaten[814]? Durch ihrer aller Mund soll lobgepriesen werden **28** dein Name[815] für alle Ewigkeiten, sie sollen dich preisen gemäß ihrer Einsicht[816], [und für alle] Zeiten[817] sollen sie erschallen lassen gemeinschaftlich **29** die Stimme des Jubels[818]. Kein Kummer und Seufzen[819] (mehr), und Unrecht wird nicht [mehr zu finden sein[820].] Und deine Wahrheit wird aufscheinen **30** zu immerwährender Herrlichkeit und ewigem Frieden[821]. Gepriesen seist du, [Herr,] der du deinem Knecht gegeben hast **31** die Einsicht der Erkenntnis[822], um zu verstehen deine Wundertaten, und angemessene Antwort[823], um deine reichen Gnadenerweise zu verkünden[824]. **32** Gepriesen seist du, Gott des Erbarmens und der gnädigen Zuwendung, wegen deiner großen Kraft[825] und deiner reichen Wahrheit und der Fülle **33** deiner Gnadenerweise in all deinen Taten/Werken[826]. Erfreue die Seele deines Knechtes mit deiner Wahrheit[827] und reinige mich **34** durch deine Gerechtigkeit[828], wie ich geharrt habe auf deine Güte und auf deine Gnadenerweise hoffe. Und durch deine Vergebungen **35** hast du meine Krämpfe gelöst[829], und in meinem Kummer hast du mich getröstet, denn ich stütze mich auf dein Erbarmen. Gepriesen seist du, **36** Herr, denn du hast dies getan und legtest in den Mund[830] deines Knechtes Loblieder des Lobpreises **37** und Bitte um Gnade und angemessene Antwort. Und du bestimmtest für mich das Handeln[831] [der/des] **38** Und ich bringe [die Kraft] auf[832], um [ ]
39 Aber du [ ] **40** deine(r) Wahrheit [ ]
41 *w'*[ ]
42 ○○○[ ]○

Kol. 20

1 [ein verirrter und verkehrter Geist[833], in der Erkenntnis meines Herzens[834]
und ich will vergessen] **2** [meine schmerzhafte Plage
und meiner grausamen Züchtigung will ich nicht mehr gedenken] **3** [und nicht vor dir] **4** [ ] meine Seele wird weit

4 [ ]◦ ◦[ ]◦]◦תִּרְחַב נַפְשִׁי[◦ר ל]◦[ ]◦[ ]◦[5]ה[
בְּשִׂמְחָה וְ[שָׂשׂוֹן ' וְאֵשְׁבָ]ה לָבֶטַח [a]בִּמְעוֹן שָׁ[לוֹם •קוֹ[דש• בְּ]שֶׁקֶט וְשַׁלְוָה
6 [בְּשָׁלוֹ]ם וּבְרָכָה[a] בְּאָהֳלֵי כָבוֹד וִישׁוּעָה ' וַאֲהַלְלָה שִׁמְכָה בְּתוֹךְ יְרֵאֶיכָה '
7 [לְמַשְׂכִּיל ה]ודות וּתְפִלָּה לְהִתְנַפֵּל וְהִתְחַנֵּן תָּמִיד מִקֵּץ לְקֵץ ' עִם מְבוֹא
אוֹר 8 לְמֶמְשַׁ[לְתּוֹ]בִתְקוּפוֹת יוֹם לְתִכּוּנוֹ לְחוּקוֹת מָאוֹר גָדוֹל בִּפְנוֹת עֶרֶב
וּמוֹצָא 9 אוֹר בְּרֵשִׁית [b]מֶמְשֶׁלֶת חוֹשֶׁךְ לְמוֹעֵד לַיְלָה בִּתְקוּפָתוֹ לִפְנוֹת בוֹקֶר
וּבְקֵץ 10 הֵאָסְפוֹ אֶל מְעוֹנָתוֹ מִפְּנֵי אוֹר לְמוֹצָא לַיְלָה וּמְבוֹא יוֹמָם תָּמִיד
בְּכוֹל 11 מוֹלְדֵי עֵת יְסוֹדֵי קֵץ [c]וּתְקוּפַת מוֹעֲדִים בְּתִכּוּנָם בְּאוֹתוֹתָם
לְכוֹל 12 מֶמְשַׁלְתָּם בְּתִכּוּן נֶאֱמָנָה מִפִּי אֵל וּתְעוּדַת הוֹוֶה ' וְהִיאָה
תִהְיֶה 13 וְאֵין אֶפֶס וְזוּלָתָהּ לוֹא הָיָה וְלוֹא יִהְיֶה עוֹד כִּי אֵל הַדֵּעוֹת
14 הֱכִינָהּ וְאֵין אַחֵר עִמּוֹ ' וַאֲנִי מַשְׂכִּיל יְדַעְתִּיכָה אֵלִי בָרוּחַ
15 אֲשֶׁר נָתַתָּה בִּי וְנֶאֱמָנָה שָׁמַעְתִּי לְסוֹד פִּלְאֲכָה ' בְּרוּחַ קוֹדְשֶׁכָה
16 [פָּ]תַחְתָּה לְתוֹכִי דַעַת בְּרָז שִׂכְלְכָה וּמַעְיַן גְּבוּרָתְ[כָה]ה בְּתוֹךְ
17 [יְרֵאֶיכָ]ה לְרוֹב חֶסֶד וְקִנְאַת כָּלָה וְהִשְׁבַּתָּ[ ]
18 [ ]לְ[ ]בַהֲדַר כְּבוֹדְכָה לְאוֹר עוֹלָ[ם]
19 [מִ]פַּחַד רִשְׁעָה וְאֵין רְמִיָּה וְ[ול]
20 [ ]מוֹעֲדֵי שְׁמָמָה כִּיא אֵין עָ[וֹד]
21 [וְ]אֵין עוֹד מַדְהֵבָה כִּיא לִפְנֵי אַפְּכָ[ה]
22 [ ]ב◦ יַחְפְּזוּ וְאֵין צַדִּיק עִמְּכָה[ ]כה
23 וּ[לְ]הַשְׂכִּיל בְּכוֹל רָזֶיכָה [d]ולשיב דָּבָר[עַל מִשְׁפָּטֶיכָה]
24 בְּתוֹכַחְתְּכָה וּלְטוּבְכָה יְצַפּוּ ' כִּיא בְחַסְדְּ[כָה כּוֹ]ל
25 יוֹדְעֶיכָה ' וּבְקֵץ כְּבוֹדְכָה יָגִילוּ וּלְפִי ◦[כִּי]א כְשִׂכְלָם
26 הִגַּשְׁתָּם וּלְפִי מֶמְשַׁלְתָּם יְשָׁרְתוּכָה לְמִפְלַגֵ[יהֶם לֹא לָ]שׁוּב מִמְּכָה
27 וְלוֹא לַעֲבוֹר עַל דְּבָרֶכָה ' וַאֲנִי מֵעָפָר לֻקַּחְ[תִּי וּמֵחֵמָר קֹ]וֹרַצְתִּי
28 לִמְקוֹר נִדָּה וְעֶרְוַת קָלוֹן מְקוֵי עָפָר וּמִגְבָּל[בַּמַּיִם סוֹד רִמָּ]ה וּמְדוֹר

[a-a] oder בִּמְעוֹן שָׁלוֹם וּבְרָכָה (4QH[a] 3,2) bzw. בִּמְעוֹן שֶׁקֶט וְשַׁלְוָה בְּשָׁלוֹם וּבְרָכָה (4QH[b] 12 ii 1)

[b] oder מֶמְשְׁלוֹת (4QH[a] 8 ii 12)

[c] oder וּתְקוּפוֹת (4QH[a] 8 ii 14)

[d] וּלְהָשִׁיב

[ ] **5** [ ] in Freude und [Jubel[835]. Und ich werde] wohnen in Sicherheit[836] an einem Ort[837] des Friedens in Ruhe und Sorglosigkeit[838], **6** in Frieden und Segen[839] in den Zelten der Herrlichkeit und Rettung[840]. Dann will ich lobpreisen deinen Namen[841] inmitten derer, die dich fürchten[842].

7 [Für den Maśkil[843].] Loblieder und Gebet, um niederzufallen und um Gnade zu flehen beständig von (festgesetzter) Zeit zu Zeit[844]: Mit dem Eintritt des Lichts[845] **8** in seinen Herrschaftsbereich, an den Wenden des Tages gemäß seiner Ordnung[846], gemäß den Gesetzen des großen Lichts[847], wenn der Abend sich ankündigt[848] und der Ausgang **9** des Lichts, zu Beginn der Herrschaft der Finsternis für den Zeitraum der Nacht[849], bei ihrer Wende, wenn der Morgen sich ankündigt[850], und zur Zeit **10** ihres Rückzugs an ihre Stätte[851] vor dem Licht, zum Ausgang der Nacht und mit Eintritt des Tages[852], beständig zu allen **11** Anfängen[853] der Zeit, Grundlagen der Zeit und zur Wende der Festzeiten gemäß ihrer Ordnung, bei ihren Zeichen für all **12** ihre Herrschaft, in der durch Gottes Mund festgesetzten Ordnung und Bestimmung des Seins. Und die bleibt bestehen **13** und (ist) ohne Ende[854], und außer ihr war nichts und wird nichts mehr sein[855], denn der Gott der Erkenntnis[856] **14** hat sie begründet, und kein anderer (ist) neben ihm[857]. Aber ich, der Maśkil[858], habe dich erkannt, mein Gott[859], durch den Geist, **15** den du in mich gegeben hast[860], und Verlässliches habe ich gehört hinsichtlich deines wunderbaren Ratschlusses[861]. Durch deinen heiligen Geist[862] **16** hast du tief in mir eröffnet die Erkenntnis in das Geheimnis deiner Einsicht[863] und die Quelle deiner Macht[864] [ ] inmitten **17** derer, die dich fürchten, zu reicher Gnade, aber ebenso zur Leidenschaft der Vernichtung[865], und du hast ein Ende gemacht[866] [ ] **18** [ ] in der Pracht deiner Herrlichkeit[867] zu ewigem Licht[868] [ ] **19** [ ] vor dem Terror des Frevels, und kein Trug und [ ] **20** [ ] festgesetzte Zeiten der Verwüstung, denn nicht mehr [ ] **21** [ ] und kein Unheil mehr, denn vor deinem Zorn[869] [ ] **22** [ ] sind sie verängstigt, denn niemand ist gerecht außer dir [ ] **23** und um Einsicht zu gewinnen in all deine Geheimnisse[870] und eine Antwort zu geben [auf deine Urteile[871]] **24** auf deine Zurechtweisung, und nach deiner Güte halten sie Ausschau. Denn in deiner Gnade [ ] alle, **25** die dich erkennen[872]. Und in der Zeit deiner Herrlichkeit werden sie jauchzen, und gemäß [ ], denn gemäß ihrer Einsicht **26** lässt du sie herantreten[873], und entsprechend ihrer Herrschaft dienen sie dir in ihren Abteilungen [ohne sich] abzukehren von dir **27** und ohne dein Wort zu übertreten[874]. Aber ich, vom Staub hast du mich genommen[875] [und aus Lehm] hast du mich geformt[876] **28** zu einer Quelle der Unreinheit[877] und schmachvoller Schande[878], ein Häufchen Staub und Geknetetes [mit Wasser[879], ein Rat] des Gewürms[880] und eine Behausung **29** der

29 חוֹשֶׁךְ ' וּתְשׁוּבַת עָפָר לְיֵצֶר חֵמָר בְּקֵץ אַפְּ[כָה   יָ]שׁוּב עָפָר
30 אֶל אֲשֶׁר לֻקַּח מִשָּׁם ' וּמַה יָּשִׁיב עָפָר וָאֵפֶר[עַל מִשְׁפָּטְכָה וּמַ]ה יָּבִין
31 [בְּמַ]עֲשָׂיו וּמַה יִּתְיַצֵּב לִפְנֵי מוֹכִיחַ בּוֹ ' ו∘∘∘ [   ]קוֹדֶשׁ
32 [   ]∘ עוֹלָם וּמִקְוֵי כָבוֹד וּמְקוֹר דַּעַת וּגְבוּרַת[פֶּלֶ]א ' וְהֵמָּה לוֹא
33 [יוּכְ]לוּ לְסַפֵּר כּוֹל כְּבוֹדְכָה וּלְהתְיַצֵּב לִפְנֵי אַפְּכָה ' וְאֵין לְהָשִׁיב דָּבָר
34 עַל תּוֹכַחְתְּכָה כִּיא צָדַקְתָּה וְאֵין לְנֶגְדְּכָה ' וּמָה [e]אפהו שָׁב אֶל עֲפָרוֹ '
35 וַאֲנִי נֶאֱלַמְתִּי וּמָה אֲדַבֵּר עַל זוֹת ' כְּדַעְתִּי דִּבַּרְתִּי [f]מְצוּרוֹק יֵצֶר חֵמֶר ' וּמָה
36 אֲדַבֵּר כִּיא אִם פָּתַחְתָּה פִּי ' וְאֵיכָה אָבִין כִּיא אִם הִשְׂכַּלְתַּנִי ' וּמָה אֲדַ[בֵּר]
37 בְּלוֹא גִלִּיתָה לִבִּי ' וְאֵיכָה אֲיַשֵּׁר דֶּרֶךְ כִּיא אִם הֲכִינוֹתָ[ה פְּ]עָמַ[י ' וּמָה]
38 תַּעֲמוֹד פְּעָמַ[י אֵין מִתְ]חַזֵּק בְּכוֹחַ ' וְאֵיכָה אֶתְקוֹמֵם[כִּיא אִם   ]
39 וְכוֹל ∘∘[   ]∘ פְּעָמַי בְּאֵ[ין   ]
40 ה[   ]
41 כ∘[   ]
42 ו∘[   ]

Kol. XXI

[1]
2 [פֶּ]שַׁע יְלוּד אִ[שָּׁה]
3 [   ]יכה וְצִדְקָתְכָה
4 [' וְ]אֵ[י]כָ[ה] אַכִּי[ר]בְּ[ל]וֹא רָאִיתִי זוֹת
5 [וְאָבִין בָּאֵלֶּה בְּלוֹא הִשְׂכַּלְתַּנִי ' וְאֵיכָ]ה אַבִּיט בְּלוֹא גִלִּיתָה עֵינַי וְאֶשְׁמְעָה
6 [בְּלוֹא   ]∘∘∘∘ ' הָשֵׁם [לְ]בָבִי כִּיא לַעֲרַל אוֹזֶן נִפְתַּח דָּבָר וְלֵב
7 [הָאֶבֶן יִתְבּוֹנֵן בְּנִ]פְלָאוֹת ' וָאֵדְעָה כִּיא לְכָה עָשִׂיתָה אֵלֶּה אֵלִי ' וּמַה בָּשָׂר
8 [כִּיא   כ]ה לְהַפְלִיא וּבְמַחֲשַׁבְתְּכָה לְהַגְבִּיר וּלְהָכִין כּוֹל לִכְבוֹדֶכָה
9 [   ]∘ בִּצְבָא דַעַת לְסַפֵּר לְבָשָׂר גְּבוּרוֹת וְחוּקֵּי נְכוֹנוֹת לִילוּד
10 [אִשָּׁה '   ]הֲבִיאוֹתָה בִּבְרִית עִמְּכָה וַתְּגַל לֵב עָפָר לְהִשָּׁמֵר

[e] אַף הוּ
[f] oder מַצוּרוֹק bzw. מִצוּרוֹק

Finsternis[881]. Und Rückkehr zum Staub (ist bestimmt)[882] dem Gebilde von Lehm[883] in der Zeit deines Zorns [ ] der Staub kehrt zurück **30** dorthin, von wo er genommen wurde[884]. Und was kann Staub und Asche[885] antworten [auf deine Urteile, und was] versteht er **31** von seinen Taten/Werken[886], und wie kann er bestehen vor dem, der ihn zurechtweist[887]? [ ] Heiligkeit **32** [ ] (der) Ewigkeit und Sammlung der Herrlichkeit[888] und Quelle der Erkenntnis[889] und wunderbare(r) Macht[890]. Aber sie, nicht **33** vermögen sie zu verkünden all deine Herrlichkeit[891] und zu bestehen vor deinem Zorn. Und keine Antwort ist zu geben **34** auf deine Zurechtweisung, denn du bist gerecht, und niemand besteht vor dir[892]. Und was ist der denn, der zu seinem Staub zurückkehrt? **35** Aber ich, ich bin verstummt[893]; und was kann ich diesbezüglich sagen? Gemäß meiner Erkenntnis habe ich gesprochen, ich Haufen eines Gebildes von Lehm. Und was **36** kann ich sagen, wenn du mir nicht den Mund öffnest[894]? Und wie kann ich verstehen, wenn du mir nicht Einsicht gibst? Und was kann ich sagen, **37** ohne dass du mein Herz öffnest[895]? Und wie kann ich den Weg bahnen[896], wenn du nicht meine Schritte bestimmst[897]? [Und wie] **38** kann mein Schritt bestehen, ohne dass du ihn standhaft machst in Kraft? Und wie kann ich mich erheben, [wenn (du) nicht] **39** und alle [ ] meinen Schritt, ohne [ ] 40 *h*[ ]
41 *k*○[ ]
42 *w*○[ ]

Kol. 21

[1]
2 [ ] Sünde des von einer Frau Geborenen[898]
3 [ ] und deine Gerechtigkeit
4 [ ] Und wie kann ich dessen bewusst werden, ohne dass ich dies gesehen habe[899], **5** [oder dies verstehen, ohne dass du mich belehrst[900]? Und] wie kann ich Einblick haben, ohne dass du meine Augen öffnest[901], oder hören, **6** [ohne dass] Verstört ist mein Herz[902], denn einem unbeschnittenen Ohr wurde eröffnet ein Wort[903], und ein Herz **7** [von Stein[904] versteht] Wundertaten[905]. Und ich erkannte, dass du dies für dich getan hast[906], mein Gott. Was ist Fleisch, **8** [dass] um wunderbar zu handeln und in deinem Plan machtvoll sich zu erweisen und alles fest zu gründen zu deiner Herrlichkeit[907]? **9** [ ] mit dem Heer der Erkenntnis dem Fleisch zu verkünden Machttaten[908] und fest gegründete Gebote dem von einer Frau **10** [Geborenen.] brachtest du in den Bund mit dir[909] und öffnetest ein

11 [מִן] מִפַּחֵי מִשְׁפָּט [a]לְעוּמַּת רַחֲמֶיכָה ' וַאֲנִי יֵצֶר
12 [חֵמָר וּמִגְבַל מַיִם מִבְנֵה עָ]פָר וְלֵב הָאֶבֶן לְמִי נֶחְשַׁבְתִּי עַד זוֹת ' כִּיא
13 [תִּ]קַנְתָּה בְּאוֹזֶן עָפָר וְנִהְיוֹת עוֹלָם חַקּוֹתָה בְּלֵב
14 [הָאֶבֶן]◦ הִשְׁבַּתָּה לְהָבִיא בִּבְרִית עִמְּכָה וְלַעֲמוֹד
15 [בְּמִשְׁפְּטֵי עֵדִים]בְּמִכוֹן עוֹלָם לְאוֹר אוֹרָתַיִם עַד נֶצַח ' וְנָס חוֹשֶׁךְ
16 [ות◦◦ל לְאֵי]ן סוֹף וְקִצֵּי שָׁלוֹם לְאֵין חֵ[קֶר]◦
17 [ ]וַאֲנִי יֵצֶר הֶעָפָר ◦◦◦[ ]
18 [וּלְבָרֵ]ךְ שִׁמְכָה אֶפְתַּח פִּ[י א]
19 [ ]יֵצֶר[ד אל◦◦]
20 [עָפָר תחה נה מַלְכּוֹדֶת נִסְתָּרָה]
21 [ה נִפְ]רָשָׂה רֶשֶׁת שׁ[וּחָה וּבִדְרָכֶיהָ צַמֵּי אֲבַדּוֹן]
22 ◦◦[ ]◦◦ה וא[ ]◦◦ה נִפְתָּחָה דֶרֶךְ ל◦[ים לְהִתְהַלֵּךְ]
23 בִּנְתִיבוֹת שָׁלוֹם וְעִם בָּשָׂר לְהַפְלִיא[כָּאֵלֶּה ' כִּיא פֶּן]
24 תְּהַלְּכוּ פְּעָמַי עַל [b]מטוני [c]פַּחֶיהָ וּמִפְרְשֵׂי רֶ[שֶׁת וַעֲרֵמַת ' אֵיכָה]
25 אֶשָּׁמֵר בְּיֵצֶר עָפָר מֵהִתְפָּרֵד וּמִתּוֹךְ דּוֹנַג בְּהֵ[מַּס לִפְנֵי אֵשׁ]
26 וּמִקְוֵי אֵפֶר ' אֵיכָה אֶעֱמוֹד לִפְנֵי רוּחַ סוֹעֲרָ[ה ' וַאֲנִי יְכִינֵנִי ב]
27 וְיִשְׁמוֹרֵהוּ לְרָזֵי חֶפְצוֹ ' כִּיא הוּא יָדַע לְמ◦[ל]
28 [ ]ר כָּלָה וּפַח לְפַח יִטְמוֹנוּ צַמֵּי רִשְׁעָה ◦◦[ ]
29 [ ]◦ו בְּעָוֶל וְתַמּוּ כוֹל יֵצֶר רְמִיָּה ' כִּיא לְאַף [ ]
30 [מִגְבַּ]ל [d]אָוֶן וְאֶפֶס יֵצֶר עַוְלָה וּמַעֲשֵׂי רְמִיָּה [ ]
31 [ ]◦ע *vacat* ' וַאֲנִי ׳צֶר ה◦[ ]
32 [ ]◦מה יִתְחַזֵּק לְכָה ' אַתָּה אֵל הַדֵּעוֹת כּוֹ[ל]
33 [ ] עֲשִׂיתָם וּמִבַּלְעָדֶיכָה לוֹא פ◦◦◦◦ [ ]
34 [וַאֲנִי יֵ]צֶר הֶעָפָר יָדַעְתִּי בְּרוּחַ אֲשֶׁר נָתַתָּה בִּי כִּיא[ ]
35 [ ]◦מה כ[וֹ]ל עַוְלָה וּרְמִיָּה יָגוּרוּ יַחַד לְזָדוֹן[ ]

[a] oder לְעָרְמַת (4QH[a] 10,1)

[b] מַטְמוּנֵי

[c] oder פַּחִים (4QH[b] 13,7)

[d] oder אַיִן

Herz von Staub[910], um (es) zu bewahren **11** [vor] vor den Fallen des Gerichts entsprechend deinem Erbarmen. Aber ich (bin) ein Gebilde **12** [von Lehm[911] und mit Wasser Geknetetes[912], ein Gebäude aus] Staub[913] und ein Herz von Stein – für wen werde ich gehalten bis jetzt[914]? Denn **13** [ ] hast du fest verankert im Ohr des Staubs[915], und das ewig Seiende[916] hast du eingeschrieben in das Herz **14** [von Stein] hast du unterlassen, zu bringen in den Bund mit dir und zu stehen **15** [in den Urteilen der Zeugen] an ewiger Stätte zum Licht der Morgenröte[917] auf immer. Und die Finsternis flieht **16** [ ] ohne Ende und Zeiten des Friedens[918] grenzenlos[919] [ ] **17** [ ] Aber ich, ein Gebilde von Staub[920] [ ] **18** [ ] und um zu preisen deinen Namen[921], öffne ich meinen Mund[922] [ ] **19** [ ] Gebilde [ ] **20** [Staub eine Fallgrube wurde verborgen[923]] **21** [ ] ausgelegt wurde ein Netz[924] der Grube, [und auf seinen/ihren Wegen die Schlingen des Abgrunds[925]] **22** [ ] wurde eröffnet ein Weg um zu wandeln] **23** auf Pfaden des Friedens[926] und am Fleisch wunderbar zu handeln [wie auf diese Weise; denn damit nicht] **24** meine Schritte treten auf die versteckten Stellen seiner/ihrer Fallen[927] und des ausgelegten Netzes [und des Haufens von . Wie] **25** kann ich, als ein Gebilde von Staub, davor bewahrt werden auseinanderzufallen[928] oder zu zerfließen wie Wachs beim Schmelzen [vor dem Feuer[929]] **26** und ein Häufchen Asche? Wie soll ich bestehen vor dem Sturmwind[930] [? Aber mich, mich wird er fest gründen[931] in] **27** und wird es bewahren nach den Geheimnissen seines Willens. Denn er, er kennt [ ] **28** [ ] der Vernichtung, und Falle um Falle stellen sie auf[932], Schlingen des Frevels [ ] **29** [ ] in Schuld, und vergehen werden jegliche Truggebilde. Denn für den Zorn [ ] **30** ein aus Täuschung und Nichts[933] Geknetetes, ein Gebilde von Unrecht und Taten/Werke des Trugs[934] [ ] **31** [ ] *leer* Aber ich, ein Gebilde von [ ] **32** [ ] machen sich standhaft für dich. Du (bist ein) Gott der Erkenntnis[935] aller [ ] **33** [ ] hast du sie gemacht, und ohne dich nichts [ ] **34** Aber ich, das Gebilde von Staub, habe erkannt durch den Geist, den du in mich gegeben hast[936], dass [ ] **35** [ ] jegliches Unrecht und Trug greifen gemeinschaftlich an wegen der Vermessenheit [ ]

36 כּוֹל מַ]עֲשֵׂי נִדָּה לְתַחֲלוּיִים וּמִשְׁפְּטֵי נֶגַע וְכָלַת [עוֹלָם]
37 [ ]◦◦ח◦◦◦◦◦ ש◦◦◦◦ לְכָה חֵמָה וְקִנְאָה נוֹקֶ[מֶת [
38 [ ] יֵצֶר הָחֵמָר ◦[[
[39-42]

Kol. XXII

[1-2]
3 [ ]◦י
4 [ ]◦◦◦◦
5 [ק]וֹדֶשׁ אֲשֶׁר בַּשָּׁמַיִם
6 [ ]גָּדוֹל וְהוּא הִפְלָא ' וְהֵם לוֹא יוֹכְלוּ
7 לְ[הָבִין בָּאֵלֶּה וּלְסַפֵּר נִפְלְאוֹ]תֶיכָה וְלוֹא יַעֲצוֹרוּ לָדַעַת בְּכוֹל
8 [שָׁ]ב אֶל עֲפָרוֹ ' וַאֲנִי אִישׁ פֶּשַׁע וּמְגוֹלָל
9 [ ]אַשְׁמַת רִשְׁעָה ' וַאֲנִי בְקִצֵּי חָרוֹן
10 [לְהִ]תְקוֹמֵם לִפְנֵי נֶגַע וּלְהִשָּׁמֵר
11 מ[תּוֹדִ]יעֵנִי אֵלִי כִּיא יֵשׁ מִקְוֶה לְאִישׁ
12 [ ]מָעַל ' וַאֲנִי יֵצֶר הָחֵמָר נִשְׁעַנְתִּי
13 עַל זְר[וֹעֲכָה הַחֲזָקָה ו]רַגְלַי ' וָאֵדְעָה כִּיא אֱמֶת
14 פִּיכָה [וְכוֹל דְּבָרְכָה לוֹא יָשׁוּב]אָחוֹר ' וַאֲנִי בְקִצֵּי אֶתְמוֹכָה
15 בִּבְרִיתְ[כָה]◦מה בַּמַּעֲמָד הֶעֱמַדְתַּנִי כִּיא
16 [ ]אִישׁ וַתְּשִׁיבֵהוּ ' וּבַמָּה ית◦◦[ ]
17 [ ]השׁ◦◦◦תה עָצַמְתָּה ◦◦פ◦[ ]
18 [ ]◦ב ישׁ◦ לְלוֹא מִקְוֶ[ה]
19 [ ] וַאֲנִי יֵצֶר[ ]
20 [פִּ]לַגְתָּה[ ]
21 [ ]א אֲשֶׁר ◦[ ]
22 [עֶ]רֶבֿ וּבוֹקֶר עִם מְ[בוֹא]
23 [מִנְּגִי]עֵי גֶבֶר וּמִמַּכְא[וֹב אֱנוֹשׁ]

36 [alle] Taten der Unreinheit[937] zu Qualen und Plagegerichten[938] und ewiger
[Vernichtung[939]] **37** [ ] dir Zorn und rächende Leidenschaft
[ ] **38**] ein Gebilde von Lehm [ ]
[39-42]

Kol. 22

[1-2]
3 [ ]○*j*
4 [ ]○○○○
5 [ ] Heiligkeit, die im Himmel
6 [ ] groß, und er handelt wunderbar. Aber sie,
sie vermögen dies nicht **7** zu [verstehen und zu verkünden] deine Wunder-
taten[940], und sie sind nicht imstande zu erkennen[941] all **8** [ ] er
kehrt zurück zu seinem Staub[942]. Aber ich, ein Mann der Sünde und sich wälzend
9 [ ] Schuld des Frevels. Aber ich, in den Zeiten des Zorns[943]
10 [ ] um sich zu erheben im Angesicht der Plage[944] und um
bewahrt zu werden **11** vor [ ] tust du mir kund, mein Gott, denn
es gibt Hoffnung für einen Mann[945] **12** [ ] Treulosigkeit. Aber ich,
das Gebilde von Lehm[946], stütze mich **13** auf deinen starken [Arm]
meine Füße. Und ich erkannte, dass Wahrheit **14** dein Mund ist[947] [und jedes
Wort von dir nicht zurückkehrt[948].] Aber ich, in der mir gewährten Zeit will ich
festhalten **15** an deinem Bund[949] [ ] an dem Standort, an den du mich
hingestellt hast, denn **16** [ ] ein(en) Mann, und du bringst ihn
zurück. Aber womit [ ] **17** [ ] du erweist dich als mächtig
[ ] **18** [ ] ohne Hoffnung [ ] **19** [ ] Aber ich, ein
Gebilde [ ] **20** [ ] du hast eingeteilt [ ]
21 [ ], das [ ] **22** [ ] Abend und Morgen mit dem
Eintritt [ ] **23** [aus] den Plagen eines Mannes und aus

24 [תּוֹצִ]יא בְּשִׂמְחָה[כִּיא לִסְלִי]חוֹת יִצְפּוּ וְעַל מִשְׁמַרְתָּם יִ[תְיַצְּבוּ]
25 וּנְדִיבִים לוא כָ[לוּ]כִּיא תִגְעַ֯ר בְּכוֹל שְׂטָן מַשְׁחִית ומרצ[ ]
26 לִי מֵאָז כּוֹנַנְתִּי ל◦[ ]◦בה ' וְאַתָּה גִלִּיתָה אוֹזְנִי כ◦[ ]
27 לוא יָבוֹא כִּי ◦[ ]◦או וַאֲנוֹשֵׁי בְרִית פּוּתּוּ בָם וַיָּבוֹא[וּ]
28 בְּמַבְנִיתִי וּתְכָמַ[י בְתוֹ]כָחוֹת לְפָנֶיכָה ' וַאֲנִי פָּחַדְתִּי מִמִּשְׁפָּטְכָה[ ]
29 [לְפָ]נֶיכָה ' וּמִי יִזְכֶּה בְמִשְׁפָּטְכָה וּמָה [a]אפה[וא]
30 [ ]◦אנו בַמִּשְׁפָּט וְשָׁב אֶל עֲפָרוֹ ' מַה יָּבִי[ן]
31 [כִּיא אַתָּה אֵלִ]י פָּתַחְתָּה לְבָבִי לְבִינָתְכָה וַתְּגַל אוֹזְ[נִי]
32 [ ]וּלְהִשָּׁעֵן עַל טוּבְכָה ' וַיָּהָם לִבִּי כ◦◦◦[ ]
33 [ ]◦ וּלְבָבִי כַדּוֹנַג יִמַּס עַל פֶּשַׁע וַחֲטָאָה
34 [עַד]תּוּמָּה ' בָּרוּךְ אַתָּה אֵל הַדֵּעוֹת אֲשֶׁר הֲכִינוֹתָ[ה]
35 [ ] וַתִּפְגַּע בְּעַבְדְּכָה זוֹת לְמַעַנְכָה כִּיא יָדַעְתִּי
36 [וּלְחַסְדְּ]כָה אֹ֯חִ֯ל בְּכוֹל הֱיוֹתִי וְשִׁמְכָה אֲבָרְכָה תָמִיד
37 [ ]מִקְוֶה לְעַבְדְּכָה וְאַל תַּעֲזוֹבֵנוּ בְקִצֵּי
38 [כ]ה וּכְבוֹדְכָה וְטוּ[בְכָה]
39 [ ] עַל ב[ ]
[40-42]

Kol. XXIII

[1]
2 אוֹרְכָה וַתַּעֲמֵד מֵאָ[ז]
3 אוֹרְכָה לְאֵין הַשְׁבֵּ[ת]
4 כִּיא אִתְּכָה אוֹר ל[ ]
5 וַתְּגַל אוֹזֶן עָפָר[ ]ת ול[ ]
6 מְזִמָּה אֲשֶׁר הו◦[ ] א◦◦ע◦◦ וַתֵּאָמְנָה בְאוֹ[זֶ]ן
7 עַבְדְּכָה עַד עוֹלָם ◦[שְׁ]מוּעוֹת פִּלְאֲכָה לְהוֹפִיעַ

[a] אַף הוּא

unheilbarem [Schmerz[950]] **24** führst du hinaus in Freude[951], [denn] nach deinen Vergebungen halten sie Ausschau[952], und auf ihrem Wachtposten stehen sie bereit[953], **25** und die Willigen werden nicht vergehen [ ] Denn du tadelst jeglichen verderblichen Widersacher[954] und [ ] **26** für mich seit damals, als ich begründet wurde [ ]. Aber du, du hast aufgetan mein Ohr[955] [ ] **27** wird nicht kommen, denn [ ] und die Männer des Bundes[956] wurden durch sie verführt, und sie kamen [ ] **28** in meinen Bau, und meine Eingeweide[957] in den Zurechtweisungen vor dir. Aber ich, ich erzittere vor deinem Gericht[958] [ ] **29** [ ] vor dir. Und wer ist unschuldig in deinem Gericht[959], und was ist der denn, **30** [ ] im Gericht und zurückkehrt zu seinem Staub? Was versteht er **31** [denn du, mein] Gott, du hast geöffnet mein Herz für deine Einsicht[960] und aufgetan mein Ohr **32** [ ] und um sich zu stützen auf deine Güte. Und mein Herz erbebte[961] [ ] **33** [ ] und mein Herz, wie Wachs zerschmilzt es[962] wegen Verfehlung und Sünde **34** [bis zu] seinem/ihrem Ende[963]. Gepriesen seist du, Gott der Erkenntnis[964], der du begründet hast **35** [ ] und dies wiederfuhr deinem Knecht um deinetwillen, denn ich habe erkannt **36** [und auf] deine Gnade harre ich[965] mit meinem ganzen Sein, und deinen Namen will ich beständig preisen[966] **37** [ ] Hoffnung für deinen Knecht, und verlass ihn nicht in Zeiten des **38** [ ] und deine Herrlichkeit und deine Güte
39 [ ] wegen [ ]
[40-42]

Kol. 23

[1]
2 dein Licht, und du stelltest auf seit jeher [ ]
3 dein Licht ohne Ende [ ]
4 Denn bei dir ist Licht [ ]
5 und du tatest auf das Ohr des Staubs[967] [ ]
6 Planen, das [ ] und du vertrautest es dem Ohr **7** deines Knechtes[968] an auf ewig [ ] deine wunderbaren Botschaften[969],

8 לְעֵינֵי כוֹל שׁ֯מְעַי[ ]בִּימִין עוּזְּכָה לְנַהֵל כּוּלָּם
9 בְּכוֹחַ גְּבוּרָתְכָה [יְהַלֵּ]ל שִׁמְכָה וְיִתְגַּבֵּר בִּכְבוֹדְכָה '
10 אַל תָּשֵׁב יָדְכָה מ[לְ]הְיוֹת לוֹ מִתְחַזֵּק בִּבְרִיתְכָה
11 וְעוֹמֵד לְפָנֶיכָה בְּ[תָמִים ' כִּיא מְק]וֹר פָּתַחְתָּה בְּפִי עַבְדְּכָה וּבִלְשׁוֹנִי
12 חָקַקְתָּה עַל קַו מִ[שְׁפָּט לְמַ]שְׁמִיעַ לְיֵצֶר מְבִינָתוֹ וּלְמֵלִיץ בָּאֵלֶּה
13 לְעָפָר כָּמוֹנִי ' וַתִּפְתַּח מָק[וֹר] לְהוֹכִיחַ לְיֵצֶר חֵמָר דַּרְכּוֹ וְאַשְׁמַת יְלוּד
14 אִשָּׁה כְּמַעֲשָׂיו וְלִפְתֹּחַ מְ[קוֹ]ר אֲמִתְּכָה לְיֵצֶר אֲשֶׁר סָמַכְתָּה בְּעוּזְּכָה
15 לְ[הָרִי]ם כַּאֲמִתְּכָה מְבַשֵּׂר[a] [וּלְסַפֵּ]ר טוּבְכָה לְבַשֵּׂר עֲנָוִים לְרוֹב רַחֲמֶיכָה
16 [וּלְהַ]שְׂבִּיעַ מִמְּקוֹר דַּ[עַת כּוֹל נְ]כְאֵי רוּחַ וַאֲבֵלִים לְשִׂמְחַת עוֹלָם '
17 [וַתִּפְתַּח פִּי עַבְדְּכָה]◦תִים לְ[ ]לְ[ ]לְ[ ]
[18-20]
21 [ ] יַשְׁמִיעוּ [ ]
22 [ ]◦ עוֹלָם וְשִׂכְלְכָה [ ]
23 [ ]◦בה אַרְצְכָה וּבִבְנֵי אֵלִים יְכָבֵּד ◦[ ]ק[ ]אֲשֶׁר יַעְמ[וֹדוּ]
24 [לָעַד]לְהַלֵּלְכָה וּלְסַפֵּר כּוֹל כְּבוֹדֶכָה ' וַאֲנִי מָה כִּיא מֵעָפָר לוּקַּחְתִּי '
וְאַ[תָּה] 25 [אֵלִי] לִכְבוֹדְכָה עָשִׂיתָה כּוֹל אֵלֶּה ' כְּרוֹב חֲסָדֶיכָה תֵּן מִשְׁמַר
צדקכה 26 [לפניכ]ה תמיד עד פלט ' ומליצי דעת עם כול צעודי ומוכיחי
אֱמֶת 27 [בְּכוֹל]פְּעָמַי ' וּמָה עָפָר בְּכַפֵּיהֶם[וּמַ]עֲשֵׂה אֵפֶר בְּיָדָם לוֹא הֵנָּה '
וְאַתָּה 28 [תִּכַּנְתָּה יֵצֶ]ר הַחֵמָר וּמְצוּרוֹק[עָשִׂיתָה]לִרְצוֹנֶכָה ' וְעַל [b]הבנים
תִּבְחָנֵנִי 29 [ ] כִּגְוֹדְלְכָה[שָׁב אֶ]ל עֲפָרוֹ ' וְעַל עָפָר הֲנִיפוֹתָה רוּחַ
30 [קוֹדְשְׁכָה] בַּטִּיט[ ]◦◦ אֵלִים לְהָחִיד עִם בְּנֵי שָׁמַיִם
31 [ ]◦◦[ ]עוֹלָם וְאֵין תְּשׁ֯בַת חוֹשֶׁךְ כִּיא
32 [ ]וּמָאוֹר גָּלִיתָה וְלוֹא לְהָשִׁיב
33 [רוּחַ ק]וֹדְשְׁכָה הֲנִיפוֹתָה לְכַפֵּר אַשְׁמָה
34 [מְ]שָׁרְתִים עִם צְבָאֲכָה וּמִתְהַלְּכִים
35 [ ]◦בוֹת מִלְּפָנֶיכָה ' כִּיא נָכוֹנוּ בַּאֲמִתְּכָה

[a] oder מְבַשֵּׂר
[b] אֲבָנִים

um aufzuscheinen **8** vor den Augen all derer, die hören [ ] mit deiner starken Rechten[970], um sie alle zu leiten **9** in deiner machtvollen Kraft[971] [ ] er wird lobpreisen deinen Namen[972] und sich erheben in deiner Herrlichkeit. **10** Zieh deine Hand nicht zurück[973] von [ ] um zu werden für ihn einer, der festhält an deinem Bund[974] **11** und steht vor dir in [Vollkommenheit[975]. Denn] eine Quelle hast du geöffnet[976] durch den Mund deines Knechtes[977], und auf meine Zunge[978] **12** hast du eingeschrieben nach rechtem Maß für den, der einem Gebilde von seiner Einsicht kündet, und für den, der dies vermittelt **13** einem Staub wie mir. Und du öffnetest eine Quelle, um das Gebilde von Lehm[979] zurechtzuweisen für seinen Weg und die Schuld des von einer Frau **14** Geborenen[980] gemäß seinen Taten, und um zu öffnen die Quelle deiner Wahrheit dem Gebilde, das du stützt durch deine Stärke[981], **15** um (es) aufzurichten gemäß deiner Wahrheit aus dem Fleisch[982] [und um] zu verkünden deine Güte, um gute Nachricht zu bringen den Elenden nach deinem reichen Erbarmen[983] **16** [und um] zu sättigen aus der Quelle der Erkenntnis[984] [alle,] die zerschlagenen Geistes[985] sind, und Trauernde zu ewiger Freude[986]. **17** [Und du öffnetest den Mund[987] deines Knechtes [ ]
[18-20]
21 [ ] sie lassen erschallen [ ]
22 [ ] Ewigkeit und deine Einsicht [ ]
23 [ ] dein Land, und unter den Söhnen der himmlischen Wesen[988] ist er hochgeehrt [ ] die stehen **24** [auf immer,] um dich zu lobpreisen und zu verkünden all deine Herrlichkeit[989]. Aber ich, was (bin ich), denn vom Staub bin ich genommen[990]. Aber du, **25** [mein Gott,] um deiner Herrlichkeit willen hast du all dies gemacht[991]. Gemäß deiner reichen Gnadenerweise[992] gib einen Wächter deiner Gerechtigkeit **26** vor dich beständig bis zur Rettung; und Vermittler von Erkenntnis[993] auf all meinen Wegen und wahre Mahner **27** [bei all] meinen Schritten. Aber was ist Staub in ihren Handflächen und ein Werk aus Asche in ihrer Hand? Ein Nichts sind sie! Aber du, **28** [du hast bestimmt] das Gebilde von Lehm, und einen Speichel-Klumpen[994] [hast du gemacht] nach deinem Willen[995]. Und mehr als kostbare Steine hast du mich geprüft **29** [ ] gemäß deiner Größe [kehrt er zurück] zu seinem Staub[996]. Und über den Staub hast du ausgegossen den Geist **30** [deiner Heiligkeit[997]] im Dreck [ ] himmlische Wesen, um sich gemeinschaftlich zu verbinden mit den Himmelssöhnen **31** [ ] Ewigkeit, und keine Rückkehr der Finsternis, denn **32** [ ] und ein Licht hast du offenbart, und nichts gibt es zu erwidern[998] **33** [ ] deinen heiligen Geist hast du ausgegossen, um zu entsühnen die Schuld[999] **34** [ ] die dienen mit deinem Heer[1000] und die wandeln **35** [ ] vor dir. Denn sie sind fest gegründet in deiner Wahrheit[1001] **36** [ ]

36 [ ]הִפְלֵתָה אֵלֶה לִכְבוֹדְכָה וּמְצוּרוֹק

37 [ ]לְגוֹרַל עָוֶל יֵצֶר נִתְעַב

38 [ ]°°[יֵ]צֶר נִתְעַב

[39-42]

Kol. XXIV

[1-3]

4 [ ]°

5 [ ]°°

6 °°°שמ[ ]יֵצֶר בָּשָׂר

7 עַד קֵצ[ו]מִי יוֹעִדֶכָה

8 בְּמִשְׁפְּטֵי[ ]ה לְמַלְאֲכֵי

9 עַד בְּמִשְׁפַּ[ט] וְרָזֵי פֶשַׁע לְהַשְׁנוֹת

10 בָּשָׂר בְּאַ[שְׁמָתָם כִּיא]צ וִיעוֹפְפוּ בָה כוֹל

11 מַלְאֲכֵי שָׁמַ[יִם מְקוֹ]רָם בַּעֲבוֹתֵי רוּחַ ' וַתַּכְנַע

12 אֵלִים מִמְּכוֹן [קוֹדְשְׁכָה וְהֵמָּה לוֹא יָשְׁרְ]תוּכָה בִמְעוֹן כְּבוֹדֶכָה ' וְאַתָּה

13 אָדָם עַל הכר[כְּעוֹף] אָסוּר עַד קֵץ רְצוֹנְכָה '

14 בַּל שָׁלַח[יָדוֹ]רָמוֹת כּוֹחַ וְרוֹב בָּשָׂר לְהַרְשִׁיעַ

15 בְּקִצֵּ[י חֲרוֹנְכָה °כה לְהַפְ]לֵא [a]לְהָכִין בְּסוֹד עִמְּכָה

16 [ ]°° הַמַּמְזֵרִים כִּי ל[וֹא]

17 [ ]° פְּגָרִים לְל[וֹא]

[18-20]

21 [ ] צְדָקָה וע°[ ]

22 [ ]°ב [b]לְשַׁחֵת בְּעֵת עֲוֹונוֹת[ ]

23 [ ]°ם כּוֹל שָׂטָן וּמַשְׁחִית [ ]

[a] oder לְהִכּוֹן

[b] oder לַשַּׁחַת

du hast wunderbar gehandelt auf diese Weise um deiner Herrlichkeit willen, und den Speichel-Klumpen **37** [ ] für das Los des Frevels[1002], ein abscheuliches Gebilde **38** [ ] ein abscheuliches Gebilde
[39-42]

Kol. 24

[1-3]
4 [ ]○
5 [ ]○○[ ]○○
6 [ ] ein Gebilde von Fleisch[1003] **7** bis zur Zeit [und] wer könnte dich vorladen **8** in den Urteilen[1004] der/des [ ] für die unvergänglichen**9** Engel im Gericht [ ] und die Geheimnisse der Sünde, um zu verführen **10** das Fleisch durch ihre Schuld[1005], [denn] und in ihm/ihr fliegen alle **11** Engel des Himmels [ ] ihre Quelle auf den Wolken des Windes. Und du unterwarfst **12** die himmlischen Wesen[1006] von deiner heiligen [Stätte, und sie, sie konnten dir nicht länger] dienen an deinem herrlichen Ort[1007]. Aber du, **13** den Menschen (hast du) auf [wie ein Vogel,] gebunden bis zur Zeit deines Wohlgefallens[1008]. **14** Nicht streckt er aus [seine Hand] Höhen der Kraft und die Menge des Fleisches, um sich schuldig zu machen[1009] **15** in den Zeiten [deines Zorns[1010] um] wunderbar zu handeln (sie) fest zu gründen im Kreis mit dir **16** [ ] die Bastarde, denn nicht **17** [ ] Leichen, ohne
[18-20]
21 [ ] Gerechtigkeit und [ ] **22** [ ] um zu verderben/zur Grube in der Zeit der Schuldtaten[1011] [ ] **23** [ ] jeglichen verderblichen Widersacher[1012] [ ] **24** [ ]

24 [ ]בָּרְשְׁתָּם וּלְשַׁלְּחָם גּוֹי ◦[ ]◦יכה רָשָׁע
25 [ ]אִישׁ זֵידֹן בְּמַרְבֵּי מַעַל ו◦[ ]◦ בַּנְּגִיעִים וּבַמִּשְׁפָּטִים
26 ל[ ]◦בים בְּבָשָׂר כִּי כוֹל רוּחוֹת מַמְזֵרִים לְהַרְשִׁיעַ בְּבָשָׂר
27 ומ[ ]הִרְשִׁיעוּ בְּחַיֵּיהֶם וכ[ ]ל◦ כֵּן רוּחָם לְהַרְשִׁיעַ
28 על[ ]◦◦◦[ ]ל[וּלְ]פֶלֶא רָזֶיכָה גָּלִיתָה
29 לִבִּי[ ]◦אני לְבָשָׂר ' יָדַעְתִּי
30 כִּיא[ ]ם עַוְלָה בְּקֵץ
31 כַּלּ[וֹת רִשְׁעָה]יה וּלְכוֹל מַבִּיט
32 [ ] וְלוֹא יִכָּחֵד
33 מִלְּפְנֵי[כּ]וּבַדְתָּה מִבְּנֵי
34 אֵל שׁוֹ[מְעֵי גְּ]בוּלוֹת עַמִּים
35 לְחַזְּקָם [לְ]הַרְבּוֹת אַשְׁמָה
36 בְּנַחֲלָתוֹ ◦[ ]עֲזַבְתָּם בְּיַד
37 כּוֹל מב◦[ם]א◦◦ד
38 תבא◦[ ]
39 על[ ]
[40-42]

Kol. XXV

[1-2]
3 [מִשְׁ]פַּט צֶדֶק ב[ ]
4 [ ]◦◦ וּלְהַפְרִידָם מִמַּעֲמַד קְד[וֹשִׁם]
5 [ ]ות עִם עֲדַת קְדוֹשֶׁיכָה בְּהַפְלֵא[ ]
6 עַד עוֹלָם ' וְרוּחוֹת רִשְׁעָה [a]תבית מא[מַעֲשֵׂי]
7 רַע לוֹא יִהְיוּ עוֹד ' וְתַשֵּׁם מְקוֹם רִשְׁ[עָה לְהַפִּיל גּוֹרָלוֹת] כּוֹל
8 רוּחוֹת עַוְלָה אֲשֶׁר יוּשַּׁדוּ לְאֵבֶל [ ]ה

[a] evtl. תַּשְׁבִּית

wenn sie (sie) vertreiben und um wegzuschicken eine Nation[1013] [ ] Frevel **25** [ ] ein überheblicher Mann unter denen, die die Treulosigkeit mehren[1014] [ ]mit Plagen und Urteilen[1015] **26** [ ] am Fleisch, denn alle Geister der Bastarde[1016] (sind darauf aus,) sich schuldig zu machen am Fleisch **27** und [ ] sie machen sich schuldig während ihres Lebens und [ ] so (ist) auch ihr Geist (darauf aus) sich schuldig zu machen **28** gegen [und als] Wunder hast du deine Geheimnisse geoffenbart **29** meinem Herzen[1017] [ ] dem Fleisch. Ich habe erkannt, **30** dass [ ] Unrecht in der Zeit **31** der Vernichtung [des Frevels] und jedem, der Einblick hat **32** [ ] und nicht wird es verborgen bleiben **33** vor [ ] du bist mehr geehrt als die Söhne **34** Gottes[1018], die hören [ ] die Gebiete der Völker, **35** um sie zu stärken [um] zu vermehren die Schuld **36** in seinem Erbteil [ ] du überließest sie der Hand[1019] **37** aller [ ]
38 *tb'*○[ ]
39 *'l*[ ]
[40-42]

Kol. 25

[1-2]
3 [ ] gerechtes Urteil[1020] in [ ] **4** [ ] und um sie zu trennen vom Standort der Heiligen [ ] **5** [ ] mit der Gemeinde deiner Heiligen[1021], im Wunderbar-Handeln [ ] **6** auf ewig. Und den Geistern des Frevels[1022] wirst du ein Ende machen [Taten/Werke] **7** des Bösen[1023] werden nicht mehr sein. Und du wirst verwüsten den Ort des Frevels, [um zu werfen die Lose[1024]] alle(r) **8** Geister des Unrechts[1025], die verheert

9 יֵעָגֵן לְדוֹרֵי נֶצַח ׳ וּבְרוּם רִשְׁעָה למ[ ]

10 יִרְבֶּה אֲנִינָם לְכָלָה ׳ וְנֶגֶד כּוֹל מַעֲשֶׂ֯כָ[ה]∘∘

11 חֲסָדֶיכָה וְלָדַעַת כּוֹל בִּכְבוֹדְכָה וּלְפִי[מ]וֹעֵד ׳ ה[ו]דַעְתָּה

12 מִשְׁפַּט אֲמִתְּכָה וְאוֹזֶן בָּשָׂר גָּלִיתָה ו[הֲבִינוֹתָה] לֶאֱנוֹשׁ בִּמְזִמַּת

13 לִבְּכָה וְקֵץ תְּעוּדָה הִשְׂכַּלְתָּה לְבָשָׂ[ר ׳ בִּצְ]בָא הַמָּרוֹם תִּשְׁפּוֹט בַּמָּרוֹם

14 וּבְיוֹשְׁבֵי הָאֲדָמָה עַל הָאֲדָמָה ׳ וְגַם[בִּשְׁאוֹ]ל תַּחְתִּיָּה תִּשְׁפּ[וֹ]ט וּבְיוֹשְׁבֵי

15 חוֹשֶׁךְ תָּרִיב לְהַצְדִּ[י]ק צַדִּיק וּלְהַרְ[שִׁיעַ רָשָׁע]כִּיא אֵין מִבַּ[לְעָדֶי]כָה ׳

16 וְלוֹא לְהִפָּרֵד מ[ ] דְּבָרְכָה [ ]∘ת א[ ]

17 ל[ ]

[18-21]

22 [לִבְנֵי∘∘ ∘]

23 [וְגַם רוּחוֹת מֵחוֹשֶׁךְ]

24 [וי∘ ם וְנִמְאָרִים]

25 לְבִלְ[תִּי רִשְׁעָתָם בְּחָכְמַת כְּבוֹדְכָ]ה וְלוֹא יַכִּירוּ[כול]

26 מַעֲשַׂי[צִדְקָכָה לְעָווֹן בַּעֲדַת בְּנֵי שָׁ]מַיִם וּבְסוֹד קְד[וֹשִׁים]

27 יִתְרוֹמְמ[וּ]∘∘∘∘∘∘[ ]

28 עֵצָה ו∘[ ]

29 מְשָׁרְתִים [ ]ן

30 וְהִכִּירוּם[ם יְרַנְּנוּ]לְ[זַ]מֵּר

31 וּלְהַלֵּל ל[לְאֵין הַשְׁבֵּת ׳ וַאֲנִי יֵצֶר הָחֵמָ]ר כְּדַעְתִּי

32 סִפַּרְתִּי בַּעֲדַ[ת קְדוֹשֶׁיכָה בְּהַגְדֵּל וְהַפְלֵא לְאֵל כִּיא אַתָּ]ה אֵל

33 הַדֵּעוֹת ׳ בְּפִי [עוֹז מִנֶּשֶׁף לָעֶרֶב אֲבָרְכָה שְׁמֶכָה ׳ *vacat*]

34 לְמַשְׂכִּיל מִזְמ[וֹר שִׁיר ל]∘∘∘כה

35 כִּיא [ ]∘ מַלְכֵי קֶדֶם

36 ∘[ ]נָהַמְתִּי

37 [אֶ]תְרוֹמְמָה

[38-42]

werden zur Trauer [ ] **9** er wird sich abkapseln für Generationen immer-
dar. Und wenn sich der Frevel erhebt zu [ ] **10** ihre Klage wird mehr
werden zur Vernichtung. Und vor all deinen Taten/Werken [ ] **11** deine
Gnadenerweise und um zu erkennen all deine Herrlichkeit[1026] und gemäß
[ ] festgesetzte(r) Zeit. Du hast kundgetan **12** das Urteil deiner
Wahrheit[1027], und das Ohr des Fleisches hast du aufgetan[1028] und [verständ-
lich gemacht hast du] dem Menschen den Plan **13** deines Herzens[1029], und in der
vorherbestimmten Zeit hast du Einsicht gegeben dem Fleisch[1030]. Das Heer der
Höhe[1031] wirst du richten in der Höhe, **14** und die Bewohner der Erde auf der
Erde[1032]. Und auch die Unterwelt unten wirst du richten[1033], und gegen die Be-
wohner **15** der Finsternis[1034] wirst du einen Rechtsstreit führen, um für gerecht
zu erklären den Gerechten und für schuldig zu erklären [den Frevler[1035],] denn
nichts ist ohne dich[1036]. **16** Und nicht um zu trennen von [ ] dein Wort
[ ] **17** *l* [ ]
[18-21]
22 [für die Söhne der/des]
23 [und auch die Geister aus der Finsternis]
24 [und er und die Bösartigen]
25 so dass nicht [ihr Frevel in deiner herrlichen Weisheit[1037],] und nicht
sind ihnen bewusst all **26** deine gerechten [Taten/Werke[1038] zur Schuld
in der Gemeinde der] Himmelssöhne[1039] und im Kreis der Heiligen[1040] **27** rich-
ten sie sich auf [ ] **28** Rat [ ]
29 Diener [ ] **30** und sie sind ihnen bewusst
[sie bejubeln] lobsingend **31** und lobpreisend[1041] [ohne
Ende[1042]. Aber ich, ein Gebilde von] Lehm[1043], gemäß meiner Erkenntnis **32** habe
ich verkündet[1044] in der Gemeinde [deiner Heiligen, Größe und Wunderbares
Gott zuschreibend[1045] denn] du (bist ein) Gott **33** der Erkenntnis[1046]. Mit
kraftvoller Stimme[1047] will ich von der Morgendämmerung bis zum Abend dei-
nen Namen preisen[1048]. *leer*

34 Für den Maśkil. Ein Psalm, [ein Lied[1049] für/um]
35 denn [ ] die Könige der Vorzeit[1050]
36 [ ] ich rufe
37 [ ] ich will mich aufrichten
[38-42]

Kol. XXVI

[1]
2 [קוֹדֶשׁ ◦ נִבְזֶה כָמוֹנִי]
3 [כָּמוֹנִי וְחָדַל הָרָע ' יִדְמֶה בִי תִּדְמֶה]
4 [בְהוֹרָיַתִי ' וּמִי יִשְׁוֶה ל מִי כָמוֹנִי]
5 [בָאֵלִים ל מַזַּל שְׂפָתַי מִי יָכִיל ' מִי בְלָשׁוֹן]
6 יוֹ[עִ]דֶ[נִי ' יְדִיד הַמֶּלֶךְ רֵעַ לַקְּדוֹשִׁים ' וְלוֹא]
7 יָבוֹא [וְלִכְבוֹדִי לוֹא יִדְמֶה ' כִּיא אֲנִי עִם אֵלִים מַעֲמָדִי]
8 וּכְבוֹד [ר לוֹא בְפַז אכ◦◦ לִי וְכֶתֶם [a]אוֹ ביורים[a] לוֹא]
9 בִּי וה◦[לוֹא יֵחָשֵׁב בִּי ' זַמְּרוּ יְדִידִים שִׁירוּ לְמֶלֶךְ הַכָּבוֹד ']
10 שִׂמְח[וּ בַּעֲדַת אֵל הַרְנִינוּ בְּאָהֳלֵי יְשׁוּעָה הַלְלוּ בִמְעוֹן קוֹדֶשׁ ']
11 רוֹמְמוּ [יַחַד בִּצְבָא עוֹלָם הָבוּ גֹדוֹל לְאֵלֵנוּ וְכָבוֹד לְמַלְכֵּנוּ ' הַקְדִּישׁוּ]
12 שְׁ[מוֹ בְשִׂפְתֵי עוֹז וּלְשׁוֹן נֶצַח ' הָרִימוּ לְבַד קוֹלְכֶם בְּכוֹל קִצִּים ']
13 הַשְׁמִ[יעוּ הֲגִי רִנָּה הַבִּיעוּ בְשִׂמְחוֹת עוֹלָמִים וְאֵין הַשְׁבֵּת ' הִשְׁתַּחֲווּ]
14 בְּיַחַד [קָהָל ' בָּרְכוּ הַמַּפְלִיא גֵאוּת וּמוֹדִיעַ עוֹז יָדוֹ לַחְתּוֹם]
15 רָזִים וְלִגְלוֹת נִסְתָּרוֹת לְהָ[רִים כּוֹשְׁלִים וְנוֹפְלֵיהֶם [b]לשׁב לֶכֶת קוֹיֵ דֵעוֹת]
16 [וּלְהַשְׁ]פִּיל נוֹעֲדַת רוּם גֵּאִים[עוֹלָם לְהָתֵם רָזֵי הוֹד וּלְהָקִים פְּלָאוֹת כָּבוֹד']
17 [הַשּׁוֹפֵט בְּאַף כָּ]לָ[ה]ל◦ [בְּחֶסֶד צְדָקָה וּבְרוֹב]
18 [רַחֲמִים תְּחִנָּה רַחֲמִים לִמְפֵרֵי טוּב גּוֹדְלוֹ]
19 [וּמְקוֹר]
20 [וְתַמָּה רִשְׁעָה]
21 [וְשָׁבְתָה מַדְהֵבָה שָׁבַת נוֹגֵשׂ]
22 [בְּזַעַם כָּלְתָה רְמִיָּה וְאֵין נַעֲווֹת בְּלוֹא דָעַת ']
23 [הוֹפִיעַ אוֹר וְשִׂמְחָה תַבִּיעַ אָבַד אֵבֶל וְנָס יָגוֹן הוֹפִיעַ שָׁלוֹם]

a-a oder אוֹפִירִים
b לְהָשִׁיב

Kol. 26

[1]
2 [Heiligkeit verachtet wie ich] **3** [wie ich, und das Böse wird aufhören. Er ist mir ähnlich wird ähnlich sein] **4** [meinem Lehren[1051]. Und wer kommt gleich dem wer (ist) wie ich] **5** [unter den himmlischen Wesen[1052] Die Äußerung meiner Lippen[1053] – wer kann sie erfassen? Wer ist in der Sprache] **6** [mir gleichgestellt? ein Liebling des Königs[1054], ein Freund den Heiligen. Und nicht] **7** wird er kommen [und meiner Ehre wird er nicht ähnlich sein[1055]. Denn ich, bei den himmlischen Wesen ist mein Standort[1056],] **8** und die Herrlichkeit der/des [nicht für Feingold mir, und Gold oder Edelsteine[1057] nicht] **9** für mich, und [gilt mir nichts. Lobsingt, ihr Lieblinge, singt dem König der Herrlichkeit[1058]!] **10** Freut euch [in der Gemeinde Gottes[1059], jubelt in den Zelten des Heils[1060], lobpreist an heiligem Ort[1061]!] **11** Erhöht [gemeinschaftlich[1062] mit dem ewigen Heer, erweist Größe unserem Gott und Ehre unserem König[1063]! Heiligt] **12** seinen Namen[1064] [mit kraftvollen Lippen[1065] und Zunge immerdar! Erhebt für euch allein eure Stimme[1066] zu allen Zeiten,] **13** lasst erschallen [Jubellaut[1067], lasst (es) heraussprudeln in ewigen Freuden[1068] ohne Ende! Werft euch nieder] **14** in gemeinschaftlicher [Versammlung! Preist den, der wunderbar handelt[1069] in Erhabenheit und der kundtut seine starke Hand[1070], um zu versiegeln] **15** Geheimnisse[1071] und zu offenbaren Verborgenes, aufzurichten [die Strauchelnden[1072] und die, die um sie herum fallen, um wiederherzustellen den Schritt derer, die auf Erkenntnis hoffen, **16** [aber um] zu erniedrigen die hohen Zusammenkünfte der ewig [Stolzen[1073], um zur Vollendung zu bringen glanzvolle Geheimnisse und um wahr werden zu lassen herrliche Wunder.] **17** [Den, der richtet[1074] in vernichtendem] Zorn[1075] [mit Gnade, Gerechtigkeit und in reichem] **18** [Erbarmen[1076], Bitte um Gnade Erbarmen für die, die seine große Güte zunichte machen[1077]] **19** [und eine Quelle von] **20** [und der Frevel vergeht[1078]] **21** [und das Unheil geht zu Ende[1079], der Bedränger endet[1080]] **22** [im Strafgericht vernichtet ist der Trug, und (es gibt) keine Verkehrtheit mehr ohne Erkenntnis.] **23** [Licht scheint auf[1081], und Freude quillt hervor, Trauer geht zugrunde und Kummer

24 [שָׁבַת פַּחַד נִפְתַּח מָקוֹר לְבִרְכַּת עַד וּמַרְפֵּא בְּכוֹל קִצֵּי עוֹלָם ' כָּלָה]
25 [עָווֹן שָׁבַת נֶגַע לְאֵין מַחֲלָה ' נֶאֶסְפָה עַוְלָה וְאַשְׁמָה לוֹא תִּהְיֶה]
26 עוֹד ' [הַשְׁ]מִ[יעוּ] וְאִמְר[וּ גָּדוֹל אֵל עוֹשֶׂה פֶלֶא כִּיא הַשְׁפִּיל גַּבְהוּת]
27 [c]רוּם לְאֵין שְׁרִית וַיָּרֶ[ם מֵעָפָר אֶבְיוֹן לְרוּם עוֹלָם וְעַד שְׁחָקִים]
28 [d]יַגְבִּיהַּ בְּקוֹמָה וְעִם [אֵלִים בַּעֲדַת יַחַד ורפ◦ אַף לְכַלַּת]
29 עוֹלָם ' וְכִוֹשְׁלֵי אֶרֶץ יָרִ[ים לְאֵין מְחִיר וּגְבוּרַת עַד עִם מִצְעָדָם]
30 וְשִׂמְחַת עוֹלָם בִּמְכוֹנֵיהֶם[כְּבוֹד נֵצַח וְאֵין הַשְׁבֵּת לְעוֹלְמֵי עַד ']
31a [יֹאמְרוּ בָּרוּךְ אֵל הַמַּפְלִיא פְּלָאוֹת גֵּאוּת וּמַגְדִּיל]
31 לְהוֹדִיעַ גְּבוּרָה [e] וּמַצְדִּי[ק בְּדַעַת לְכוֹל מַעֲשָׂיו וְטוּב עַל פְּנֵיהֶם]
32 בְּדַעְתָּם בְּרוֹב חֲסָדָיו[וַהֲמוֹן רַחֲמָיו לְכוֹל בְּנֵי אֲמִתּוֹ ' יְדַעֲנוּכָה]
33 אֵל הַצֶּדֶק וְהִשְׂכַּלְנוּ בַּאֲ[מִתְּכָה מֶלֶךְ הַכָּבוֹד כִּיא רָאִינוּ קִנְאָתְכָה]
34 בְּכוֹחַ [f]גְּבוּרֶה ' וְהִכַּרְ[נוּ מִשְׁפָּטֶיכָה בַּהֲמוֹן רַחֲמִים וְהַפְלֵא סְלִיחוֹת ']
35 מַה בָּשָׂר לָאֵלֶּה וּמַ[ה יֵּחָשֵׁב עָפָר וָאֵפֶר לְסַפֵּר אֵלֶּה מִקֵּץ לְקֵץ]
36 וּלְהִתְיַצֵּב בְּמַעֲמָד[לְפָנֶיכָה וְלָבוֹא בַּיַּחַד עִם בְּנֵי שָׁמַיִם ' וְאֵין מֵלִיץ]
37 לְהָשִׁיב דָּבָר כְּפִיכָה ו[לְכָה כִּיא הֶעֱמַדְתָּנוּ]
38 לִרְצ[וֹנְכָ]ה ב◦◦[וְנַעְצוֹר כּוֹחַ לִשְׁמוֹעַ]
39 [נִפְלָאוֹת כָּאֵלֶּה דִּבַּרְנוּ לְכָה וְלוֹא]
40 [לְאִישׁ בֵּינַיִם וְהִטִּיתָה אוֹזֶן לְמוֹצָא]
41 [שְׂפָתֵינוּ ' הַשְׁמִיעוּ וְאִמְרוּ בָּרוּךְ אֵל עֶלְיוֹן הַנּוֹטֶה שָׁמַיִם בְּכוֹחוֹ]
42 [וְכוֹל מַחְשְׁבֵיהֶם מֵכִין בְּעוּזוֹ אֶרֶץ בִּגְבוּרָתוֹ עוֹשֶׂה]

c oder רוּחַ (4QH^{a} 7 ii 8)
d oder יַגְבִּירֵהוּ (4QH^{a} 7 ii 9)
e an dieser Stelle ist Z. 31a einzufügen; 4QH^{a} 7 ii 12 hat zusätzlich לְהוֹפִיעַ גְּבוּרָה
f oder גְּבוּרָתְכָה (4QH^{a} 7 ii 15)

verschwindet[1082], Friede scheint auf,] **24** [Terror endet, eröffnet wird eine Quelle[1083] zu immerwährendem Segen[1084] und Heilung für alle ewigen Zeiten[1085]. Vernichtet] **25** [ist die Schuld, Plage endet, so dass (es) keine Krankheit mehr (gibt). Unrecht vergeht, und Schuld wird nicht] **26** mehr sein[1086]. Lasst erschallen und sagt[1087]: [Groß ist Gott[1088], der Wunder tut[1089], denn er erniedrigt den hochfahrenden] **27** Stolz[1090] ohne Rest, aber er richtet auf [aus dem Staub[1091] den Armen in ewige Höhe[1092], und bis zu den Wolken] **28** lässt er (ihn) in die Höhe wachsen[1093], und mit [den himmlischen Wesen (ist er) in gemeinschaftlicher Gemeinde[1094], und Zorn zu ewiger] **29** Vernichtung. Und die zu Boden Strauchelnden richtet er auf [ohne Gegenleistung, und Macht ist immerdar mit ihrem Schritt **30** und ewige Freude in ihren Stätten, und Herrlichkeit immerdar ohne Ende für alle Ewigkeiten. **31a** [Sie sollen sagen: Gepriesen sei Gott[1095], der wunderbar erhabene Wunder tut[1096] und der Großes tut] **31** [1097]und der für gerecht erklärt in [Erkenntnis all seine Geschöpfe und Güte (legt) auf ihr Angesicht[1098]], **32** wenn sie erkennen seine reichen Gnadenerweise[1099] [und die Fülle seines Erbarmens[1100] für alle Söhne seiner Wahrheit[1101]. Wir erkennen dich,] **33** Gott der Gerechtigkeit[1102], und wir haben Einsicht in deine Wahrheit[1103], [König der Herrlichkeit, denn wir sehen deine Leidenschaft] **34** in (deiner) machtvollen Kraft[1104]. Und wir sind uns bewusst [deiner Urteile in der Fülle des Erbarmens und wunderbaren Vergebungen.] **35** Was ist Fleisch im Verhältnis zu diesen, und als was [werden Staub und Asche[1105] angesehen, zu verkünden diese von (festgesetzter) Zeit zu Zeit] **36** und sich aufzustellen an einem Standort [vor dir[1106] und zu kommen in die Gemeinschaft mit den Himmelssöhnen[1107]? Und (es gibt) keinen Vermittler[1108],] **37** um Antwort zu geben[1109] gemäß deinem Wort und [für dich, denn du hast uns hingestellt] **38** nach deinem Willen [und wir bringen die Kraft auf[1110], zu hören] **39** [Wundertaten wie diese wir sprechen zu dir und nicht] **40** [zu einem Mann zwischen ihnen beiden[1111] und du neigtest ein Ohr[1112] dem zu, was unsere Lippen] **41** [verlässt[1113]. Lasst erschallen und sagt: Gepriesen sei der höchste Gott, der die Himmel ausspannt[1114] in seiner Kraft] **42** und der all ihre Gefüge gegründet[1115] in seiner Stärke, der die Erde in seiner Macht gemacht hat[1116]]

Kol. XXVII

[1-11]

12 [   ]◦ים ל[

13 רָצִיתָה ב◦[

14 בְּלוֹא ◦◦[

[15-42]

Kol. XXVIII

[1-10]

11 עָ]פָר כָּמוֹנִי ◦[

12 ⸢כבודכה ◦⸣

13]מכה בְהַפְּלֵא וא◦[

14 ק]וֹדֶשׁ עַל יְדֵי גְבוּרָתְ[כָה

15] בְּפִי[   ]ל[

[16-?]

Kol. 27

[1-11]
12 [ ]○*jm l*[
13 du hast Wohlgefallen an [
14 ohne [
[15-42]

Kol. 28

[1-10]
11] Staub wie (m)ich[1117] [
12] deine Herrlichkeit [
13] im Wunderbar-Handeln [
14] Heiligkeit in (Bezug auf) deine machtvollen Hände [
15] in meinem Mund[1118] [
[16-?]

Anhang: 4QH[a] 8 i 13 – ii 9

Kol. i

13 [בַּיַּ]חַד רִנָּה ' גָּדוֹל אֵל הַמַּפְלִי

14 [ ]בדו]ל[

15 [ ]תה אִישׁ

16 [ ]שכו [ ]בל אור מִמְשָׁל

17 [ ] כִּיא זוּקְקָה

18 [ ]לְעוֹלָם וּמְ[ק]וֹר בְּרָכָה

19 [כִּי]א [אֵין יָג]וֹן וַאֲנָחָה

20 [נִ]חַמְתָּה

21 [ ]◦ל

Kol. ii

[1–7]

8 בס◦[ ]ם [[

9 עִם רֻחוֹת עוֹ[לָם ' *vacat* [

Kol. 1

13 [ ] in gemeinsamem Jubel[1119]. Groß ist Gott[1120], der wunderbar handelt[1121] 14 [ ]*l* [ ]*bdw*
15 [ ] den Menschen
16 [ ] Licht Herrschaft
17 [ ] denn es wurde geläutert
18 [ ] auf ewig, und eine Quelle des Segens
19 [ ] denn kein Kummer und Seufzen (mehr)[1122]
20 [ ] du hast getröstet
21 [ ]○*l*

Kol. 2

[1-7]
8 *bs*○ [ ]*m* [ ]
9 mit den ewigen Geistern[1123]. [*leer*]

Anmerkungen

[1] Vgl. Jes 61,2; zitiert und gedeutet in 11QMelch 2,20.
[2] Vgl. 9,28; 20,13; 21,32; 22,34; 25,33; 1QS 3,15; 4Q417(Instr[c]) 1 i 8.
[3] Vgl. Ex 34,7; Num 14,18.
[4] Vgl. 11,30-33; Dtn 32,22; 11Q11(apocrPs) 4,7f.; 5,9.
[5] Vgl. Jer 31,36.
[6] Vgl. 1QS 4,23; CD 3,20.
[7] Vgl. 7,21; 18,16; 19,32.
[8] Wörtl.: „Antwort der Zunge"; vgl. 8,24; 10,9; 19,31.37.
[9] Das können die Vorfahren oder die vorherigen Taten (des Beters) sein; vgl. 17,13.
[10] Vgl. Gen 20,6; dieselbe Wendung auch in Z. 35; vgl. 6,28; 4Q504(DibHam[a]) 1-2 ii 16.
[11] Vgl. 7,12; 26,41.
[12] Vgl. 7,21; 25,34; ähnlich 1QSb 1,1; 3,3 sowie in den Sabbatopferliedern (z.B. 4Q403 1 i 30; 1 ii 18 u.ö.).
[13] Vgl. 6,19; 8,26; 13,22; 18,16; 19,30.35f.
[14] Vgl. 1QpHab 11,14f.; Jes 51,22.
[15] Vgl. 9,23; 12,28f.; 15,30; 19,13; 1QS 9,18; die „wunderbaren Geheimnisse" noch in 1QH 10,15; 1QS 11,5; CD 3,18; 4Q417(Instr[c]) 1 i 2.13.
[16] Vgl. 13,28.
[17] Vgl. 1QS 4,17; CD 3,15; 4Q416(Instr[b]) 2 iii 14.
[18] Vgl. 1QM 1,10; 4QM[a] 11 i 12; 1Q22 1 iv 1.
[19] Vgl. Jes 42,5; 1QM 10,13.
[20] Vgl. 26,24; 1QS 4,16.25; 4Q417(Instr[c]) 1 i 7.
[21] Lesung und Syntax unklar.
[22] Vgl. 1QS 4,25; Jes 43,19.
[23] Vgl. 21,13; CD 13,8.
[24] Vgl. 4,37; 7,34; 18,5.14; 20,34; 1QS 11,20f.; 4Q416(Instr[b]) 1,12; 4Q417(Instr[c]) 1 i 17; 4Q418(Instr[d]) 81+81a,2.
[25] Vgl. 21,2.9; 23,13f.; 1QS 11,21; 4Q501 5; Ijob 14,1; 15,14; 25,4.
[26] Vgl. 9,23; 11,25; 20,28.
[27] Vgl. 9,24; 20,28.
[28] Vgl. 8,18; 11,22; 19,15.
[29] D.h. der Menschheit; vgl. 7,33.
[30] Vgl. 8,29; Ps 143,2.

[31] Wörtl.: „Länge der Tage“; vgl. 1QS 4,7; 1QM 1,9.
[32] Vgl. Z. 36; 22,14; Jes 45,23; 55,11; vgl. auch 1Q27(Myst) 1 i 8.
[33] Vgl. 4,29; 8,20.29; 20,14f.; 21,34; Jes 37,7; Ez 36,26.27; 37,14 [34] Vgl. 9,23; zum „Ohr-Öffnen“ 14,7; 22,26.31; 23,5.
[35] Vgl. 1QpHab 7,10; 4Q298 3-4 ii 6; 11QT 57,8.
[36] Vgl. 10,15; 4Q215a 1 ii 3.
[37] Vgl. 1QM 14,7.
[38] Vgl. 13,18; 14,11; 1QS 4,20; 1QM 5,11; 17,1.
[39] Vgl. 1QS 8,5.
[40] Vgl. 5,15; 8,26; 13,22; 18,16; 19,30.35f.
[41] Vgl. 5,30f.; 19,7; 1QS 5,22; 11,18f.; CD 13,7f.
[42] Vgl. 4,36; 1QS 1,3f.; CD 2,15.
[43] Vgl. 11,23; 15,37; 1QS 4,26; 1QM 13,9; CD 20,4.
[44] D.h. „aufgrund der Einsicht, die von dir kommt“; vgl. 7,25; 9,23; 1QM 10,16.
[45] Vgl. 8,22; 18,30f.
[46] Vgl. Z. 29f.; 8,30; 20,25f.; 1QS 11,13.
[47] Vgl. 10,17; Ps 73,3.
[48] Vgl. 10,18.36; 1QS 9,8.
[49] Wörtl.: „gegen deinen Mund“.
[50] Vgl. 7,27.
[51] Vgl. 4Q418(Instr^{d}) 69 ii 10.
[52] Vgl. 7,38; 1QS 4,18f.; 5,19; 4QpPs^{a} 3,12f.
[53] Vgl. Ps 98,2; Jes 56,1.
[54] Vgl. 7,23f.; 1QS 5,8; CD 15,6.
[55] Vgl. 4,34.35.
[56] Vgl. Dtn 4,25; 9,18; 2 Sam 12,9 u.ö.; 4Q504(DibHam^{a}) 5 ii 5f.
[57] Vgl. 1QS 6,19; 9,15f.; dasselbe Verb schon in Z. 29.
[58] D.h. seines Anteils an Einsicht; zur im Hintergrund stehenden Vorstellung vgl. 1QS 4,15-17.24.
[59] Vgl. 7,36; 1QS 10,19.
[60] Vgl. Ps 90,2; 103,17; 1QS 2,1; 4Q504(DibHam^{a}) 1-2 vi 10f.
[61] Vgl. 8,30; 9,33f.; 14,12; 18,16; 1QS 11,13.
[62] Vgl. 10,11; 14,9; CD 2,5; 20,17; 4Q400 1 i 16; Jes 59,20.
[63] Vgl. Ex 34,7.
[64] Vgl. 8,27; 1QS 4,4; 4Q444 1,3; Jes 11,2; zitiert und gedeutet in 4QpJes^{a} 8-10,11ff.
[65] Vgl. 7,23; Dtn 6,5; Hos 14,5.
[66] Vgl. 8,13; 9,10.22; 18,11; 1QS 11,11.17.
[67] Vgl. 18,6.14; 20,29.34; 22,8.30; 23,29.
[68] Vgl. Ps 18,11; 104,3
[69] Vgl. 4,38; 26,41.
[70] Vgl. 9,5; 20,16.
[71] Vgl. 18,13; 19,7; 1QS 11,20.
[72] Vgl. 14,15; 15,18; 17,40; 19,26f.; 23,3; 25,31; 26,13.30.

73 D.h. immer wieder; vgl. 17,7f.; 20,7.
74 Vgl. 12,25; 1QSa 2,2.
75 Vgl. 19,17; 1QSa 1,28.
76 Vgl. 8,16; 11,36f.; 1QM 15,14; 4Q286(Ber[a]) 2,2.
77 Beide Lesarten sind möglich und belegt; vgl. 5,25; 26,10; Num 24,16; Ps 82,1; 1QS 4,22; 4Q400 2,7; 4Q401 11,3; 4QM[a] 11 i 12.
78 Vgl. 14,14; 19,9.
79 Vgl. 17,39; 1QS 10,16.
80 Vgl. 5,12; 7,21; 18,16; 19,32; 25,34.
81 Vgl. 6,37; Hos 14,5.
82 Vgl. 6,37; 1QS 5,8f.; Dtn 6,5.
83 Vgl. 6,28; 1QS 5,8; CD 15,6.
84 Vgl. Jos 11,15; 1 Kön 15,5.
85 Vgl. Z. 30.
86 Vgl. 6,23.
87 D.h. aus eigener Kraft.
88 Vgl. Z. 34; 12,33; 1QS 11,10.17; Jer 10,23.
89 Vgl. 6,26.
90 Vgl. Z. 30; 12,39.
91 Vgl. Z. 30; 17,30; Jer 1,5.
92 Vgl. 13,14; 17,28; 1QS 11,13; 4Q504 1-2 vi 8; Ps 31,8; 143,11.
93 Vgl. Ps 34,10.
94 Vgl. Jer 12,3.
95 Vgl. Jes 65,2; Ps 36,5.
96 Vgl. CD 20,11.
97 Vgl. 6,27; 9,35.
98 Vgl. 5,33.
99 Vgl. 18,5.14; 20,34; 22,29; 1QS 11,20.
100 Vgl. 8,18; 21,17.25.34.
101 Vgl. 9,10; 12,32; 18,24.
102 Vgl. Z. 26; 9,11; 19,37; 4Q180 1,2.
103 Vgl. Z. 39.
104 Vgl. 6,31; 1QS 10,19.
105 Vgl. 6,30; Num 35,31; Ps 49,8; Jub 21,19f.
106 Vgl. Ps 31,6; 1QS 11,4; 4Q416(Instr[b]) 1,14.
107 Vgl. 6,26f.
108 Vgl. 15,24; 4Q437(BarkiNafshi[d]) 2 i 12.
109 Vgl. 10,15; 1QS 11,5; CD 3,18; 4Q417(Instr[c]) 1 i 2.13.
110 Vgl. 13,6; 4Q416(Instr[b]) 1,6.
111 Vgl. 20,34.
112 Vgl. 6,38; 9,10.22; 18,11; 1QS 11,11.17.
113 Vgl. 10,20; 18,33; 19,22; 23,11.13.14; 26,24; 1QS 11,3; 4Q418(Instr[d]) 81+81a,1.
114 Vgl. 19,14; 23,30.

[115] Vgl. 1QS 4,11; 5,5.26; 6,26; 4Q436(BarkiNafshi[c]) 1 ii 2; 4Q504(DibHam[a]) 4,7; Ex 32,9; 34,9; Dtn 9,6.13.
[116] Vgl. 5,32; 11,22; 19,15; CD 12,2.
[117] Vgl. Z. 29; 4,29; 5,36; 20,15; 21,34.
[118] Vgl. Jes 6,3.
[119] Vgl. 6,24; 18,30f.
[120] Wörtl.: „Antwort der Zunge"; vgl. 4,29; 10,9; 19,31.37.
[121] Vgl. 4,30; 20,7.
[122] Vgl. Z. 20; 6,14; 4Q511(Shir[b]) 18 ii 6; Jes 11,2.
[123] Vgl. Z. 35; CD 1,10; Jes 38,3.
[124] Vgl. Ps 138,4.
[125] Vgl. 9,7; Jer 32,19.
[126] Vgl. 6,36; 1QS 2,3.
[127] Vgl. 5,19; 10,26; 12,29.
[128] Vgl. 18,14; 21,7; 23,25; Jer 14,22.
[129] Vgl. 7,31; 18,31; CD 1,21.
[130] Vgl. 5,34.
[131] Vgl. Ps 45,13; 119,58; Ijob 11,19.
[132] Vgl. 1QS 4,21.
[133] Vgl. Gen 19,19.
[134] Vgl. 10,10.
[135] Vgl. Z. 35; Dtn 7,9; CD 19,2.
[136] Vgl. 15,32; 18,13; 20,33; 1QS 11,16f.; 11Q11(apocrPs) 3,5.
[137] Vgl. 12,38; 1QS 11,14; CD 4,9; 14,19; programmatisch auch 1QS 8,6.10; 9,4.
[138] Oder: „um sich einzulassen auf den".
[139] D.h. „irgendeine Stolperfalle zum Abfall von"; vgl. Z. 23; 4,35.
[140] Vgl. Ex 34,6f.; Joel 2,13; Jona 4,2; Ps 86,15; 4Q381 47,1.
[141] Vgl. 4,36.
[142] Vgl. Ps 132,10; 2 Chr 6,42.
[143] Vgl. 1QS 11,16; 4Q381 15,2; 33+35,5; Ps 86,16
[144] Vgl. 6,22f.
[145] Vgl. 10,20; 20,32; 1QS 10,12; 11,3.
[146] Vgl. 20,16.
[147] Vgl. 8,26.
[148] Vgl. 5,25; 7,27; 4Q180 1,2; 2-4 ii 10; 4Q215a 1 ii 9.
[149] Vgl. Z. 22; 6,38; 8,13; 18,11; 1QS 11,11.17.
[150] Vgl. Z. 17; 7,35; 12,32; 18,24.
[151] Vgl. 7,26.35; 19,37; 4Q180 1,2.
[152] Vgl. 26,41; 11QPs[a] 26,14 (Hymn to the Creator); Jes 40,22; 42,5; 44,24; 45,12; 51,13; Jer 10,12; 51,15; Sach 12,1; Ps 18,10; 104,2; Ijob 9,8; zum Folgenden (Z. 11-16) vgl. insgesamt 5,24-27; Ps 104,2-6.
[153] Vgl. Z. 17; 18,24.
[154] Vgl. Ps 104,4; 1QSa 2,8f.; 1QM 7,6; 10,11; 4QM[a] 1-3,10; 4Q405 20 ii-22,9; 23 i 8.

[155] Vgl. Z. 19; 20,11f.; 4Q405 23 i 8.
[156] Vgl. 21,26; 4Q381 46,6; Ps 107,25; 148,8.
[157] Vgl. Gen 1,1; 1QM 10,12.
[158] Vgl. 5,26; 4Q416(Instr[b]) 1,12; Ps 135,6.
[159] Vgl. 5,26; 11,33f.
[160] D.h. des Dienstes.
[161] Vgl. 1QS 3,14f.
[162] D.h. die Heimsuchung.
[163] D.h. ihren Zweck; oder: „ihr Schicksal".
[164] Vgl. Z. 10; 6,38; 8,13; 18,3f.11; 1QS 11,11.17.
[165] Vgl. 6,23; 7,25.
[166] Vgl. 6,13.
[167] Vgl. 3,29; 11,25; 12,30; 19,6; 20,29.35; 21,38; 22,12; 23,13.28; 25,31.
[168] Vgl. 5,32; 11,25; 20,28.
[169] Vgl. 5,32; 20,28.
[170] Vgl. 5,32; 8,18; 11,22; 19,15; 20,1.
[171] Vgl. 10,21; 12,8.
[172] Vgl. Z. 28.32.39; 15,38; 25,3; 1QS 4,4; 9,17; 1QSb 2,26.
[173] Vgl. 18,9; 20,35f.
[174] Vgl. Ijob 19,23.
[175] Vgl. 1QS 10,6; 1QM 10,15; 4Q286(Ber[a]) 1 ii 19; Jub 2,9.
[176] Vgl. Jes 40,26.
[177] Vgl. 20,30.
[178] Vgl. 4,21; 20,13; 21,32; 22,34; 25,33; 1QS 3,15; 4Q417(Instr[c]) 1 i 8.
[179] Vgl. 21,30; 1QS 4,23.
[180] Vgl. Hos 14,3; 4Q418 148 ii 8; 4Q424 1,10; auch 1QS 10,22.
[181] D.h. „des Atems".
[182] Vgl. 5,30; 11QPs[a] 18,3 (Ps 154,5).
[183] Vgl. Z. 35f.; 11,24; 14,14; 18,16f.22; 19,27.
[184] Vgl. 3,32; 11,24; 17,39.41; 19,27; 20,6; 23,9.
[185] Vgl. 7,15; 17,41; 19,28.
[186] Vgl. 10,34; 11,26; 13,20; 4Q434(BarkiNafshi[a]) 1 i 1.
[187] Vgl. 10,26f.; 12,9.24.29; 13,17.
[188] Vgl. 10,11.38; 1QS 4,5; Jes 26,3.
[189] Vgl. 10,12; Ps 37,14.
[190] Vgl. 12,34; 1QS 8,25; 11,17.
[191] Vgl. 10,13; Ps 37,12
[192] Vgl. 8,28f.
[193] Wörtl.: „zur Rechenschaft Ziehende"; vgl. 14,7; 23,26; 1QS 9,17; CD 20,17; 4Q511(Shir[b]) 18 ii 8f.
[194] Vgl. 17,27; Jes 30,26.
[195] Vgl. 19,25a; 1QS 4,13.
[196] Vgl. 4Q440 3 i 16; Jes 52,7 (zitiert und gedeutet in 11QMelch 2,16-18).

197 Vgl. Z. 30; 12,34; 16,33; 21,25; 22,33; 1QM 1,14; 8,10.
198 Wörtl.: „Antwort der Zunge"; vgl. 4,29; 8,24; 15,14.16; 19,31.37.
199 Vgl. Z. 20; Ex 6,12.30.
200 Vgl. Ps 54,6.
201 Vgl. 4,35; 1QSa 1,17; Nah 2,2.
202 Vgl. 11,25; Mal 1,4.
203 Vgl. 6,35; 14,9; 1QS 10,20; CD 2,5; 20,17; 4Q400 1 i 16; Jes 59,20.
204 Vgl. Z. 38; 9,37; 1QS 4,5; Jes 26,3; 35,4.
205 Vgl. Z. 36; Ps 44,14.
206 Vgl. 6,32; 9,29; 13,11.28; 18,6; 19,7.12.15; 4Q286(Ber[a]) 1 ii 7, 4Q417(Instr[c]) 1 i 8.
207 Vgl. 9,37; Ps 37,14.
208 Vgl. 9,41; Ps 37,12.
209 Vgl. Ijob 30,9.
210 Vgl. Z. 18.29; 11,16f.33; 16,16; Jes 57,20.
211 Vgl. 6,13; 4Q215a 1 ii 3.
212 Vgl. 23,26; 4QpPs[a] 1,19.
213 Vgl. Z. 33; 12,8.10f.; 14,22.
214 Vgl. Jes 30,10.
215 Vgl. Z. 34; CD 1,18; 4QpJes[c] 23 ii 10; 4QpNah 3-4 i 2.7; 3-4 ii 2.4; 3-4 iii 3.
216 Vgl. Z. 36; 6,25; 1QS 9,8.
217 Vgl. 4Q436 1 ii 4; 4Q444 1-4 i 3.
218 Vgl. 9,6; 20,32; 23,16; 1QS 10,12; 11,3.
219 Vgl. 12,8; Jes 27,11; 28,11; Hos 4,14.
220 Vgl. 1 Sam 25,29.
221 Vgl. CD 14,2.
222 Vgl. Ps 54,5; 86,14; 11QT 59,19.
223 Vgl. 9,36; 12,9.24.29; 13,17.
224 Vgl. Jer 51,55.
225 Vgl. Jes 30,30.
226 Vgl. 11,16f.
227 Vgl. 21,21.24; Ps 9,16; 35,8; 140,6.
228 Vgl. 21,28; Jer 18,22.
229 Vgl. Ps 26,12; 1QS 10,13; 1QH 19,9; 22,36; 4Q437(BarkiNafshi[d]) 2 i 4; 4Q511 63-64 ii 2.
230 Vgl. Ps 35,12.
231 Vgl. Z. 37; 11,20; Jer 20,13; Ps 35,10.
232 Vgl. Z. 38.
233 Vgl. 15,26; 1QpHab 5,11; 4Q381 15,3; Jer 31,11.
234 Vgl. Jes 51,7.
235 Vgl. 9,21.
236 Vgl. 15,13.17; 16,37; 4Q434(BarkiNafshi[a]) 1 i 3f.
237 Vgl. 12,6.28.
238 Vgl. 19,10; 22,13f.

[239] Vgl. 10,24; 14,8; 15,37.
[240] Vgl. 10,25.
[241] Vgl. 10,11f.35f.; Ps 44,14; Jer 20,8.
[242] Vgl. Z. 14; 14,25f.28; 15,7.
[243] Vgl. 13,32f.; Jer 13,21; zum Folgenden insgesamt auch Jes 21,3; 26,17f.
[244] Vgl. Z. 12.13; Mi 2,10.
[245] Wörtl.: „Schmelzofen"; vgl. Z. 11.13.
[246] Vgl. Z. 10.13; 17,4; Jes 37,3 (dort aber anders formuliert und mit anderer Bedeutung; der Text von 1QH 11,8-13 spielt hier mit den Begriffen מִשְׁבָּר „Welle[nbrecher]" und מַשְׁבֵּר „Muttermund; Geburtskanal").
[247] D.h. erleidet große Schmerzen.
[248] D.h. gebiert sie; vgl. Jes 66,7.
[249] Wörtl.: „Wehen der Scheol".
[250] Vgl. Jes 9,5.
[251] Der Text wechselt in diesem Halbsatz zweimal in den Pl.
[252] Es ist unklar, ob die Verbwurzel רוע „lärmen" oder רעע „(zer)brechen" vorliegt; vgl. Z. 34; 12,34; 15,7; zum Folgenden insgesamt Ps 107,23-27.
[253] Vgl. Ps 77,18.
[254] „solche, die zum Meer(esufer) hinabsteigen" (vgl. Jona 1,3); aber vgl. Jes 42,10; Ps 107,23.
[255] Wörtl.: „Wellen(brecher) des Wassers".
[256] Scheol und Abaddon; vgl. Z. 20.
[257] Vgl. Z. 28.
[258] Vgl. Z. 19; 14,34.
[259] Vgl. 10,34.37; Ijob 33,28.
[260] Vgl. Ps 30,4; 49,16.
[261] Vgl. 14,9; 17,14; 22,11.
[262] Vgl. 7,34; 8,18; 21,17.25.34; Gen 2,7.
[263] Vgl. 5,32; 8,18; 9,24; 19,15; CD 12,2.
[264] Vgl. 15,33; 19,13.
[265] D.h. seinen Platz einnehmen kann; vgl. 19,16; 26,36; 1QM 8,3; 16,5; 17,11.
[266] Vgl. 23,30; 26,36; 1QS 4,22; 11,8; 4Q416(Instr^{b}) 1,12.
[267] Vgl. 15,37; 1QS 4,26; 1QSb 4,26; 1QM 13,9; 4Q181 1 ii 5; 4Q418(Instr^{d}) 81+81a,5.
[268] Vgl. 3,32; 9,32; 17,39.41; 19,27; 20,6; 23,9.
[269] Vgl. 9,32.35; 14,14; 18,16f.22f.; 19,27; Ps 9,2; 26,7; 75,2; 96,3.
[270] Vgl. 3,29; 9,23; 12,30; 19,6; 20,29.35; 21,38; 22,12; 23,13.28; 25,31.
[271] Vgl. 5,32; 9,23; 20,28.
[272] Vgl. 8,12; 21,12; 26,35; 1QS 5,17; 4Q400 2,6.
[273] Vgl. 10,10; Mal 1,4.
[274] Vgl. Z. 39.
[275] Vgl. 12,13; CD 4,15.
[276] Vgl. 13,10.
[277] Vgl. 10,28.

[278] Vgl. 12,14; 15,37; Ps 26,4.
[279] Vgl. 13,41; Ps 18,5f.
[280] Vgl. Z. 33; Ps 18,5.
[281] Vgl. 10,28; Ez 21,3.
[282] Vgl. 16,24.
[283] Vgl. Am 7,4; Ijob 31,12.
[284] In dieser Bedeutung nur noch Z. 35.
[285] Vgl. Z. 16f.; 10,14f.18.29; 16,16; Jes 57,20.
[286] Vgl. 1 Sam 2,10; Ps 18,14.
[287] Vgl. Ps 46,7.
[288] Vgl. Jes 10,23; 28,22; Dan 9,27.
[289] Vgl. 13,39.
[290] Vgl. 13,13; 4Q437(BarkiNafshi[d]) 2 i 8.9.
[291] Vgl. 13,39; 14,30f.; 4Q412 1,5
[292] Vgl. 10,23f.; 4Q382 104,1.
[293] Vgl. 15,11.28.41; Ps 40,3.
[294] Vgl. Ps 139,24.
[295] Vgl. 15,17.
[296] Vgl. Z. 28; 11,4.
[297] Vgl. Z. 24; 21,15; Hos 6,3.
[298] Vgl. Z. 10f.; 10,16.33; 14,22.
[299] Vgl. 10,21; Hos 4,14.
[300] Vgl. Z. 24.29; 9,36; 10,26; 13,17.27.
[301] Vgl. Jes 16,2; Spr 27,8 (sofern יַדִּידוּנִי gelesen wird).
[302] Vgl. Ps 31,13.
[303] Vgl. 4QpPs[a] 2,13f. in Auslegung von Ps 37,12f.
[304] Vgl. Ps 69,22.
[305] Vgl. Z. 20; Ez 12,13; 17,20.
[306] Vgl. Jes 46,10; Spr 19,21.
[307] Vgl. Z. 23; 15,34; Ps 33,11.
[308] Vgl. 11,29; 15,37; Ps 26,4.
[309] Vgl. 10,18f.
[310] Vgl. 23,35.
[311] Vgl. Dtn 29,17.
[312] Vgl. CD 3,11f.
[313] Vgl. 1QS 2,12.17; Ez 14,3.7.
[314] Vgl. 10,20f.; Jes 28,11.
[315] Vgl. Z. 19.22.25; 14,10.24; CD 1,11; 4Q434(BarkiNafshi[a]) 1 i 5.
[316] Vgl. CD 5,12.
[317] Vgl. Ez 14,5; Ps 10,2.
[318] Vgl. 6,25; 10,18.36; 1QS 9,8; Ps 43,1 (Sing.).
[319] Vgl. Z. 10f.
[320] Vgl. 18,3; 25,12f.

[321] Wörtl.: „die nach/gemäß deiner Seele sind“.
[322] Vgl. 15,34; 1QS 11,16f.
[323] Vgl. Z. 37; Ps 20,9.
[324] Vgl. 15,25; CD 1,2.
[325] Vgl. 13,37; 17,20.22.
[326] Vgl. 7,17; 1QSa 2,2.
[327] I.S.v. Sich-Vorbereiten auf kultisch-liturgisches Handeln.
[328] Vgl. Jes 42,3; Hab 1,4.
[329] Vgl. 4Q381 76-77,16.
[330] Vgl. 4Q299 59,3; 4Q381 14+5,3.
[331] Vgl. Z. 6; 11,4; 1QSb 4,27.
[332] Vgl. 15,30.
[333] Vgl. 18,23; 19,19; 20,15.
[334] Vgl. Z. 9.24; 9,36; 10,27; 13,17.
[335] Vgl. 5,19; 8,27.
[336] Vgl. Ps 145,12.
[337] Oder: „wer hat solches verkündet?“.
[338] Vgl. Z. 35; 15,39; 19,14.
[339] Vgl. 1QS 11,2.11.
[340] Vgl. 14,36.
[341] Vgl. 7,35; 9,10f.17; 18,24.
[342] Vgl. 1QS 11,17.
[343] Vgl. 5,15; 23,9; 26,34; 1QS 11,19f.; 4QM[a] 11 i 9; 4Q510(Shir[a]) 1,3.
[344] Vgl. 5,34; 15,30; 18,18; 23,15; 26,17f.; 1QS 4,3; 4Q434(BarkiNafshi[a]) 1 i 3.7; 11QPs[a] 19,5.11 (Plea).
[345] Vgl. 19,12.
[346] Vgl. 11,13.34; 15,7.
[347] Vgl. 16,34; 21,25, 22,33; Mi 1,4.
[348] Vgl. Mi 1,4; Ez 7,17; 21,12; Ps 22,15.
[349] Vgl. 1QS 1,24f.
[350] Vgl. Z. 38; 7,29; 13,4; 14,12; 15,33.38; 17,8.34; 18,23; 26,34; 4Q301 3,5.
[351] Vgl. 13,30f.
[352] Vgl. 1QS 2,8; 11,14; CD 3,18; 14,19; Ps 78,38; Jer 18,23.
[353] Vgl. 14,11; 19,13.
[354] Vgl. 5,36; 4Q418(Instr[d]) 102,2
[355] Vgl. 7,29; 12,37.38; 14,12; 15,33.38; 17,8.34; 18,23; 19,12; 26,34; 4Q301 3,5.
[356] Vgl. 17,13; 19,35; 4Q437(BarkiNafshi[d]) 2 i 12; Jes 49,13.
[357] Vgl. 1QS 10,16f.; 11,10; 4Q300(Myst[b]) 11,2; Dtn 32,41.
[358] Vgl. Z. 8.14.22; 17,11f.; 22,37; 4QpPs[a] 2,14f.; 4,9; 4Q372 1,16; 4Q381 79,6; 4Q434 1 i 4; 4Q460 9 i 5; 4Q504 1-2 v 10f.; 1 Kön 6,13; Jes 41,17; Ps 9,11; 16,10; 37,28.33; Neh 9,17.19.31; als Gegensatz Ps 22,2.
[359] Vgl. CD 6,5.
[360] Vgl. CD 2,16; 1QS 5,5.

361 Vgl. 10,36; 11,20; 15,26; 1QS 11,13; 4Q381 15,3.
362 Vgl. 14,33; 15,14.
363 Vgl. Z. 11f.15.20f.; Num 23,24; Jes 38,13.
364 Vgl. Jes 19,8; Jer 16,16.
365 Vgl. 14,21; 4Q418(Instr[d]) 69 ii 8; 201,2; 4Q511(Shir[b]) 1,8; 2 Sam 7,10; Ps 89,23.
366 Vgl. Hab 1,12.
367 Vgl. Z. 28; 6,32; 9,29; 10,12; 18,6; 19,7.12.15; 4Q286(Ber[a]) 1 ii 7, 4Q4171 i 8.
368 Vgl. 1QM 1,14; Dtn 2,30; Ps 27,14; 31,25.
369 Vgl. 1QSb 5,23.
370 Vgl. Dan 6,23.
371 Vgl. Ps 57,5; Spr 30,14.
372 Vgl. Z. 29; 4Q525(Beat) 15,4; Dtn 32,33 (zitiert in CD 8,9).
373 Vgl. Ps 10,9; Spr 23,28.
374 Vgl. Ps 22,14; Klgl 2,16; 3,46.
375 Vgl. Ps 31,20f.
376 Vgl. Z. 27.
377 Vgl. CD 20,20; Jes 56,1; Ps 98,2.
378 Vgl. 7,29; 17,28; 1QS 11,13; 4Q437(BarkiNafshi[d]) 2 i 6f.; 4Q504 1-2 vi 8; Ps 31,8.
379 Vgl. Z. 36; 1QpHab 9,11; Jes 38,15.
380 Vgl. 11QPs[a] 18,15 (Ps 154,17); Jer 20,13; Ps 22,21; 33,19; 56,14; 86,13; 120,2.
381 Vgl. Ps 64,4; 140,4.
382 Vgl. 10,36; Ps 7,3; Ez 22,25.27.
383 Vgl. Z. 27; 9,36; 10,26f.; 12,9.24.29.
384 Vgl. 10,34.
385 Vgl. 14,11; Ps 12,7; Spr 17,3; 27,21; Mal 3,3.
386 Vgl. Ps 94,5; 143,3.
387 Vgl. 14,26; Ps 107,29.
388 Vgl. 4Q434(BarkiNafshi[a]) 1 i 1; 17,33; Ps 17,13.
389 Vgl. Ps 124,7; Spr 7,23; Koh 9,12.
390 Vgl. 10,36; 4Q434(BarkiNafshi[a]) 1 i 1f.; Ps 22,25.
391 Vgl. 14,6; 17,16f.; 18,12.
392 Vgl. Ps 40,3.
393 Oder: „die Gemeinschaft aller Armen".
394 Vgl. Z. 37; Hab 1,3.
395 Vgl. CD 2,2; 8,1; 13,14 u.ö.; 1QS 2,18.
396 Vgl.1QS 5,25.
397 Vgl. 7,17; 12,25.
398 Vgl. Ps 41,10; evtl. ist gemeint: „haben Fersengeld gegeben".
399 Vgl. 4Q424 1,9.
400 Vgl. 14,14.16; 1QS 6,3; 1QSa 1,3; 1QSb 4,24; 4QpPs[a] 2,18; 4Q174 1-2 i 17; 4Q177 1-4,14.16; negativ 1QpHab 5,10; 4QpNah 3-4 i 5.
401 Vgl. 1QS 7,15.16; Lev 19,16; Spr 11,13; 20,19.
402 Vgl. Z. 33; Ps 52,4.
403 Vgl. Ps 109,2.

404 Vgl. 4Q525(Beat) 15,4; Dtn 32,24.33 (zitiert in CD 8,9f.); Ijob 20,16.
405 Vgl. 16,29; 22,23; Jes 17,11.
406 Vgl. 4Q511(Shir^{b}) 28-29,4; 48-49+51 ii 3f.
407 Vgl. Z. 38; 16,32.37.
408 Vgl. 12,37.
409 Vgl. Jes 16,11.
410 Vgl. 17,6; Zef 1,15; Ijob 30,3; 38,27.
411 Vgl. 4Q501 6; Ps 119,53.
412 Vgl. 11,8-10; Jes 13,8; 21,3.
413 Vgl. 15,8; 22,32; Jer 4,19.
414 Vgl. Jes 50,3.
415 Vgl. Ez 3,26; Ps 22,16; 137,6; Ijob 29,10; Klgl 4,4.
416 Vgl. Z. 36.
417 Vgl. 1QSb 4,27; Ps 90,8.
418 Vgl. Dan 10,8.
419 Vgl. 14,33f.
420 Vgl. Ps 44,20.
421 Vgl. Ijob 3,24; Ps 80,6; 102,10.
422 Vgl. Ps 6,8; 31,10; Ijob 17,7.
423 Vgl. Z. 14; 1QpHab 9,11; Ijob 3,5.
424 Vgl. 19,25+25a.29; 4QH^{a} 8 i 19; Jes 35,10; 51,11.
425 Vgl. 12,24; 17,20.22; Ps 44,16.
426 Vgl. 19,24; Hab 3,16.
427 Vgl. Ps 71,9.
428 Vgl. 24,9.
429 Vgl. Ri 15,13; 16,11f.; Ez 3,25.
430 Vgl. Ijob 36,8.
431 Vgl. 11,38.
432 Vgl. 11,40; 14,30f.; 11Q11(apocrPs) 5,9; Jes 45,2; Ps 107,16.
433 Vgl. 11,29.30.33; Ps 18,5; 40,13; 116,3
434 Vgl. 11,26; 13,23; 17,17.
435 Vgl. 6,13; 9,23; 22,26.31; 23,5; 25,12; CD 2,2; 1Q26(Instr) 1,4; 4Q299(Myst^{a}) 8,6; 4Q416(Instr^{b}) 2 iii 18; 4Q423(Instr^{g}) 5,1f.; 1 Sam 9,15; 2 Sam 7,27; Jes 22,14; Ijob 33,16; 36,10.
436 Oder: „die, die für Gerechtigkeit eintreten"; vgl. CD 20,17; Jes 11,4.
437 Vgl. 10,24; 15,37.
438 Vgl. 15,13; 1QS 2,25; 8,21; 1QM 3,4; 4Q286(Ber^{a}) 1 ii 7.
439 Vgl. 11,21; 17,14; 22,11; Esra 10,2.
440 Vgl. 6,35; 10,11; CD 2,5; 20,17; 1QS 10,20; 4Q400 1 i 16; Jes 59,20; Ez 18,28.30.
441 Vgl. Z. 24; 12,18.19.25; 4Q434(BarkiNafshi^{a}) 1 i 10f.; Jes 57,17.
442 Vgl. 17,13.
443 Vgl. Jes 13,4; 17,12.
444 Vgl. CD 1,4f.; 1QM 13,8; 4Q393 3,7; Mi 7,18.

[445] Vgl. 12,38; 19,13.
[446] Vgl. 23,13f.; 1QS 4,20.
[447] Vgl. 7,29; 12,37.38; 13,3f.; 15,33.38; 17,8.34; 18,23; 19,12; 26,34; 4Q301 3,5.
[448] Vgl. 1QS 8,5; 4Q265 6,8.
[449] Vgl. 12,38f.; 16,4; 18,14; 21,7; 23,25; 1QM 18,8; Jes 48,11.
[450] Vgl. Jes 42,21.
[451] Vgl. 7,19; 19,9.
[452] Vgl. 9,32.35; 11,24; 18,16f.22f.; 19,27; Ps 9,2; 26,7; 75,2; 96,3.
[453] Vgl. 17,7; 19,8; 1QS 10,16.
[454] Vgl. 7,14.33; Jes 38,19; Hab 2,14.
[455] Oder: „deines Kreises".
[456] Vgl. 1QSb 4,26; 4Q511(Shir^{b}) 2 i 8; Jes 63,9; Jub 1,27.
[457] Vgl. 23,12f.; 26,36f.; 4QpPs^{a} 1,19.
[458] Vgl. 1QS 11,1.
[459] Vgl. 4Q405 23 i 12.
[460] Vgl. 15,21f.; 16,7-10.24f.; CD 1,7; 1QS 8,5; 11,8f.; 4Q418(Instr^{d}) 81+81a,13.
[461] Vgl 11,32.
[462] Vgl. 16,9; 18,33.
[463] Vgl. 4Q286(Ber^{a}) 1 ii 3; Ijob 18,5.
[464] Vgl. 13,10; 4Q418(Instr^{d}) 69 ii 8; 201,2; 4Q511(Shir^{b}) 1,8; 2 Sam 7,10; Ps 89,23.
[465] Vgl. 11,37; 16,31; 1QM 11,10f.; Jes 10,17.
[466] Vgl. 13,26.
[467] Vgl. 10,16.33; 12,8.10f.17; 22,27.
[468] Vgl. Z. 30; 4Q174 1-2 i 5; 4Q501 1; 4Q525(Beat) 5,8.
[469] Vgl. 4Q504 1-2 v 20; Jes 35,8; 48,17 (in der Variante 1QJes^{a} 40,22f.).
[470] Vgl. Jes 35,8f.; 52,1.
[471] Vgl. 4Q381 69,3.
[472] Vgl. 4,22.
[473] Oder: „und wie ein Ratgeber ist Belial in ihrem Herzen, so dass sie sich ausrichten an einem Plan des Frevels und sich wälzen in (ihrer) Schuld"; vgl. 4Q181 1 ii 1; Nah 1,11.
[474] Vgl. 11,7.14f.; 15,7f.; Jona 1,15.
[475] Wörtl.: „toben/lärmen gegen mich"; vgl. 10,14; 11,16f.; Jer 51,55; Jona 2,4; Ps 42,8.
[476] Vgl. 15,8; Jes 19,14.
[477] Vgl. 13,20.
[478] Wörtl.: „um den Weg zu bahnen"; vgl. 15,17; 20,37; 1QS 4,2; 8,14; Jes 43,16; 45,13; Spr 3,6.
[479] Vgl. Ps 9,14; 88,4; 107,18; Ijob 38,17.
[480] Vgl. 15,11; 1QSb 5,23; Ps 31,22; 60,11; Spr 18,10f.
[481] Vgl. 12,37f.; 15,21; 18,19; 19,35; 1QS 4,4; 10,16.
[482] Vgl. 15,11; 1QS 11,8; Jes 28,16f.
[483] Vgl. 15,12; 1QS 8,8; 11,4.8.

484 Vgl. 13,39f.; 4Q412 1,5.
485 Vgl. Z. 34; 10,28; 1QM 17,1; 4Q402 4,8.
486 Oder: „bis zum Ende aller Kriegspfeile des Frevels"; vgl. 15,10.
487 Vgl. 1QM 15,3; 19,11.
488 Vgl. Fragm. C3,5; 4Q369 1 i 6.
489 Vgl. 15,32f.; 17,35; 18,29; 26,32; 1QS 4,5; 1QM 17,8; 4QM[a] 11 ii 15; 4QD[a] 11,7; 4Q416(Instr[b]) 1,10.
490 Vgl. 13,9; 15,14.
491 Vgl. 1 Chr 8,40; von Gott ausgesagt in Sach 9,13; Klgl 2,4; 3,12.
492 Oder: „die Belagerung des Himmels aufbrechen".
493 Vgl. 10,28; 11,28.
494 Oder: „für den schuldigen Trieb"; vgl. CD 2,16.
495 Vgl. Esra 9,14.
496 Vgl. Am 8,3; Nah 3,3 (zitiert und gedeutet in 4QpNah 3-4 ii 4-6).
497 Vgl. 1QM 14,11.
498 Oder: „beim"; vgl. 12,32.
499 Vgl. Ijob 7,21; 20,11; 21,26.
500 Vgl. 19,15.
501 Wörtl.: „flutenden"; vgl. Jes 28,15.18.
502 Vgl. 20,35; Ps 39,3.
503 Vgl. 16,34; Ijob 31,22.
504 Vgl. Jer 38,22.
505 Vgl. Jes 6,10; 32,3; 33,15; Hab 1,13.
506 Vgl. 21,6; 4Q510(Shir[a]) 1,6; Ps 143,4.
507 Vgl. Ps 22,15.
508 Vgl. 11,7; 14,25f.
509 Vgl. 13,33; 16,33; 22,32; Jer 4,19.
510 Vgl. 14,26; Jes 19,14.
511 Vgl. 17,32; 23,14; 4QpJes[a] 8-10,12.
512 Vgl. 4,38; 23,29f.33.
513 Vgl. 9,34; 14,31f.
514 Vgl. 14,28; 1QSb 5,23f.; Spr 18,10f.
515 Vgl. 14,29f.; 1QS 8,7f.; 11,4.
516 Vgl. 10,30; 12,40; 23,10; 1QS 5,3.
517 Oder: „wie (die) der von dir Belehrten", oder: „gemäß deinen Lehren"; vgl. Z. 17; 16,36f.; Jes 50,4.
518 Wörtl.: „keinen Mund".
519 Wörtl.: „Antwort der Zunge"; vgl. Z. 16; 4,29; 8,24; 10,9; 19,31.37.
520 Vgl. 13,9; 14,33.
521 Vgl. Ps 31,19.
522 Vgl. Jes 54,17.
523 Vgl. Z. 19; 19,23; Dtn 31,21; Ps 103,14; Jub 35,9.
524 Vgl. 4Q525(Beat) 2-3 ii 4; Ps 10,17; 112,7.

[525] Vgl. 1QS 1,8; 1QSb 5,22; Gen 17,1; Jes 38,3; Ps 56,14; 116,9.
[526] Vgl. 7,16; 14,15; 17,40; 19,26f.; 23,3; 25,31; 26,13.30.
[527] Vgl. 1QpHab 8,10; 1Q22 2,4; Dtn 8,14; 17,20; Ez 31,10; Hos 13,6.
[528] Vgl. Z. 22.
[529] Vgl. Ez 14,14.20; 33,12; Spr 10,2; 11,6.
[530] Vgl. Z. 30; 5,34; 12,33.37f.; 19,35; 23,15; 1QS 4,3; 4Q434(BarkiNafshi[a]) 1 i 3.7; 11QPs[a] 19,5.11 (Plea); Ps 51,3; 69,17.
[531] Vgl. 17,10; Ps 33,18; 147,11.
[532] Vgl. 14,18.
[533] Vgl. Gen 45,8; Ijob 29,16.
[534] Vgl. Sach 3,8.
[535] Vgl. Z. 24.39f.; 17,31.36.
[536] Vgl. Z. 26f.; 4Q437(BarkiNafshi[d]) 2 i 15; 1 Sam 2,1.10; Ps 75,5f.11; 89,18; 148,14; Klgl 2,17.
[537] Vgl. 12,23; CD 1,2.
[538] Vgl. 4QPs[f] 10,12f. (Juda-Apostrophe); Ps 92,10.
[539] Wörtl.: „der Männer meines Krieges"; vgl. 17,21f.; CD 20,14.
[540] Vgl. 17,19.22; Jes 50,8.
[541] Vgl. Jes 17,13; Ps 1,4; 35,5; Ijob 21,18.
[542] Vgl. 12,23.
[543] Vgl. 10,36.
[544] Vgl. 17,26; Jes 30,26; Ijob 37,15.
[545] Vgl. 21,8.
[546] Vgl. 20,18; Jes 60,19f.
[547] Vgl. Z. 41; 10,31; 12,4; 4Q434(BarkiNafshi[a]) 1 i 4; Ps 26,12.
[548] Vgl. 1QS 9,18; Dan 9,13.
[549] Vgl. 5,18; 9,23; 12,28f.; 19,13; 1QS 9,18; die „wunderbaren Geheimnisse" noch in 1QH 10,15; 1QS 11,5; CD 3,18; 4Q417(Instr[c]) 1 i 2.13.
[550] Wörtl.: „einem Mann der Sünde"; vgl. 22,8.
[551] Vgl. 4,31; 1QS 11,9; Spr 12,8.
[552] Vgl. 1QM 10,8; 13,13; Ex 15,11; Ps 35,10; 71,19; 89,9.
[553] Vgl. 17,14f.34; 4Q417(Instr[c]) 2 i 16; Ps 143,2.
[554] Vgl. 20,33f.; Hab 2,1.
[555] Weder Schreibung noch syntaktische Position noch Bedeutung des über der Zeile nachgetragenen Wortes sind auch nur annähernd klar; vgl. 7,26; 9,11.31; 18,10.
[556] Vgl. 20,33.
[557] Vgl. 14,29; 17,35; 18,29; 26,32; 1QS 4,5; 1QM 17,8; 4QM[a] 11 ii 15; 4QD[a] 11,7; 4Q416(Instr[b]) 1,10.
[558] Vgl. 11,22; 19,13.
[559] Vgl. Z. 38; 5,16; 6,28; 7,13.29; 12,37.38; 13,4; 14,12; 17,8.34; 18,23; 19,9; 1QS 11,14; 4Q301 3,5; 4Q418(Instr[d]) 81+81a,19; 4Q434(BarkiNafshi[a]) 2,4; Jes 63,7; Ps 31,20; 145,7.

560 Vgl. 12,22; 1QS 11,16f.; Ps 148,6.
561 Vgl. 4Q286(Ber[a]) 8,2; Gen 21,33.
562 Vgl. 12,14.23; Jes 34,10.
563 Vgl. 18,11; 1QS 11,18; 4Q379 22 i 5; 4Q504(DibHam[a]) 1-2 v 9; 2 Sam 7,22; Jes 45,5.21.
564 Vgl. Jes 49,4; Ps 144,4.
565 Vgl. 18,13; 19,7; CD 2,14.
566 Vgl. 11,23; 1QS 4,26; 1QSb 4,26; 1QM 13,9; 4Q181 1 ii 5; 4Q418(Instr[d]) 81+81a,5; Jes 34,17.
567 Vgl. 10,24; 14,8.
568 Vgl. 11,29; 12,14; Ps 26,4.
569 Vgl. 8,14.
570 Vgl. 9,25.32; 25,3; CD 20,30; 1QS 3,1; 4,4; 9,17; Jes 58,2; Ps 119,7.62.106.164.
571 Vgl. CD 11,19.
572 Vgl. 12,30f.; 17,29f.; 19,14; 4Q507 1,2.
573 Vgl. 12,31; 17,31-34; 1QS 11,12.
574 Vgl. 12,19.22.25; 14,10.24; 4Q434(BarkiNafshi[a]) 1 i 11; Jes 57,17.
575 Vgl. 23,7.
576 Vgl. 6,13; 9,23; 14,7; 22,26.31; 25,12; CD 2,2; 1Q26(Instr) 1,4; 4Q299(Myst[a]) 8,6; 4Q416(Instr[b]) 2 iii 18; 4Q423(Instr[g]) 5,1f.; 1 Sam 9,15; 2 Sam 7,27; Jes 22,14; Ijob 33,16; 36,10.
577 Vgl. 20,37; 21,10.
578 Vgl. 19,7; 4Q416(Instr[b]) 2 iii 14; 4Q418(Instr[d]) 102,3.
579 Vgl. Jes 33,15; Ps 58,5; Spr 21,13.
580 Vgl. 5,32; 8,18; 9,24f.; 11,22; 19,15; 26,22; CD 12,2.
581 Vgl. 1QS 4,11; 4Q487 24,2.
582 Vgl. 12,16; 1QS 2,12.17; Ez 14,3.
583 Vgl. 13,13f.
584 Vgl. 1QS 11,10; Jer 10,23.
585 Vgl. 8,27; 12,38f.; 14,13; 18,14; 21,7; 23,25; 1QM 18,8; Jes 48,11.
586 Vgl. Jes 44,3.
587 Vgl. Z. 17; Jes 49,10.
588 Vgl. 4Q177 12-13 i 8.
589 Vgl. Jes 35,7.
590 Vgl. insgesamt Jes 41,18f.; 60,13.
591 Vgl. 4Q385a 17 ii 3; Gen 2,9; 3,22; Spr 3,18; 11,30; 13,12; 15,4.
592 Oder: „an der Quelle des Geheimnisses".
593 Vgl. Z. 10.18; Ez 31,14.
594 Vgl. Z. 11.
595 Oder: „zu einer ewigen Pflanzung"; vgl. Z. 11; 14,18; 1QS 8,5; 11,8.
596 Vgl. Z. 11; Jer 17,8.
597 Wohl zu verstehen i.S.v. fließendem bzw. frischem Wasser; vgl. Z. 17; CD 19,34; 4Q418(Instr[d]) 103 ii 6; Gen 26,19; Jer 2,13; 17,13; Sach 14,8; Ijob 29,19.

[598] Vgl. Z. 21; 14,20f.; 18,33; 1QSb 1,3.6; 4Q418(Instr[d]) 81+81a,1.
[599] Vgl. Ps 50,10; Ps 104,20.
[600] Vgl. Gen 1,21; Ps 78,27.
[601] Vgl. Ez 31,14.
[602] Oder: „abtrünnig werden“.
[603] Vgl. 13,13.28; 26,14f.
[604] Vgl. 10,23; Ijob 1,10.
[605] Vgl. 18,36f.; 4Q510(Shir[b]) 1,3; Ps 103,20.
[606] Vgl. 4Q403 1 ii 7; 4Q405 20 ii-22,10.
[607] Vgl. Gen 3,24.
[608] Vgl. 14,22.30.
[609] Vgl. 4Q381 1,8; 11Q14 1ii 10.
[610] Vgl. Z. 18.
[611] Vgl. 10,14f.; 11,33; Jes 57,20.
[612] Zu ergänzen evtl. „Worte“; vgl. 19,36; Ex 4,15; Num 22,38; 23,5.12.16; Jes 51,16; 59,21.
[613] Vgl. Joel 2,23.
[614] Vgl. Jes 58,11.
[615] Vgl. Dtn 28,12.
[616] Vgl. Jes 30,28; 66,12; Jer 47,2; Ps 78,20.
[617] Vgl. 14,19f.
[618] Vgl. Num 20,13; Dtn 33,8.
[619] Vgl. Ez 17,24; 21,3.
[620] Vgl. Ex 15,10.
[621] Oder: „zu herrlichem Gezweig/Astwerk“; vgl. Z. 21.
[622] Vgl. Z. 34.
[623] Vgl. Jes 40,24.
[624] Vgl. 23,10; Ez 20,22; Ps 74,11.
[625] Vgl. Jer 48,6 (anders 17,6).
[626] Vgl. 4Q423(Instr[g]) 1-2 i 3; Gen 3,18; Jes 5,6; 7,23; 32,13; Hos 10,8.
[627] Vgl. 4Q433a 2,7; Jes 5,2.4.
[628] Vgl. Jes 1,30; 34,4; Jer 8,13; als positives Gegenbild: Ez 47,12; Ps 1,3.
[629] Vgl. 13,30; 22,23; Jes 17,11.
[630] Vgl. 7,14; 18,30; Dan 10,16; 11,6; 2 Chr 2,5.
[631] Vgl. 1QM 1,5; Sach 14,13.
[632] Vgl. Num 16,30.33; Ez 31,15.17; 32,27; Ps 55,16; Ijob 7,9.
[633] Oder: „grübelt mein Geist“; vgl. Ps 77,7.
[634] Vgl. Ps 88,4; 107,18.
[635] Vgl. 4Q437(BarkiNafshi[d]) 2 i 8; Jes 57,16; Jona 2,8; Ps 77,4; 107,5; 142,4; 143,4.
[636] Gemeint ist „meine Plage“; vgl. Z. 28.
[637] Vgl. Jer 20,9.
[638] Vgl. 13,30f.
[639] Vgl. Klgl 3,4.

[640] Vgl. Ps 42,6f.12; 43,5.
[641] Vgl. 10,8.30; 12,34; 21,25; 22,33; Mi 1,4.
[642] Vgl. 15,5; Ijob 31,22.
[643] Vgl. 10,31; Ps 9,16; 35,8.
[644] Vgl. 12,34f.; Ez 7,17; 21,12.
[645] Vgl. 26,12; 4QM[a] 13,8; 4Q511(Shir[b]) 63-64 iii 5; Jes 13,2; 40,9; 58,1; Esra 3,12.
[646] Vgl. 13,38; Jes 57,15.
[647] Vgl. Jes 50,4.
[648] Vgl. 19,8; 26,5; 1QSb 3,27; 4QM[a] 11 i 17; 4Q511(Shir[b]) 63-64 ii 4.
[649] Vgl. Jer 17,1; Spr 3,3; 7,3.
[650] Vgl. 11,15f.
[651] Vgl. Jes 42,13.
[652] Vgl. 11,9.10.13; 2 Sam 22,5f.
[653] Vgl. 19,25.25a; Ps 102,6.
[654] Vgl. Klgl 2,18.
[655] Vgl. Klgl 2,11; Ps 69,4; 119,82.123.
[656] Vgl. 13,32; Zef 1,15; Ijob 30,3; 38,27; Sir 51,10[B].
[657] Vgl. 20,2.
[658] Vgl. 11,9.12.13.
[659] Vgl. 4Q381 1,1; 31,2; Ps 105,2; 119,27; 145,5.
[660] D.h. immer wieder; vgl. 7,16; 20,7.
[661] Vgl. 18,33; 19,10; Ps 94,19.
[662] Vgl. Z. 34; 7,29; 12,37.38; 13,4; 14,12; 15,33.38; 18,23; 26,34; 4Q301 3,5.
[663] Die Bezugsgröße ist evtl. in Z. 3 der, der Leidenschaft entfacht.
[664] Vgl. 1QM 11,14.
[665] Vgl. 14,15; 4Q417(Instr[c]) 1 i 6; Jes 38,19.
[666] Vgl. 4Q525(Beat) 2-3 ii 4.
[667] Vgl. 15,21; Ps 33,18; 147,11.
[668] Vgl. 19,7; Dtn 18,18; 1 Kön 22,23; Jer 1,9; 5,14; Ps 40,4.
[669] Vgl. Klgl 3,17.
[670] Vgl. 12,37.
[671] Vgl. 18,18.
[672] Oder: „und will mich trösten lassen wegen der Sünde“; vgl. 4,30.
[673] Vgl. 11,21.
[674] Vgl. 15,31; 4Q417(Instr[c]) 2 i 16; Ps 143,2.
[675] Vgl. 22,29.
[676] Vgl. 13,22f.; 18,12; 19,11.
[677] Vgl. 1 Sam 15,12; 1 Chr 18,3.
[678] Vgl. 10,27.
[679] Vgl. Z. 22; 15,25f.
[680] Vgl. Z. 22; 12,24f.; 13,37.
[681] Vgl. 16,3.
[682] Vgl. 15,25; CD 20,14.

683 Vgl. 1QSa 1,13; 1 Sam 24,16; 25,39; Jer 51,36; Mi 7,9; Ps 43,1; 119,154; Spr 22,23; Klgl 3,58.
684 Vgl. 5,30; 20,16.
685 Vgl. 1QS 4,6.
686 Vgl. 4Q381 33+35,3f.
687 Vgl. 20,5; Est 8,16.17; in umgekehrter Abfolge Jes 22,13; 35,10; 51,3.11; Jer 15,16; Sach 8,19; Ps 51,10; Sir 15,6[A.B].
688 Vgl. 26,24; 1QS 4,6f.
689 Vgl. 1QS 4,7.
690 Vgl. Z. 27; 1QSb 5,25; Ps 66,7.
691 Vgl. 15,27f.; 26,23; 1QS 10,2f.; Jes 60,1f.; Ijob 37,15.
692 Vgl. 10,7; Jes 30,26.
693 Vgl. CD 13,8; 1QM 11,9; 13,9; 14,5.
694 Vgl. 7,29; 13,14; 1QS 11,13; 4Q504 1-2 vi 8; Ps 31,8; 143,11.
695 Vgl. CD 20,34; 1QS 11,4; 4Q381 24,7; Ps 18,3; 59,17; 144,2.
696 Vgl. 7,28; Jes 49,1; Jer 1,5; Ps 22,10f.; 71,6.
697 Vgl. 15,39f.
698 Vgl. Dtn 13,15; 17,4; Spr 12,19.
699 Vgl. 14,12; 19,12; CD 2,4.
700 Vgl. Rut 4,15.
701 Vgl. Jes 63,16; Ps 27,10.
702 Vgl. 14,32; 15,32f.; 18,29; 26,32; 1QS 4,5; 1QM 17,8; 4QM[a] 11 ii 15; 4QD[a] 11,7; 4Q416(Instr[b]) 1,10.
703 Vgl. Z. 31; 15,24f.39f.
704 Vgl. 12,28.
705 Vgl. Z. 41; 3,32; 9,32; 11,24; 19,27; 20,6; 23,9.
706 Vgl. 7,20; 19,18; 1QS 10,16.
707 Vgl. 7,16; 14,15; 19,26f.; 23,3; 26,30.
708 Vgl. 7,15; 9,33; 19,28.
709 Vgl. 1QS 11,11.
710 Vgl. 12,22; 25,12f.; Jer 23,20; 30,24.
711 Vgl. Z. 11; 6,38; 8,13f.; 9,10.22; 1QS 11,11.17.
712 Vgl. Z. 21; 9,22; 1QS 11,18; 4Q393 3,4; 4Q417(Instr[c]) 1 ii 10; 4Q418 126 ii 5.
713 Vgl. Z. 14; 7,34; 20,34; 22,29; 1QS 11,20.
714 Vgl. 20,27; 1QS 11,22; 4Q511(Shir[b]) 28-29,3f.; Ijob 33,6.
715 Vgl. Z. 14; 19,23; 20,29.29f.34; 22,8.30; 23,29; Gen 3,19; Ps 104,29; Ijob 10,9; 34,15; Koh 3,20.
716 Vgl. 19,7.13; Ps 106,7 (negativ).
717 Vgl. 6,32; 9,29; 10,12; 13,11.28; 19,7.15; 4Q286(Ber[a]) 1 ii 7; 4Q417(Instr[c]) 1 i 8; die Wendung mit ידע *hiph* in 19,12.19.
718 Vgl. 20,30; 23,27; Gen 18,27; Ijob 30,19; Sir 10,9[A].
719 Vgl. 20,37f.
720 Vgl. 20,35f.; 23,17.

721 Vgl. 9,10.
722 Vgl. 15,35; 1QS 11,18; 4Q379 22 i 5; 4Q504(DibHam^{a}) 1-2 v 9; 2 Sam 7,22; Jes 45,5.21.
723 Vgl. 17,16f.
724 Wörtl.: „keinen Gegenwert/Preis“.
725 Vgl. 15,35f.; 19,7; CD 2,14.
726 Vgl. Z. 14; 7,14; 19,38; 4Q160 3-4 ii 1; 1 Chr 29,14.
727 Vgl. 14,13; 23,25; Jes 43,7.
728 Vgl. 19,32; 1QM 14,8.
729 Vgl. Z. 22f.; 7,14; 9,32.35; 11,24; 14,14; 19,27; Ps 9,2; 26,7; 75,2; 96,3.
730 I.S.v. „Kraft; Stärke“; vgl. Z. 26.
731 Vgl. 5,34; 12,33; 15,30; 26,17f.; 1QS 4,3; 4Q434(BarkiNafshi^{a}) 1 i 3.7; 11QPs^{a} 19,5.11 (Plea).
732 Vgl. 17,13.
733 Vgl. 8,11; 13,6; 1QS 10,16; 4Q418(Instr^{d}) 172,13.
734 Vgl. Z. 31; 14,15; 17,9f.; 19,12.19; 1QS 1,12; 4Q403 1 i 18; 4Q405 19,4; 4Q413 1-2,2; 4Q444 1-5 i 1.
735 Vgl. 19,8.
736 Vgl. 12,29; 19,19; 20,15; die Wendung mit בין *hiph* in 19,7.
737 Vgl. 7,13.29; 12,37.38; 13,4; 14,12; 15,33.38; 17,8.34; 26,34; 4Q301 3,5.
738 Vgl. 19,34.
739 Vgl. 7,35; 9,10f.17; 12,32.
740 Wörtl.: „meine Stütze“; vgl. Z. 34.
741 Vgl. Z. 31f.; 1QS 10,19; 1QpHab 8,11; 9,5; 4Q390 2 i 8.
742 Vgl. 24,6; 4Q416(Instr^{b}) 1,16.
743 Vgl. 15,20.
744 Vgl. Z. 32; 5,34.
745 Vgl. 11Q14 1 ii 10; Dtn 7,13; 11,14; 12,17 u.ö.; Jer 31,12; Hos 2,10 (zitiert und gedeutet in 4QpHos^{a} 2,1-6); 2,24; Joel 1,10; 2,19; Neh 5,11; 10,40 u.ö.
746 Vgl. 16,7-11; Ps 1,3; Jer 17,8.
747 Vgl. CD 1,8; 1QS 10,15.
748 Vgl. 14,32; 15,32f.; 17,35; 26,32; 1QS 4,5; 1QM 17,8; 4QM^{a} 11 ii 15; 4QD^{a} 11,7; 4Q416(Instr^{b}) 1,10.
749 Vgl. 4Q418(Instr^{d}) 55,10.
750 Vgl. 4Q413 1-2,2; 1QS 4,24.
751 Vgl. 7,31; 8,28; CD 1,21; Ps 107,18.
752 Vgl. Jes 66,14.
753 Vgl. 17,8; 19,10; Ps 94,19.
754 Vgl. Hos 14,6.
755 Vgl. 8,14; 10,20; 14,20f.; 16,9; 19,22; 23,11.13.14; 26,24; 1QS 11,3; 4Q418(Instr^{d}) 81+81a,1.
756 Vgl. 4Q433a 2,5.
757 Vgl. 16,27; Jes 40,7; 64,5.

758 Vgl. 4Q177 14,3; Jes 21,3; Nah 2,11.
759 Vgl. 11,32; 14,19.27.
760 Vgl. 22,28.
761 Vgl. 16,12; 4Q408 3+3a,6; 4Q510(Shir[a]) 1,3; Ps 103,20.
762 Vgl. 11,23; 11QMelch 2,9
763 Vgl. Z. 22.
764 Vgl. Z. 18.
765 Vgl. 21,23.
766 Vgl. Z. 12; 15,41; 4Q416(Instr[b]) 2 iii 7.
767 Vgl. 8,32; CD 13,7; Ps 64,10.
768 Vgl. Z. 36; 1QS 10,23.
769 Vgl. Z. 26.36; 1QS 10,8.
770 Vgl. 16,37; 26,5; 1QSb 3,27; 4QM[a] 11 i 17; 4Q511(Shir[b]) 63-64 ii 4.
771 Vgl. 14,14; 17,7; 1QS 10,16.
772 Vgl. 10,32; 21,18; 22,36; 1QS 10,13; 4Q286(Ber[a]) 7 i 7; 4Q287(Ber[b]) 3,1; 4Q289 1,3; 4Q370 1,2; 4Q408 3+3a,9; 4Q437(BarkiNafshi[d]) 2 i 4; 4Q511 63-64 ii 2; Ps 96,2; 100,4; 145,1.2.21; Neh 9,5.
773 Vgl. 5,28; 20,33; 23,24; 4Q400 2,5; Ps 19,2; 96,3.
774 Vgl. 7,16; 14,14; Ez 31,14.
775 Vgl. 5,16; 6,28; 15,33; 1QS 11,14.
776 Vgl. 17,8; 18,33; Ps 94,19.
777 Vgl. 9,35; 21,36.
778 Vgl. 14,12; 17,34; CD 2,4.
779 Vgl. 12,33f.
780 Vgl. Z. 19; 18,6f.
781 Vgl. Z. 19; 5,19; 9,23; 10,15; 12,28f.; 15,30; 20,23; CD 3,18; 1QS 9,18; 11,5; 1QM 14,14; 1Q27(Myst) 1 i 7; 4Q417(Instr[c]) 1 i 3.
782 Vgl. 5,19; 8,27; 12,29 (jeweils בַּעֲבוּר); 14,13; 18,14 (jeweils לְ).
783 Vgl. 11,22; 15,33.
784 Vgl. 12,31; 15,39; 1QS 9,4.
785 Vgl. 8,15f.; 23,30; 1QS 1,8; 9,6; 4Q392 1,2.
786 Vgl. 14,32; 17,35; 18,29; 26,32; 1QS 4,5; 1QM 17,8; 4QD[a] 11,7; 4Q416(Instr[b]) 1,10.
787 Vgl. 1QS 11,7f.; 4Q181 1 ii 4.
788 Vgl. 14,37.
789 Vgl. 5,32; 8,18; 11,22; CD 12,2.
790 D.h. seinen Platz einnehmen kann; vgl. 11,22f.; 26,36.
791 Vgl. 9,13; 4Q403 1 i 35.
792 Vgl. 20,12; 1QS 3,15; 11,11; 1QM 17,5; 4Q180 1,1f.
793 Vgl. 7,17; 1QSa 1,28.
794 Vgl. Z. 28f.; 11,24; 4QH[a] 8 i 13.
795 Vgl. Jes 25,1; Ps 30,2; 118,28; 145,1.
796 Vgl. Ps 18,3.47; 19,15; 28,1; 62,3.7; 92,16; 144,1.
797 Vgl. 7,18.20; 17,39; 1QS 10,16.

798 Vgl. Z. 31; 1QS 11,19; Ijob 37,14.
799 Vgl. 26,15; CD 3,13f.; 4QD^{c} 1,7.
800 Vgl. 4,32; 8,27; 4Q504(DibHam^{a}) 1-2 vi 3.
801 Vgl. 14,12.
802 Vgl. 8,14; 10,20; 16,22; 18,33; 23,11.13.14; 26,24; 1QS 11,3 (in positivem Sinn).
803 Vgl. Ijob 3,10.
804 Vgl. 15,16.19; Dtn 31,21; Ps 103,14; Jub 35,9.
805 Vgl. 18,6.14; 20,29.34; 22,8.30; 23,27.29.
806 Vgl. Ps 37,15.
807 Vgl. 13,37; Hab 3,16 (jeweils mit בוא); Ijob 2,5; Ps 109,18.
808 Vgl. Z. 29; 10,7; 13,15.36f.; 1QS 4,13; Jer 45,3.
809 Vgl. Jer 6,26; Ez 27,31.
810 Vgl. 24,31; 26,22.24f.
811 Vgl. 17,6; 20,2.
812 Vgl. 1QS 10,9; 1 Sam 10,12; Jes 5,12; Ps 149,3.
813 Vgl. 7,16; 14,15; 15,18; 17,40; 23,3; 25,31; 26,13.30.
814 Vgl. 7,14; 9,32.35; 11,24; 14,14; 18,16f.22f.; Ps 9,2; 26,7; 75,2; 96,3.
815 Vgl. 9,32; 11,24; 20,6; 1QM 14,12; 4Q416(Instr^{b}) 2 iii 2; 4Q418(Instr^{d}) 126 ii 10; 11QPs^{a} 19,8 (Plea); Joel 2,26; Ps 69,31; 74,21; 113,1.3; 135,1; 145,2; 148,5.13; 149,3.
816 Vgl. 7,15; 9,33; 17,41.
817 Vgl. 26,12; 4Q418(Instr^{d}) 69 ii 14.
818 Oder: „lauten Jubel"; vgl. Z. 17; 11,24; 4QH^{a} 8 i 13; 1QM 12,15; 19,7; 4Q405 15 ii-16,7; 23 i 8; Jes 48,20; Ps 42,5; 47,2; 118,15.
819 Vgl. Z. 25.25a; 13,36; 4QH^{a} 8 i 19; Jes 35,10; 51,11.
820 Vgl. 4Q418(Instr^{d}) 69 ii 8.
821 Vgl. 7,29; 1QS 2,4; 1QSb 3,5.21; 4Q403 1 i 26; 4Q418 126 ii 8; 4Q440 3 i 16.
822 Vgl. 18,29; 4Q372 2,5; 1 Chr 22,12.
823 Wörtl.: „Antwort der Zunge"; vgl. Z. 37; 4,29; 8,24; 10,9; 15,14.16.
824 Vgl. 11QPs^{a} 19,1 (Plea); Jes 63,7; Ps 5,8; 69,14; 88,12; 106,7.45; Klgl 3,32.
825 Vgl. 6,34; 1Q34 3 ii 4; 4Q504(DibHam^{a}) 1-2 ii 10; Ex 32,11; Dtn 4,37; 9,29; 2 Kön 17,36; Jer 27,5; Nah 1,3; Neh 1,10.
826 Oder: „für all deine Geschöpfe".
827 Vgl. 4Q385 3,1; Ps 86,4.
828 Vgl. 12,38; 4Q511(Shir^{b}) 20 i 1.
829 Wörtl.: „geöffnet".
830 Vgl. 16,17; Ex 4,15; Num 22,38; 23,5.12.16; Jes 51,16; 59,21.
831 Vgl. 7,35; 9,11; 4Q180 1,2.
832 Vgl. 7,14; 18,13.14; 4Q160 3-4 ii 1; 1 Chr 29,14
833 Vgl. 5,32; 8,18; 9,24; 11,22; 19,15.
834 Vgl. 1QS 10,24.
835 Vgl. 17,24; Est 8,16.17; in umgekehrter Abfolge Jes 22,13; 35,10; 51,3.11; Jer 15,16; Sach 8,19; Ps 51,10; Sir 15,6$^{A.B}$.

[836] Vgl. 4Q522 9 ii 8 (mit שכן); Lev 25,18.19; 26,5; Dtn 12,10; Ri 18,7; 1 Sam 12,11, 1 Kön 5,5; Jes 47,8; Jer 32,37; 49,31; Ez 28,26; 34,25.28; 38,8.11; Zef 2,15; Sach 14,11; Ps 4,9; Spr 3,29.
[837] Der kürzere Text von 4QH[a] 3,2 liest: „an einem Ort der Ruhe und Sorglosigkeit in Frieden und Segen"; der noch kürzere Text von 4QH[b] 12 ii 1 liest: „an einem Ort des Friedens und Segens".
[838] Vgl. Ez 16,49.
[839] Vgl. 1QM 1,9; 17,7; 4Q504(DibHam[a]) 1-2 iv 13.
[840] Vgl. 26,10.
[841] Vgl. 9,32; 11,24; 19,27f.; 1QM 14,12; 4Q416(Instr[b]) 2 iii 2; 4Q418(Instr[d]) 126 ii 10; 11QPs[a] 19,8 (Plea); Joel 2,26; Ps 69,31; 74,21; 113,1.3; 135,1; 145,2; 148,5.13; 149,3.
[842] Vgl. Z. 16f.
[843] Vgl. 5,12; 7,21; 25,34; 1QS 3,13; 1QSb 5,20; 4Q400 3 ii+5,8; 4Q401 1-2,1; 4Q403 1 i 30; 1 ii 18; 4Q405 20 ii-22,6; 4Q433a 2,2.
[844] D.h. immer wieder; vgl. 7,16; 17,7f.; 1QS 10,1.
[845] Vgl. zum Folgenden 1QS 10,1ff.; Gen 1,16; Ps 136,8f.
[846] Vgl. Z. 11.
[847] Vgl. 4Q440 1,1; Gen 1,14.15.16.
[848] Vgl. Gen 24,63; Dtn 23,12.
[849] Vgl. 4Q503 33 i-34,21; 51-55,10.
[850] Vgl. Ex 14,27; Ri 19,26; Ps 46,6.
[851] Vgl. 1QS 10,1.3.
[852] Vgl. 4Q299 5,4.
[853] Wörtl.: „Zeugungen/Geburten".
[854] Vgl. 14,20.
[855] Vgl. 15,35; 18,11.
[856] Vgl. 9,28; 21,32; 22,34; 25,32f.; 1QS 3,15; 4Q417(Instr[c]) 1 i 8; 4Q418(Instr[d]) 55,5; 4Q504(DibHam[a]) 4,4; 1 Sam 2,3.
[857] Vgl. 1QS 11,18.
[858] Vgl. 4Q510(Shir[a]) 1,4.
[859] Vgl. 26,32f.
[860] Vgl. 4,29; 5,36; 8,20.29; 21,34; Jes 37,7; Ez 36,26.27; 37,14.
[861] Vgl. 12,29.
[862] Vgl. 4,38; 6,24; 8,20.21.25.30; 15,9f.; 17,32; 23,33; 4Q504(DibHam[a]) 1-2 v 15.
[863] Vgl. 5,30; 1QS 4,18.
[864] Vgl. 9,7.
[865] Vgl. 1QS 2,15.
[866] Oder: „so dass ein Ende findet".
[867] Vgl. 1Q19 13-14,2.
[868] Vgl. 15,28; 1QS 4,8; Jes 60,19f.
[869] Vgl. Z. 33; 4Q418a(Instr[e]) 22,4.
[870] Vgl. 19,13; 1QS 9,18.

871 Vgl. Z. 30.33f.; 9,28; 15,32; Hab 2,1.
872 Vgl. 6,26; 9,33; 4Q181 2,5; 4Q525(Beat) 14 ii 15.
873 Vgl. 6,29f.; 1QS 9,15f.
874 Vgl. 12,28; 1QS 5,14; 8,22; CD 10,3.
875 Vgl. Z. 29f.; 23,24.
876 Vgl. 18,5f.; 1QS 11,22; 4Q511(Shir[b]) 28-29,4; Ijob 33,6.
877 Vgl. 9,24.
878 Vgl. 5,32; 9,24.
879 Vgl. 5,32; 9,23; 11,25; 21,12.
880 Vgl. 1QS 11,10.
881 Vgl. insgesamt auch 1QS 11,21.
882 Vgl. Z. 29f.34; 18,6.14; 19,23; 22,8.30; 23,29; Gen 3,19; Ps 104,29; Ijob 10,9; 34,15; Koh 3,20.
883 Vgl. Z. 35; 3,29; 9,23.24f.; 12,30; 19,6; 21,11f.38; 22,12; 23,13.28; 25,31.
884 Vgl. Gen 3,19.23.
885 Vgl. 18,7; 23,27; Gen 18,27; Ijob 30,19; 42,6; Sir 10,9[A].
886 Vgl. 15,35; CD 1,1; 2,14; 4Q398(MMT[e]) 11-13,6.
887 Vgl. Z. 33; 15,32; 18,13; 19,16; 1QS 11,16f.; 11Q11(PsAp[a]) 3,5; Ijob 41,2.
888 Vgl. 4Q511 52-59 iii 2.
889 Vgl. 10,20; 23,16; 1QS 10,12; 11,3.
890 Vgl. 17,27; CD 13,8; 1QM 11,19; 13,9; 14,5.
891 Vgl. 5,28; 19,9; 23,24; 4Q400 2,5; Ps 19,2; 96,3.
892 Vgl. 8,12.
893 Vgl. 15,4; Ps 39,3.10.
894 Vgl. Z. 35; 9,25; 18,9; 4Q511(Shir[b]) 126,2.
895 Oder: „ohne dass du es meinem Herzen offenbarst“; vgl. 21,10.
896 Vgl. 14,27; 1QS 4,2; Jes 45,13; Ps 5,9; Spr 11,5.
897 Vgl. 7,26.34; 1QS 3,9; 11,10.13; Ps 119,133
898 Vgl. Z. 9f.; 5,31; 23,13f.; 1QS 11,21; 4Q501 5; Ijob 14,1; 25,4.
899 Vgl. 16,14; Jes 61,9.
900 Vgl. 20,36.
901 Vgl. Ps 119,18.
902 Vgl. 15,6; 4Q510(Shir[a]) 1,6; Ps 143,4.
903 Vgl. 4Q463 1,4; Jes 50,5; Jer 6,10.
904 Vgl. Z. 12.13f.; Ez 11,19; 36,26.
905 Vgl. 19,31; 1QS 11,19; Ijob 37,14.
906 Vgl. 12,38f.; 14,13; 18,14; 23,25.
907 Vgl. 14,13; 15,27.
908 Vgl. 14,14; 4Q504(DibHam[a]) 1-2 vi 9.
909 Vgl. Z. 14; Ez 20,37.
910 Vgl. 20,37.
911 Vgl. Z. 38; 3,29; 9,23.24f.; 12,30; 19,6; 20,29.35; 22,12; 23,13.28; 25,31.
912 Vgl. 5,32; 9,23; 11,25; 20,28.

913 Vgl. 5,32.
914 Vgl. 8,12; 11,25; 26,35; 1QS 5,17; 4Q400 2,6.
915 Vgl. 23,5.
916 Vgl. 5,29; CD 2,10; 13,8; 1QM 17,5; 4Q418(Instr[d]) 69 ii 7.
917 Vgl. 12,7.24.
918 Vgl. 1QS 3,15.
919 Vgl. 5,16; 11,21; 14,6.19f; 16,18; 4Q181 2,6; 4Q185 1-2 ii 15; 4Q392 1,7; 11QPs[a] 19,9 (Plea); Jes 40,28; Ps 145,3.
920 Vgl. Z. 25.34; 7,34; 8,18; 11,22.
921 Vgl. 10,32; 19,9; 22,36; Frgm. A6,2; 1QS 10,13; 1QM 13,7; 14,8; 18,6; 4Q286 7 i 7; 4Q287(Ber[b]) 3,1; 4Q289(Ber[d]) 1,3; 4Q370 1,2; 4Q408 3+3a,9; 4Q409 1 i 7; 4Q434 1 i 1; 2,10; 4Q437(BarkiNafshi[d]) 2 i 4; 4Q502 6-10,8; 4Q511(Shir[b]) 63-64 ii 2; 63-64 iv 2; 11Q14 1 ii 2.4; Ps 72,19; 96,2; 100,4; 145,1.21; Ijob 1,21; Neh 9,5.
922 Vgl. 1QS 10,23; 4Q511(Shir[b]) 10,9; Jub 25,11.
923 Zu Z. 20f. vgl. Ijob 18,8-10.
924 Vgl. Z. 24; 10,31; Ez 12,13; 17,20; 19,8; 32,3; Hos 5,1; 7,12; Ps 140,6; Klgl 1,13.
925 Vgl. Z. 28.
926 Vgl. Spr 3,17.
927 Oder: „von Fallen".
928 Vgl. 15,7; 4QPs[f] 10,12 (Juda-Apostrophe); Ps 22,15; 92,10.
929 Vgl. 10,8.30; 12,34; 16,33f.; 22,33; Mi 1,4.
930 Vgl. 4Q381 46,6; Ez 1,4; 13,11.13; Ps 107,25; 148,8.
931 Vgl. 18,24; 22,26.
932 Vgl. 10,31; Jer 18,22; Ps 140,6; 142,4.
933 Vgl. Jes 41,29.
934 Vgl. 9,29; 12,18; 1QS 4,23.
935 Vgl. 4,21; 9,28; 20,13; 22,34; 25,32f.; 1QS 3,15; 4Q417(Instr[c]) 1 i 8; 4Q418(Instr[d]) 55,5; 4Q504(DibHam[a]) 4,4; 1 Sam 2,3.
936 Vgl. 4,29; 5,36; 8,20.29; 20,14f.; Jes 37,7; Ez 36,26.27; 37,14.
937 Vgl. 4Q511(Shir[b]) 18 ii 7.
938 Vgl. 9,35; 19,11.
939 Vgl. 26,28f.; 1QS 2,15; 5,13; 1QM 1,5; 4Q510(Shir[a]) 1,7
940 Vgl. 7,14; 19,27.
941 Vgl. 7,14.
942 Vgl. Z. 30; 18,6.14; 19,23; 20,29f.34; 23,29; Gen 3,19; Ps 104,29; Ijob 10,9; 34,15; Koh 3,20.
943 Vgl. 7,32; 11,29; 24,15; CD 1,5; 4QD[a] 2 i 3; 11,19; 4QpHos[a] 1,12.
944 Vgl. 12,37; auch 9,34; 10,9; 17,12.
945 Vgl. 11,21; 14,9; 17,14; Esra 10,2.
946 Vgl. 3,29; 9,23.24f.; 12,30; 19,6; 20,29.35; 21,11f.38; 23,13.28; 25,31.
947 Vgl. 19,10.
948 Vgl. 5,35.36; Jes 45,23; 55,11; vgl. auch 1Q27(Myst) 1 i 8.
949 Vgl. 10,23f.; 12,2; 15,23; 4Q382 104,1.

[950] Vgl. 13,30; 16,29; Jes 17,7.
[951] Vgl. Jes 55,12.
[952] Vgl. 6,16; 20,24; 1QS 9,25.
[953] Vgl. Jes 21,8; Hab 2,1.
[954] Vgl. 24,23; Sach 3,2.
[955] Vgl. Z. 31; 6,13; 9,23; 14,7; 23,5; 25,12; CD 2,2; 1Q26(Instr) 1,4; 4Q299(Myst[a]) 8,6; 4Q416(Instr[b]) 2 iii 18; 4Q423(Instr[g]) 5,1f.; 1 Sam 9,15; 2Sam 7,27; Jes 22,14; Ijob 33,16; 36,10.
[956] Vgl. 1QS 6,19; 4QS[b] 6,8; 1QSa 1,2; 4Q511(Shir[b]) 63-64 ii 5; 63-64 iii 5; Obd 7.
[957] Vgl. 15,7.
[958] Vgl. 18,36; 1QS 4,2.
[959] Vgl. 17,14f.; Ps 51,6.
[960] Vgl. 6,19.
[961] Vgl. 13,33; 15,8.
[962] Vgl. 12,34; 16,33f.; 21,25; Mi 1,4; Ps 22,15.
[963] Vgl. 14,31; CD 20,14; 1QS 10,21.23; 1QM 1,8.12; 16,1; 4Q286 7 ii 6; 4Q416 3,3.
[964] Vgl. 4,21; 9,28; 20,13; 21,32; 25,33; 1QS 3,15; 4Q417(Instr[c]) 1 i 8.
[965] Vgl. 15,21; 17,10; 19,34; Ps 33,18; 147,11.
[966] Vgl. 10,32; 19,9; 25,33; 1QS 10,13; 4Q437(BarkiNafshi[d]) 2 i 4; 4Q511(Shir[b]) 63-64 ii 2; Ps 96,2; 100,4; 145,1.21
[967] Vgl. 6,13; 9,23; 14,7; 21,13; 22,26.31; 25,12; CD 2,2; 1Q26(Instr) 1,4; 4Q299 8,6; 4Q416(Instr[b]) 2 iii 18; 4Q423(Instr[g]) 5,1f.; 1 Sam 9,15; 2 Sam 7,27; Jes 22,14; Ijob 33,16; 36,10.
[968] Vgl. 2 Sam 7,27.
[969] Vgl. 15,41.
[970] Vgl. 4,30; Jes 62,8.
[971] Vgl. 5,15; 12,33; 26,34; 1QS 11,19f.; 4QM[a] 11 i 9; 4Q510(Shir[a]) 1,3.
[972] Vgl. 3,32; 9,32; 11,24; 17,39.41; 19,27f.; 20,6; 1QM 14,12; 4Q416(Instr[b]) 2 iii 11; 4Q418(Instr[d]) 126 ii 10; 4Q503 29-32,9; 4Q512 39 ii 1; 11QPs[a] 19,8 (Plea); Joel 2,26; Ps 69,31; 74,21; 113,1; 135,1; 145,2; 148,5.13; 149,3.
[973] Vgl. 16,25; Jes 1,25; Ez 18,8.17; 20,22; 38,12; Ps 74,11; 81,15; Klgl 2,8.
[974] Vgl. 10,30; 12,40; 1QS 5,3; 1QSb 1,2; 3,23; Jes 56,4.6.
[975] Oder: „unter den Vollkommenen"; vgl. 12,22; 15,34; 4Q504(DibHam[a]) 5 ii 2.
[976] Vgl. Z. 13.14; 8,14; 10,20; 16,22; 18,33; 26,24; 4Q418(Instr[d]) 81+81a,1; Sach 13,1.
[977] Vgl. Z. 17; 17,11; 19,36.
[978] Oder: „auf seine Zunge".
[979] Vgl. Z. 28; 3,29; 9,23.24f.; 12,30; 19,6; 20,29.35; 21,11f.38; 22,12; 25,31.
[980] Vgl. 5,31; 21,2.9f.; 1QS 11,21; 4Q501 5; Ijob 14,1; 25,4.
[981] Vgl. 15,9.
[982] Oder: „um aufzurichten gemäß deiner Wahrheit einen Freudenboten".
[983] Vgl. 5,34; 12,33; 15,30; 18,18; 1QS 4,3; 4Q434(BarkiNafshi[a]) 1 i 3.7; 11QPs[a] 19,5.11 (Plea).
[984] Vgl. 9,6; 10,20; 20,32; 1QS 10,12; 11,3.

985 Vgl. 1QM 11,10; Jes 57,15; 66,2; Ps 34,19.
986 Vgl. 10,7; 26,13.30; 1QS 4,7; 4Q403 1 i 40; 4Q417(Instr[c]) 2 i 12; Jes 35,10; 51,11; 61,7. Zu Z. 15f. vgl. insgesamt Jes 61,1f.
987 Vgl. 18,9; 20,36; 1QM 14,6; 4Q372 3,7.
988 Vgl. Z. 30; 11,23; 25,26; 26,36; 1QS 11,8; 4Q416(Instr[b]) 1,12; 4QM[a] 24,4; Ps 89,7.
989 Vgl. 5,28; 19,9; 20,33; 4Q400 2,5; Ps 19,2; 96,3.
990 Vgl. 20,27.29f.
991 Vgl. Z. 36; 12,29; 14,13; 18,14.
992 Vgl. 8,26f.34; 17,31; 18,16; 19,31; 20,17; 26,32; 1QS 4,4; 4Q504 1-2 ii 10.
993 Vgl. 10,15; 4QpPs[a] 1,19.
994 Vgl. Z. 36; 20,35; 1QS 11,21f.; 4Q511(Shir[b]) 28-29,3f.
995 Vgl. 9,12.17; 26,37f.
996 Vgl. 18,6.14; 19,23; 20,29f.34; 22,8.30; Gen 3,19; Ps 104,29; Ijob 10,9; 34,15; Koh 3,20.
997 Vgl. Z. 33; 4,38; 15,10.
998 Vgl. 15,31f.; 20,33.
999 Vgl. 4,24 (mit פֶּשַׁע וּמַעַל); 12,38 (mit עָוֹן); 1QS 9,4.
1000 Vgl. 1QSb 4,25; 4Q511(Shir[b]) 35,4; Ps 103,21.
1001 Vgl. 12,15; 1QS 8,5.
1002 Vgl. 1QS 4,24.
1003 Vgl. 18,25; 4Q416(Instr[b]) 1,16.
1004 Vgl. 4QM[a] 11 i 17; Jer 49,19; 50,44; Ijob 9,19.
1005 Vgl. 13,38.
1006 Vgl. 4QM[a] 11 ii 16.
1007 Vgl. 1QS 10,3.
1008 Vgl. 1Q34+34bis 3 ii 5; 11QMelch 2,9.
1009 Oder: „um (sie) für schuldig zu erklären“; vgl. aber Z. 26.27.
1010 Vgl. 7,32; 11,29; 22,9; CD 1,5; 4QD[a] 2 i 3; 11,19; 4QpHos[a] 1,12.
1011 Vgl. Ez 21,30.34; 35,5.
1012 Vgl. 22,25; Sach 3,2.
1013 Vgl. Lev 18,24; 20,23; Ps 44,3.
1014 Oder: „in der massenhaften Treulosigkeit“; vgl. Z. 35; 2 Chr 36,14.
1015 Vgl. 9,35; 17,10; 19,11; 21,36.
1016 Vgl. 4Q510(Shir[a]) 1,5; 4Q511(Shir[b]) 35,7; 48-51 ii 2f.
1017 Vgl. 20,37; 21,10.
1018 Vgl. 3,30; 23,23; zu den בְּנֵי אֵל/אֱלֹהִים/אֵלִים vgl. 23,30; 4Q381 15,6; Gen 6,2.4; Hos 2,1; Ps 29,1; 89,7; Ijob 1,6; 2,1; 38,7.
1019 Vgl. 4Q382 104,4; Ps 37,33; Neh 9,28; 2 Chr 12,5
1020 Vgl. 9,25.28.32; 1QS 3,1; 4,4; 9,17; 1QSb 2,26; 4Q438(BarkiNafshi[e]) 4 ii 4; 4Q471a 6; Dtn 16,18; Jes 1,21; 58,2; Ps 119,7.62.106.160.164.
1021 Vgl. Z. 32; 11,23; 1QM 12,7; 4Q381 76-77,7.
1022 Vgl. 1QM 15,14; 4Q444 1-5 i 4.
1023 Vgl. 5,20.

1024 Vgl. 11,23; 15,37; CD 20,4; 1QS 4,26; 1QSb 4,26; 4Q181 1 ii 5; 4Q418 81+81a,5.
1025 Vgl. 1QS 4,9.20.
1026 Vgl. 5,30; 7,14.33; 9,31f.; 4Q422 2,9; 11QPs^{a} 18,3 (Ps 154,5); Hab 2,14; zitiert und gedeutet in 1QpHab 10,14-11,2.
1027 Vgl. 1QM 11,14; 4Q381 76-77,13; 4Q449 1,4; Ez 18,8; Sach 7,9; vgl. die umgekehrte Wendung in CD 20,30; 1QS 8,6; 4Q420 1 ii 3.
1028 Vgl. 6,13; 9,23; 14,7; 15,41; 22,26.31; 23,5; CD 2,2; 1Q26(Instr) 1,4; 4Q299 8,6; 4Q416(Instr^{b}) 2 iii 18; 4Q423(Instr^{g}) 5,1f.; 1 Sam 9,15; 2 Sam 7,27; Jes 22,14; Ijob 33,16; 36,10.
1029 Vgl. 12,22; 18,3; Jer 23,20; 30,24.
1030 Vgl. 7,34.
1031 Vgl. 11,36; 4Q382 9,4; 4Q434(BarkiNafshi^{a}) 2,8; Dtn 17,3; 1 Kön 22,19; 2 Kön 17,16; 21,3.5; 23,4.5; Jes 34,4; Jer 8,2; 19,13; 33,22; Zef 1,5; Dan 8,10 (alle mit שָׁמַיִם).
1032 Wörtl. „Erdboden; Ackerboden“.
1033 Zu שפט mit ב für das dir. Obj. vgl. Z. 13; 17,34; 1QS 6,24(?); Ps 58,12; 2 Chr 20,12.
1034 Vgl. Jes 42,7; Mi 7,8; Ps 107,10.
1035 Vgl. CD 4,7; 4Q424 3,2; 4Q511 63-64 iii 3f.; Dtn 25,1; 1 Kön 8,32.
1036 Vgl. 21,33.
1037 Vgl. 1QS 4,18.
1038 Vgl. 5,36; 9,28; 12,32; 4Q418(Instr^{d}) 102,2; 159 ii 4.
1039 Vgl. 11,23; 23,30; 26,36; 1QS 4,22; 11,8; 4Q416(Instr^{b}) 1,12.
1040 Vgl. 12,26; 4Q502 19,1; Ps 89,8.
1041 Vgl. 26,10; 1QS 10,17; Ps 98,4; 146,2; 149,3.
1042 Vgl. 7,16; 14,15; 15,18; 17,40; 19,26f.; 23,3; 26,13.30.
1043 Vgl. 3,29; 9,23.24f.; 11,24f.; 12,30; 19,6; 20,29.35; 21,11f.38; 22,12; 23,13.28.
1044 Vgl. 20,35; 4Q400 2,3.
1045 Vgl. 4QH^{a} 8 i 13.
1046 Vgl. 4,21; 9,28; 20,13; 21,32; 22,34; 1QS 3,15; 4Q417(Instr^{c}) 1 i 8.
1047 Vgl. 26,12 (mit שְׂפָתַי); Ps 68,34 (mit קוֹל).
1048 Vgl. 10,32; 19,9; 22,36; 1QS 10,13; 4Q437(BarkiNafshi^{d}) 2 i 4; 4Q511(Shir^{b}) 63-64 ii 2; Ps 96,2; 100,4; 145,1.21.
1049 Vgl. 5,12; 7,21; 20,7.
1050 Oder: „des Ostens“; vgl. 4QM^{a} 11 i 12; Jes 19,11.
1051 Vgl. 4QM^{a} 11 i 16f.
1052 Vgl. Ex 15,11.
1053 Vgl. 19,8; 1QSb 3,27; 4Q416(Instr^{b}) 7,3; 4Q418(Instr^{d}) 222,2; 4QM^{a} 11 i 17; 4Q511(Shir^{b}) 63-64 ii 4.
1054 Vgl. Z. 9.
1055 Vgl. 4QM^{a} 11 i 13.
1056 Vgl. 4QM^{a} 11 i 18 (in korrigierter Lesung).
1057 Oder: „Ophirgold“; vgl. 4QM^{a} 11 i 18; Jes 13,12; Ps 45,10; Ijob 28,16.

1058 Vgl. Z. 33; 1QM 12,8; 19,1; 4Q403 1 i 3.7.31; 1 ii 25; 4Q405 15 ii+16,7; 4Q510 1,1; 4Q511(Shir^b) 52-59 iii 4; Ps 24,7.8.9.10.

1059 Vgl. Z. 28; 7,19; 1QM 1,10; 4QM^a 11 i 12; Ps 82,1.

1060 Vgl. 20,6; Ps 118,15.

1061 Vgl. 20,5; 1QS 8,8; 10,12; 1QSb 3,25; 4,25; 1QM 12,2; 4QM^a 11 i 15.20; 11QPs^a 24,4 (Ps 155,2); Dtn 26,15; Jer 25,30; Sach 2,17; Ps 68,6; 2 Chr 30,27.

1062 Vgl. 1QM 14,4.

1063 Vgl. Ps 29,1.

1064 Vgl. Jes 29,23; Ez 36,23.

1065 Vgl. 25,33 (mit פִּי); Ps 68,34 (mit קוֹל).

1066 Vgl. 4QM^a 13,8; Dtn 27,14; Jes 37,23; 40,9; 58,1; Ijob 38,34.

1067 Vgl. 19,28f.; 4QM^a 11 i 21.

1068 Vgl. Z. 23.30.

1069 Vgl. Z. 31a; 1QS 10,16; 4Q503 15-16,8; Ps 31,22.

1070 Vgl. 11QPs^a 18,2.4.12 (Ps 154,4.7.14); Ps 77,15.

1071 Vgl. 16,12.

1072 Vgl. Z. 29.

1073 Vgl. Z. 26; 1QM 14,11; Jes 10,33; 25,11; Ps 18,28; 147,6; Ijob 40,11.

1074 Hier muss das בָּרְכוּ aus Z. 14 substituiert werden: „Preist den, der ...“.

1075 Vgl. Z. 28f.

1076 Vgl. 5,34; 6,34; 7,17f.; 12,33; 15,30; 18,18; 23,15; 1QS 4,3; 4Q434(BarkiNafshi^a) 1 i 3.7; 11QPs^a 19,5.11 (Plea).

1077 Oder: „die seine große Güte fruchtbar machen“.

1078 Vgl. 4Q416(Instr^b) 3,3.

1079 Vgl. 20,21; Jes 14,4.

1080 Vgl. Jes 14,4.

1081 Vgl. 12,7; 15,27; 17,26; 1QS 10,2f.; 4Q408 3+3a,8; Ijob 37,15.

1082 Vgl. Jes 35,10; 51,11.

1083 Vgl. 8,14; 10,20; 16,22; 18,33; 19,22; 23,11.13.14; Sach 13,1.

1084 Vgl. 1QS 4,7.

1085 Vgl. 17,25.

1086 Vgl. 14,33; 4Q475 4.

1087 Vgl. Z. 41; Jer 4,5; 31,7.

1088 Vgl. 4QH^a 8 i 13; 4Q372 1,29.

1089 Vgl. Z. 31a; 4Q176 1-2 i 1; Ex 15,11; Jes 25,1; Ps 77,15; 78,12; 88,11.

1090 Oder: „den Hochmut des Geistes“.

1091 Vgl. 19,15; 1QM 14,14; 1 Sam 2,8; 1 Kön 16,2; Ps 113,7.

1092 Vgl. 11,21; 1QSb 5,23.

1093 Vgl. 11QPs^a 28,9 (Ps 151,6); Ez 19,11; 31,5.10.14.

1094 Vgl. 7,18; 4Q181 1 ii 3f.; 4QM^a 24,4.

1095 Vgl. Z. 41; 4,21.29.38; 7,12.21; 19,32; 22,34; 1QS 11,15 (immer in direkter Anrede); Gen 14,20; Ps 68,36.

1096 Vgl. Z. 14.

1097 4QH[a] 7 ii 12 hat hier zusätzlich: „um Macht aufscheinen zu lassen"; in 1QH ist „um Macht kundzutun" zu Beginn der Zeile durch Tilgungspunkte gestrichen worden.
1098 I.S.v. „und ihnen gegenüber Güte erweist"; vgl. Ex 33,19.
1099 Vgl. 8,26f.34; 17,31; 19,31; 20,17; 23,25; 1QS 4,4.5; 4Q504(DibHam[a]) 1-2 ii 10; Ps 5,8; 69,14; 106,7.45; Klgl 3,32; Neh 13,22.
1100 Vgl. Z. 34; 4,23; 7,29; 12,37.38; 13,4; 14,12; 15,33.38; 17,8.34; 18,23; 4Q301 3,5; Jes 63,15.
1101 Vgl. 14,32; 15,32f.; 17,35; 18,29; 19,14; 1QS 4,5; 1QM 17,8; 4QD[a] 11,7; 4Q416 1,10; 4QM[a] 11 ii 15.
1102 Vgl. 1QM 4,6; 18,8.
1103 Vgl. 15,29; Dan 9,13.
1104 Vgl. 5,15; 12,33; 23,9; 1QS 11,19f.; 4QM[a] 11 i 9; 4Q510(Shir[a]) 1,3.
1105 Vgl. 18,7; 20,30.
1106 Vgl. 11,22; 19,16.
1107 Vgl. 11,23; 23,30; 25,26; 1QS 4,22; 11,8; 4Q416(Instr[b]) 1,12.
1108 Vgl. 14,16.
1109 Vgl. 20,23; 4Q302 3 ii 8; 4Q381 76-77,10; Jes 41,28.
1110 Vgl. 7,14; 16,29; 18,13.14; 19,38; 4Q160 3-4 ii 1; 1 Chr 29,14.
1111 Vgl. 14,16.
1112 Vgl. 4Q434(BarkiNafshi[a]) 1 i 2; 11QPs[a] 24,4 (Ps 155,3); Jes 37,17; 55,3; Ps 17,6; 31,3; 45,11; 71,2; 78,1; 86,1; 88,3; 102,3; 116,2; Spr 4,20; 5,1; 22,17; Dan 9,18; Sir 51,16 (11QPs[a] 21,13f.).
1113 Vgl. 1QS 10,14; 4Q298 1-2 i 3; 4Q403 1 i 35; 4Q511(Shir[b]) 18 ii 5; Num 30,13; Dtn 23,24 (zitiert in CD 16,6); Jer 17,16; Ps 89,35.
1114 Vgl. 9,11; 11QPs[a] 26,14 (Hymn to the Creator); Jes 40,22; 42,5; 44,24; 45,12; 51,13; Jer 10,12; 51,15; Sach 12,1; Ps 18,10; 104,2; Ijob 9,8.
1115 Vgl. 9,16.
1116 Vgl. 4Q381 1,3; 11QPs[a] 26,13f. (Hymn to the Creator); Gen 2,4; Jes 37,16; 45,12; Jer 10,12; 27,5; 32,17; 51,15; Ps 115,15; 121,2; 124,8; 134,3; 146,6; Spr 8,26; Neh 9,6.
1117 Vgl. 23,13.
1118 Oder: „im Mund der/des".
1119 Vgl. 1QH 11,24; 19,17.28f.
1120 Vgl. 1QH 26,26; 4Q372 1,29.
1121 Vgl. 1QH 25,32; 26,26.
1122 Vgl. 1QH 13,36; 19,25.25a.29; Jes 35,10; 51,11.
1123 Vgl. 1QH 9,13; 19,16; 4Q403 1 i 35.